I Mam, a oedd bob amser yn dweud,

'Dydw i ddim yn mynd i unman. Mae gen i waith i'w wneud o hyd.'

'Mae *Ti'n fy Nghofio i?* yn ymwneud â chymhlethdod bod yn fam a merch a sut mae plentyn i rieni gwleidyddol ac artistig yn blodeuo dros yr holl drawma o fudo o India i Brydain. Dwi'n ddiolchgar ei bod hi wedi rhoi cipolwg i ni ar ei byd hi. Ei byd go iawn.'

Lemn Sissay

Cynnwys

Rhagair — ix

Cyflwyniad:
I ba raddau rydyn ni'n adnabod ein hunain ac yn adnabod ein gilydd? — 1

Pennod Un:
Pwy ydyn ni? — 3

Pennod Dau:
Beth sy'n bod arnat ti? — 37

Pennod Tri:
Wyt ti'n meddwl nad ydw i'n adnabod fy merch? — 55

Pennod Pedwar:
Wyt ti'n gwybod 'mod i'n mynd i ofalu amdanat ti bob amser? — 69

Pennod Pump:
Pwy rwyt ti'n ei galw'n 'racy lady'? — 89

Pennod Chwech:
Wyt ti'n meddwl 'mod i'n wallgo? — 112

Pennod Saith:
Am beth rwyt ti'n aros? — 138

Pennod Wyth:
Beth sy'n bod arna i? — 175

Pennod Naw:
Pam wyt ti'n fy mwydo i? — 190

Pennod Deg:
Alli di wneud yn siŵr, *beta*? — 210

Epilog:
Wyt ti'n fy nghofio i? — 233

Gair i gloi gan Alzheimer's Research UK — 248

Diolchiadau — 251

Rhagair

Dwi eisoes wedi cofio fy mam, i fi ac i chi. Mae hynny wedi fy helpu i; yng nghanol fy ngalar, roedd yn gatharsis – ac mi wnaeth ein stori *ni* daro tant gyda *chi*, a bydda i'n fythol ddiolchgar am hynny. Roeddwn i am i'n stori *ni* roi cysur i *chi* hefyd.

Gofynnwyd i mi ysgrifennu'r rhagair hwn ar gyfer fersiwn 2022 o'r llyfr. Ac eto, dwi'n eistedd yma, fy mysedd yn barod i deipio, ond yn wynebu wal. Peth *mewnol* yw fy nghof i, welwch chi, ac mae tonnau enfawr o dristwch yn taro'n gyson yn erbyn y wal honno o atgofion; y gronfa o alar sy'n bygwth gorlifo, yn ddirybudd, a hynny heb unrhyw newid yn y tywydd. Mae'n anodd, dwi'n cael anhawster ysgrifennu.

Ond fy nghariad tuag at fy mam sydd wedi bod wrth wraidd hyn erioed. Ac mae angen i fi ddod â hi'n ôl eto.

Dyna'n union wnes i yn *Ti'n fy Nghofio i?* O'i gwreiddiau, ei phlentyndod, ei bywyd fel merch ifanc, gwraig briod, mam, gwraig weddw a nain, i wraig â phroblemau iechyd ac, yn olaf, gwraig â dementia. Y wraig ryfeddol honno, fy mam, yn edrych dros y sbectol ar flaen ei thrwyn, yn edrych arna i yn y gadair freichiau gyferbyn â hi. Mae hi yn ei man arferol ar ei gwely, yn pwyso yn erbyn y rheiddiadur cynnes ac yn gwisgo sawl cardigan M&S dreuliedig, hen groesair o'i blaen, thesawrws mawr ei ddefnydd, siswrn, papurau melysion a dysgl wag wedi'u gwasgaru o'i chwmpas, ac mae rhyw gyfres dditectif neu'i gilydd ar y teledu. Mae un rhan o'i meddwl yn datrys y posau ar y papur o'i blaen ac yn edrych ar y teledu, ond y rhannau eraill o'i meddwl wedi chwalu'n ddarnau ohoni, yn gipolygon ar ei gorffennol, yn union fel y toriadau papur newydd sydd wedi'u gwasgaru o'i blaen, yn cwmpasu blynyddoedd lawer. Roedd fel pe bai'n casglu cliwiau, yn hel atgofion darniog ynghyd, wrth geisio deall beth oedd yn digwydd yn ei phen a datrys y pos, ond er gwaethaf ei hymdrechion, roedd hi'n methu darganfod pa rannau ohoni oedd ar goll.

Dwi'n meddwl: Pa ddarnau oedd y newyddion pwysig? Beth roeddwn i fod i'w ddeall o'r pethau roedd hi wedi'u casglu?

A: Beth rydw i eisiau ei rannu â chi nawr?

Dwi'n eistedd, yn syllu ac yn dechrau teipio eto.

Dwi'n meddwl am *kintsugi*, 'saernïaeth euraidd', y grefft Japaneaidd o atgyweirio ac adnewyddu. Dwi'n methu peidio â meddwl am gwpan de â chraciau ynddi hi, pob crac wedi ei lenwi ag aur i greu cyfanwaith newydd unwaith eto. Dwi'n meddwl am gwpan de oherwydd roedd Mam wrth ei bodd yn yfed te.

Trwy gydol dementia Mam, cadwais gofnod o'r pethau roedd hi'n eu dweud. Roedd ei geiriau fel aur pur, yn llenwi ac yn tynnu sylw at graciau bywyd yn hytrach na'u cuddio neu wneud yn fach ohonyn nhw. Er gwell neu er gwaeth, roeddwn i'n troi ein stori ni yn waith celf newydd ac yn ei rhoi hi at ei gilydd hyd yn oed pan oedd darnau ohoni ar goll. Dyma y dois i i'w ddeall wrth iddi fynd ati'n drefnus i grynhoi pytiau o newyddion cwbl fympwyol.

Ac yn union fel mae *kintsugi* yn aml yn gallu gwneud rhywbeth yn fwy prydferth wrth roi'r darnau at ei gilydd, mae ein stori ni a thaith dementia yn ddirdynnol, ond hefyd yn llawn fflachiadau o lawenydd sy'n hwb i'r ysbryd.

Wrth i fi ysgrifennu'r rhagair newydd hwn, dwi wedi dechrau gweithio ar ddrama deithiol. Dwi'n eistedd wrth fyrddau bwyd gwahanol mewn tai llety gwahanol. Dwi'n dal i syllu ar sgrin yr un gliniadur. Mae'r blynyddoedd diwethaf yn chwarae fel ffilm yn fy meddwl; dwi'n gweld fy mrawd, fy chwiorydd a'n plant ni. Dwi'n gallu gweld y sgript…

Torri i: Yr Angladd
Rydyn ni'n sefyll o flaen y dyrfa sydd wedi ymgynnull yn yr amlosgfa, i ddathlu bywyd Mam.

Mae pob un ohonom yn canu mewn harmoni, yn ein gwisgoedd gwynion, â'n gemwaith yn pefrio. Rydyn ni, fel yr aur sy'n llenwi'r craciau, yn anadlu bywyd newydd i fyd sydd wedi'i ddarnio ac yn rhoi Mam yn ôl at ei gilydd, yn gefn i'n gilydd, yn cynnal ein gilydd, yn cynnal ein cof amdani ac yn hel atgofion.

Ond mae cwpan de ein teulu wedi torri o hyd. Er ein bod ni wedi'n creu o'r un gwpan, dydy'r darnau ddim yn mynd i'w gilydd erbyn hyn. Ers yr angladd, rydyn ni wedi methu eistedd gyda'n gilydd a rhannu paned adfywiol mewn cwpan gyfan, hyfryd. Rydyn ni heb gyrraedd y man lle gallwn siarad am fwy na phethau ymarferol, profiant, a dosbarthu eiddo. Rhywle lle gallwn ni drafod y ni fel teulu, ein perthynas â'n gilydd: y clymau sy'n rhwymo, y darnau sy'n ffitio, fydd yn mynd yn ôl i'w lle a'r glud yn cydio.

Dydyn ni ddim wedi creu un darn eto, dydyn ni ddim wedi dod o hyd i'r glud. Byddai dathlu'r cwlwm hwnnw gyda *kintsugi* yn mynd â ni i lefel arall.

Efallai na fydd hynny byth yn digwydd i ni, i'r teulu Gulati.

Yn y byd ehangach, diolch i chwalfa'r pandemig byd-eang, mae'n rhaid i bobl eraill hefyd ddewis cysylltu eto ar ôl i ni fethu cysylltu oherwydd y cyfnod clo a cholli anwyliaid.

Gyda'n gilydd, mae'n rhaid i ni bwyso a mesur pam ein bod ni wedi cyrraedd lle rydyn ni, nid dim ond edrych ar y symptomau. Ac os nad ydych chi eisiau holi pam, does dim digon o lud yn y byd i drwsio pethau.

Fy chwaer Sushma a minnau gafodd y gwaith o ddelio â'r profiant; roedd Mam wedi ystyried hyn yn ofalus, wedi gadael cyfarwyddiadau clir ac wedi rhoi'r cyfrifoldeb ar ein hysgwyddau ni. Dwi'n falch o ddweud bod y broses weinyddol bellach wedi'i chwblhau, ond doedd pethau ddim yn hawdd, er gwaethaf ymdrechion Mam. Yr hyn *sydd* wedi dod i'r amlwg, serch hynny, yw'r ymddiriedaeth lwyr a chadarn rhwng fy chwaer a minnau, cwlwm a gafodd ei brofi yn y gorffennol pell ond sydd bellach yn dynn, a chariad yn gwau drwyddo. Sushma a minnau, yn dilyn dymuniadau Mam yn ddiwyd ac yn gywir yng nghanol pob dim – y coronafeirws, cyfnodau clo, ansefydlogrwydd ariannol, prisiau anwadal y farchnad, ofn, ansicrwydd, salwch a cholled.

Dymuniad Mam oedd rhannu popeth yn gyfartal, ac roedd hynny'n gymhleth weithiau oherwydd bod fy chwaer hŷn, Hema, yn byw yn India. Gwnaeth Sushma a minnau ein gorau glas i ddatrys y pryderon a godwyd gan unrhyw aelod o'n teulu, gan esbonio'r jargon cyfreithiol a'r fframiau amser hir. O dro i dro, roedd y cyfan yn arbennig o boenus. Ond roedd hi'n sefyllfa anodd i ni i gyd, a dwi mor ddiolchgar i Sushma am ei hamynedd a'i phwyll wrth fynd i'r afael â'r broses weinyddol. Roeddwn i'n mynd yn ôl ac ymlaen i dŷ Mam byth a hefyd, yn gwneud yr hyn oedd yn angenrheidiol i gwblhau'r profiant – gan ofalu am yr holl bethau roedd Mam wedi'u gadael, gwaredu'r sothach, gwahanu'r gwerthfawr a'r gwachul. Wrth i mi wneud hynny, dechreuais sylweddoli ambell beth amdana i fy hun ac am fy mrawd a fy chwiorydd hefyd. Dois i o hyd i jig-so mewn bocs yn llawn darnau nad oedden nhw'n cyfateb, a gweld mai dyna sut roedden ni fel teulu, yn ddarnau gwahanol o jig-sos gwahanol wedi'u taflu i'r un bocs. Pos na fyddai byth yn gyfan er gwaetha Mam yn rhannu'r darnau roedd hi yn eu cofio â mi, er ein bod ni wedi teithio gyda'n gilydd yn ei meddwl i wlad dementia, lle roedd hi'n byw a lle bu hi farw yn y pen draw. Dwi heb gael trefn ar ddarnau ein teulu ni eto, na datrys y pos jig-so. A dwi'n methu. Dwi'n teimlo'n rhwystredig. Roedd yn dipyn o dasg: chwilio am y dogfennau pwysig, dod o hyd i gliwiau mewn tŷ a oedd wedi'i anrheithio gan unigrwydd Mam ar ôl i Dad farw, ac yna gan ei dementia. Roedd ei systemau 'ffeilio' fel talpiau o gaws y Swistir: haenau o doriadau papur newydd, memorabilia teuluol, llyfrau ysgol pob plentyn iddi fod â rhan yn ei fagu, gan gynnwys pedwar o'i hwyrion, eu teganau prydau plant McDonald's (yn aml o dan draed – aw!), pentyrrau a phentyrrau o ffotograffau, darnau o hen dechnoleg a sgriwiau di-ri (**does wybod pryd byddan nhw'n handi**). Wrth i fi gael trefn, dwi'n clywed ei llais eto.

Roeddwn i'n methu gweld pethau yn y persbectif iawn, ac yn wir, yn methu gweld oherwydd dagrau galar. Yn gofalu am bopeth eto, ei phethau a'i dymuniadau olaf, ond nid yn gofalu am Mam ei hun y tro hwn.

Am bethau Mam, yn hytrach na Mam. Roedd amgylchiadau y tu hwnt i'n rheolaeth yn mynnu mai fi oedd yr un i ymweld â thŷ Mam, gan fod y lleill yn methu teithio yno, felly doedd hi ddim yn bosib i fi rannu'r cyfrifoldeb yn ymarferol. Roeddwn i'n teimlo ar fy mhen fy hun gyda'r cyfrifoldeb. Ond cysurais fy hun. Roedd cael fy amgylchynu gan y pethau roedd Mam wedi'u gadael ar ôl yn golygu y gallwn ysgrifennu'r llyfr hwn.

Mi wnes i ail-greu'r berthynas mam a phlentyn, pan oedd hi'n gofalu am fy mhlentyn i a minnau maes o law yn gofalu amdani hi: y berthynas ben i waered ac o chwith. Yr hyn ddaeth i'r amlwg yw nad oeddwn i byth yn delio â Mam fel person cyflawn tuag at ddiwedd ei hoes, oherwydd doedd hi ddim yn gwybod pa ddarnau ohoni oedd ar goll. Felly, wrth ysgrifennu'r llyfr hwn, dechreuais i, fel Mam, lenwi'r bylchau hynny, ail-lunio, cymryd drosodd yn ei habsenoldeb, a datblygu i fod y meistr *kintsugi* nesaf. Roeddwn i wedi eistedd wrth ei thraed, wedi dysgu ganddi, a dyna fyddai ein gwaddol ni.

Drwy'r llyfr hwn, mi wnes i greu ac archwilio o'r newydd, a chofio fy mam; mi wnes i ddatgymalu'r mythau, yr ystrydebau am fenywod o dras De Asiaidd yn arbennig – teuluoedd 'hapus' clos, y batriarchaeth – yn ogystal â diwylliant enwogrwydd, crefydd, perthnasoedd...

Mae perthnasau, ffrindiau ac eraill wedi fy meirniadu am berchnogi fy stori i fy hun. Felly dwi yma nawr i berchnogi fy hun. Drwy wneud hynny, mi alla i adael fy ngwaddol innau. Sef y darnau pwysig hynny gwnes i eu rhannu â chi.

Felly, beth yw'r newyddion diweddaraf?

Prynais i dŷ Mam, ei chartref annwyl lle roedd ei hatgofion yn byw hefyd ac felly datrys y profiant, y darn olaf o'r pos ymarferol enfawr hwnnw. Yn y pen draw, cytunodd fy mrawd, fy chwiorydd a minnau i gyd ar hynny a daeth y mater i ben, er i hynny ddod gyda thrallod a morgais newydd.

Ers iddi hi ein gadael ni, dwi wedi bod yn fwy ymwybodol o fy marwoldeb fy hun.

Dwi'n gallu ei chlywed hi'n dweud, **Dydw i ddim yn mynd i unman. Mae gen i waith i'w wneud o hyd.** Alla i ddim gadael i'r pentyrrau o bapurau newydd hel llwch. Dwi wedi torri'r delweddau a'r lluniau o gloriau blaen anhygoel hen gylchgronau'r *Sunday Times*, y *Telegraph* a'r *Observer*, a dwi'n papuro'r lle o dan y grisiau yn fy nghartref newydd gyda *collage* creadigol, gwaith celf, creirfa i gasgliad rhyfeddol Mam. A'r casgliad o doriadau o erthyglau amdana i, archif fy ngyrfa broffesiynol? Dwi'n petruso. Dwi am gadw'r rheini mewn bocs ac ystyried pwy fydd yn cael curadu'r gwaddol hwnnw. Mae Sushma wedi dechrau casglu deunydd newydd. Mae hi mor falch o'r hyn dwi'n ei gyflawni ac mae hynny'n bwysig i fi. Dwi wedi dechrau cydnabod a derbyn y cariad hwnnw.

Ail-gadarnhau, trwsio, gwneud pethau'n gyfan eto. Adfer. Dyna'r *kintsugi*, y glud gwerthfawr a fydd yn dechrau uno ein teulu darniog. I atgyfnerthu'r wal honno o atgofion lle mae'r gronfa o alar yn dal i fygwth gorlifo. Ar gyfer y genhedlaeth nesaf, gymaint â dim. Dydw i ddim eisiau rhoi'r cyfrifoldeb hwnnw ar ysgwyddau Akshay. Caiff o ddewis cario'r baich ai peidio.

Dwi am adael llonydd i'r llyfr nawr, ac mae'n debyg fy mod i'n gofyn i chi fy rhoi i'n ôl yn un darn hefyd. Dwi ddim yno eto, ond dwi wrthi'n ail-adeiladu – fi fy hun a fy nghartref newydd.

Wrth newid lleoliad rhai pethau, dwi'n newid fy lleoliad fy hun. Ail-lunio, adnewyddu. Mae'n brosiect araf a chyson, yn union fel y sefyllfa yn fy mhen. A dyna lle dwi eisiau eich gadael chi – yn y pentyrrau o frics a morter, y gwaith o chwalu a chreu cynlluniau mawr bywyd, y pethau sydd gen i eto i roi trefn arnyn nhw. Felly, dyna dwi'n ei ofyn i'r darllenwyr... i fy nghofio i.

'Dwi'n ateb y cwestiwn arwrol, "Angau, pa le mae dy golyn?" drwy ddweud, "Mae yn fy nghalon a fy meddwl a fy atgofion."'

Maya Angelou

Cyflwyniad: I ba raddau rydyn ni'n adnabod ein hunain ac yn adnabod ein gilydd?

Stori yw hon am bethau sy'n cael eu colli, ond hefyd am bethau y gallwch ddod o hyd iddyn nhw yn y llefydd mwyaf annisgwyl. Mae'n stori am y pethau rydych chi'n eu cofio a'r pethau rydych chi'n meddwl eich bod chi wedi'u hanghofio, y straeon rydyn ni wedyn yn eu hadrodd i ni'n hunain a'r straeon rydyn ni'n dewis eu rhannu ag eraill. Fy stori i yw hi, a stori fy mam, ac mae'n stori am fod yn ferch iddi. Mae'n ymwneud â swyddogaeth y cof o fewn y syniad dynol o amser, lle rydyn ni'n rhoi dechrau, canol a diwedd i'n bywydau beunyddiol. Mae hefyd yn stori am ysgwyddo cywilydd, am dybio cywilydd, ac am ragfarn yn seiliedig ar ddim byd mwy nag ein crwyn Brown.

Rydyn ni'n treulio'n bywydau cyfan yn ceisio ateb y cwestiynau elfennol: Pwy ydyn ni yng nghwmni pobl eraill, a phwy ydyn ni ar ein pennau ein hunain? Ar bwy mae'n bywydau ni wedi effeithio? Sut wnaethon ni hyd yn oed gyrraedd y pwynt hwn? Ydyn ni wedi gwneud y peth iawn? Sut byddwn ni'n cael ein cofio? Meddyliais am y cwestiynau hyn wrth ofalu am fy mam ac ystyried sut byddai hi eisiau cael ei chofio. Roeddwn i wedi credu erioed bod gen i syniad clir o'r oedolyn roeddwn i, a fy mod i'n gwybod pwy oedd fy mam, o fy rhan i ac fel menyw yn ei rhinwedd ei hun. Ond y gwir amdani yw nad ydyn ni byth yn adnabod ein hunain nac yn adnabod ein gilydd yn llwyr. Mae ein cof yn lle dychmygus, creadigol, dinistriol a detholus. Dydy'r atgofion mae'r ymennydd yn eu creu a'u llunio byth yn cynrychioli'r bywyd rydyn ni wedi'i fyw, a dydyn nhw ddim yn rhan o'r hyn rydyn ni'n ei gasglu ac yn ei adael ar ôl chwaith. Wrth i gof fy mam ddechrau dadfeilio, dechreuais weld y tu hwnt i'r atgofion taclus. Gwelais fenyw a wnaeth ddewisiadau clir ar sail cariad dwfn a thawel tuag at ei gŵr a'i theulu, ac a allai fyw ei bywyd yn llawn gyda thegwch a didwylledd hyd yn oed pan aeth ei byd ar chwâl.

Ddywedais i erioed y geiriau 'Dwi'n dy garu di' wrth Mam. Ac ni ddywedodd hithau nhw wrtha i. Ond roedden ni'n dwy yn gwybod.

PENNOD UN

Pwy ydyn ni?

Dwi mewn tŷ sydd bellach yn wag, tŷ a oedd unwaith yn eiddo i fy rhieni, a oedd unwaith yn gartref i'r teulu, yn fan diogel i fi a fy mab newydd-anedig, yn lloches i fy mam wrth i'w meddwl ddechrau pylu, ac yn y pen draw, y man lle bu farw. Dwi wedi dod yn ôl yma i gael trefn ar ei phethau. Dwi'n fy ngweld fy hun yn edrych drwy'r albymau lluniau hen ffasiwn gwyrdd a choch tywyll, yn llawn tudalennau trwchus du, ac yno, o dan bapur tenau gyda phatrwm *paisley* ysgafn, dwi'n gweld lluniau o fy chwiorydd yn fabanod. Lluniau o'u 'tro cyntaf' yn gwneud pob dim, tripiau teuluol wedi'u cofnodi'n fanwl yn llawysgrifen fanwl gywir a thaclus fy mam yn nodi dyddiadau, pobl a llefydd.

Dwi'n gweld Mam mewn llun du a gwyn, â'i *bindi* mawr crwn arferol, yn union fel un nain. Dwi'n ei gofio fel un porffor tywyll, wedi'i osod yn ofalus ac yn berffaith grwn, yng nghanol ei thalcen rhwng ei haeliau llawn. Mae hi foch wrth foch gyda'i chyntaf-anedig, mewn sari ag ymyl o'r un arlliw o borffor, a'r llun wedi'i dynnu gan ei gŵr, fy nhad, yn eistedd y tu ôl i'r camera.

Mae lluniau o fy mam a fi pan oeddwn i'n fabi yn hynod o brin – prin iawn yw'r lluniau ohona i yn blentyn ifanc hyd yn oed. Mae digon o luniau o grwpiau teuluol o India, yn llawn wynebau cyfarwydd ond yr enwau wedi mynd yn angof. Yn y lluniau hynny, dwi'n aml ar lin Mam, ei hwyneb yn ymddiheuro, ei breichiau yn gwlwm amddiffynnol o fy nghwmpas i neu'n tynnu fy mreichiau oddi wrth fy wyneb. Ond wrth edrych drwy'r albwm, fedra i ddim gweld lluniau o ddim ond Mam a fi gyda'n gilydd, y rhai ddylai fod yna; efallai nad oedd y lluniau hynny erioed wedi bodoli, er bod gen i frith gof o weld un. Wrth gwrs, dyma dynged sawl trydydd plentyn: mor bell i lawr yr ysgol deuluol fel nad yw'r rhieni'n gwirioni i'r fath raddau ar gofnodi camau a geiriau cyntaf. Nid y ddwy chwaer fawr – Hema a Sushma, chwe blynedd a phedair blynedd yn hŷn – a ddaeth o fy mlaen i oedd yn gyfrifol am bylu brwdfrydedd Mam am atgofion babandod. Na'r ffaith bod tair merch ganddi yn chwech oed ac iau. Roedd hyn oherwydd fy mod i'n *ferch arall eto fyth.*

Cyrhaeddais i'r byd yn Ysbyty Cyffredinol Oldham, y Royal Oldham bellach, ar 7 Awst 1966. Roedd fy mam, Asha, a fy nhad, Dr Kulbhushan Amarnath Gulati, eisoes wedi bwrw gwreiddiau yn Lloegr. Roedd fy nhad wedi teithio ar long o'i gartref yn Matunga, Bombay (Mumbai ers 1995, wrth gwrs), gyda'r cymwysterau angenrheidiol i lenwi'r prinder sgiliau yn y Gwasanaeth Iechyd Gwladol ar ôl yr Ail Ryfel Byd. Ar ôl cyfnod ar ward mamolaeth yn ysbyty mamolaeth y Princess Royal, ar Rottenrow yn Glasgow, symudodd i weithio fel arbenigwr pediatreg yn Oldham. Roedd bellach wedi ennill ei le fel ymarferydd meddygol ar 'Restr Cymanwlad y Cofrestrydd'. Yn bennaf, neilltuwyd swyddi iddo fo a meddygon tramor eraill yn y sefydliadau llai poblogaidd yng nghanol y dinasoedd, gydag agweddau hiliol cynhenid yn eu rhwystro rhag dod yn eu blaenau yn eu gyrfa.

Dwi'n aml wedi dychmygu beth byddai barn fy rhieni am yr enw 'Rottenrow' – am le i ddechrau ar eich taith yn y Deyrnas Unedig! Mae'n debyg bod yr enw yn dod o res o furddunnod lle roedd llygod mawr yn bla, ac roedden nhw'n dyddio'n ôl i'r 14eg ganrif neu'n gynharach. Roedd y Brydain berffaith, y 'famwlad' hon â'i phalmentydd aur a'r man gwyn man draw roedden nhw wedi dysgu amdani fel plant yr Ymerodraeth, wedi troi'n realiti ar ffurf ddigon garw Rottenrow.

Pan ddysgodd Dad fod ei wraig o saith mlynedd wedi geni merch arall, ei ymateb yn ôl hen hanes y teulu, oedd, 'O', cyn rhoi'r ffôn i lawr (roedd o'n gweithio mewn rhan arall o'r un ysbyty). Y bwriad oedd i'r trydydd plentyn gwblhau'r uned deuluol, ac yn unol â'r drefn yng Ngogledd India, fyddai teulu byth yn gyflawn heb fab. Roedd pwysigrwydd esgor ar fab wedi'i hau ym mhen fy mam o'r eiliad y priododd hi, gan ei rhieni ei hun a'i rhieni yng nghyfraith. Hyd yn hyn, roedden nhw heb gael yr un ŵyr. Roedd mab gan chwaer fy nhad – ond doedd hynny ddim yn cyfri, doedd o ddim yn un ohonom 'ni', doedd o ddim yn Gulati. O ganlyniad, roedd fy ngeni yn fwy na siom i fy rhieni; roedd yn ergyd i'r teulu cyfan, ac roedd yn ofid calon i bawb gartref.

Dyma lythyr a ddaeth gan dad yng nghyfraith Mam, ar ôl iddo glywed y newyddion fy mod i wedi cyrraedd:

**Matunga
Bombay 19
17.08.1966**

F'annwyl Asha

Rwyt ti'n ferch ddewr. Ai ti sy'n hoff o ferched neu Kulbhushan? Rydw i wedi enwi'r newydd-ddyfodiad

eisoes – cei di roi pa enw bynnag arni hi – cyfnitherod Kulbhushan yw Chitra, Reena, Gita, Roopa a Deepa. Does dim o'i le ar ddefnyddio'r un enw ag un o'r cyfnitherod. Mae'r un enw gan gannoedd o ferched, yr un cyfenw hefyd hyd yn oed. Ond mae dewis mor gyfoethog o enwau. Gallet ti ddewis enw newydd neu enw prin, o leiaf – mae Hindŵiaid yn tueddu i enwi eu merched ar ôl duwiesau a rhai ar ôl duwiau, neu ar ôl eu cynorthwywyr yn gyffredinol.

Rydym yn siŵr bod Hema a Sushma yn hoff o'u chwaer; pe bai hi'n fachgen, gallai fod wedi ennyn cenfigen – mae rhyw ddaioni ym mhopeth a wnaiff Duw. Mae'n rhaid i ni dderbyn Ei ewyllys a gwneud hynny'n hapus.

Dwi'n gallu gweld y llythyr post awyr glas golau, gydag ymyl goch, ar agor wrth ymyl tebot mawr brown dan orchudd wedi'i wau â llaw gan fy *naniji*, gerllaw maneg fwrdd debyg. Mae fy mam yn sefyll wrth y sinc, yn golchi'r swigod Fairy Liquid yn ddeheuig oddi ar y potiau ag un llaw sydd heb swigod sebon, a'u rhoi i ddraenio. Amdani mae côt tŷ ddi-siâp dros gafftan amryliw byr a throwsus du, y cyfan yn cuddio'i chorff siapus. Mae ei gwallt hir yn dorch lac ar gefn ei phen. Mae powdwr oren o'r *bindi* ar ei thalcen wedi disgyn ar ei thrwyn, yn gwneud iddo gosi ac yn gwneud iddi rwbio'i thrwyn â'i llaw wlyb, gan greu llif bach melyn i lawr ei hwyneb. Yn y gwaith mae ei gŵr, a'r ddau blentyn hŷn eisoes wedi'u hebrwng i'r ysgol. Murmur isel y radio. Ar y bwrdd, mae croesair y *Daily Telegraph*, eisoes wedi hanner ei orffen. A minnau'n fabi, hen beth bach tenau, gyda mop gwyllt o wallt du, yn edrych i fyny arni yn gofidio.

Wrth fynd drwy domenni mawr o luniau'r teulu, heb fod mewn unrhyw drefn benodol ac yng ngwaelod cypyrddau ers blynyddoedd, dwi yn fy nagrau ym mhob llun ohona i – roeddwn i'n *ro bachche* (babi mam). Heblaw am beidio â bod yn fachgen, roeddwn i'n llond llaw hefyd. Roedd ymdeimlad o siom ar wyneb Mam bob amser, siom prin wedi'i chuddio, wrth iddi geisio cuddio'i chywilydd o'r plentyn diflas ar ei glin. Neu byddwn i'n cuddio yng nghefn llun, fy mhen hanner yn y golwg oherwydd nad oeddwn i eisiau bod yn y llun. Byddai Mam yn dynwared y sŵn roeddwn i'n ei wneud, '**Cheeee cheee cheee chee**', sŵn fy nghwyno parhaus.

Os ydych chi'n crio drwy'r dydd, daw adeg pan mae pobl yn rhoi'r gorau i dalu sylw i chi, felly mae'n rhaid i chi ddod o hyd i ffordd arall o ddenu eu sylw nhw. Yn hytrach na cherdded, gan mai fi oedd yr ieuengaf, roeddwn i'n cael rhwydd hynt i lusgo mynd ar fy mhen-ôl, ac roeddwn i wedi'i gwneud yn berffaith glir mai dyma oedd fy hoff ddull o fynd o le i le. Ond diflannodd y plentyn bach â'r gwallt gwyllt, a lluniau diweddarach yn dangos merch fach â gwallt byr tywyll. Yn lle dagrau, mae gwên ddireidus ar fy wyneb. Dwi'n gwenu fel pe bai gen i ryw gyfrinach wallgo – fel pe bawn i wedi gwneud rhywbeth ofnadwy. Yn aml roeddwn i'n ddrwg, yn ddrwg iawn. Roeddwn i am fod fel Snoopy a byddwn yn gwisgo dwy blethen yn fy ngwallt i edrych fel ei glustiau. Doedd o ddim yn berson go iawn ond teimlai fel enaid hoff cytûn, oherwydd roeddwn innau hefyd wastad wedi cael fy nhrin fel rhywun gwahanol wrth dyfu i fyny. Roeddwn innau hefyd yn trio caru fy nhrwyn a oedd yn dal i dyfu, a byddwn yn dweud wrtha i fy hun bod golwg debyg i Snoopy arna i, a fy mod i'n cŵl fel Snoopy hefyd. Ond y gwir amdani oedd mai Linus oeddwn i.

Doedd gen i ddim dewis ond llenwi'r lle oedd ar fy nghyfer i. Treuliais y rhan fwyaf o fy mhlentyndod yn ceisio plesio fy rhieni a thrio bod yn bopeth iddyn nhw. Am ddegawdau, dyheu am ddilysrwydd a chael sylw oedd trefn fy mywyd. Roeddwn i bob amser yn torri fy mol i ddiddanu a bod yr hyn roedd pobl eraill yn dymuno i fi fod, hyd yn oed pan nad oedd fawr ddim gobaith o lwyddo. Ond mi ddes i arfer ag ymdrechu er gwaetha hynny, yn enwedig ar gyfer Mam.

Mae'r rôl rydych chi'n ei dewis ac yn ei chwarae ymhlith eich rhieni a'ch brodyr a'ch chwiorydd yn un mae hi bron yn amhosib i chi ddianc rhagddi. Hema oedd yr un a oedd yn gorfod brwydro dros bopeth a gwarchod gweddill y plant iau, a chafodd ei gorfodi i deimlo ei chyfrifoldeb. Sushma oedd yn clirio a glanhau ar ôl pawb, a hi hefyd fyddai'n cadw trefn ar bethau ac yn cadw'r heddwch. Hi oedd yn cadw'r ddysgl yn wastad – roedd rhaid rhannu popeth yn deg. A fi oedd yr olwyn wichlyd yn yr uned drefnus, 'yr un ddibwys'.

Gwnes i sicrhau fy mod i ar gael yn gyson i fy nhad – tomboi a oedd yn gwylio pêl-droed a chriced yn ei gwmni. Byddwn i'n cicio cerrig wrth ddisgwyl iddo ddod allan o'r clwb i ddynion yn unig ar faes criced Old Trafford, ac yn dal ei law wrth i ni gerdded i'r stadiwm i wylio Manchester United. Doeddwn i ddim talach na phenolau'r rhan fwyaf o'r cefnogwyr, ac roeddwn yn baglu dros goesau llydan eu trywsusau. Roedden ni'n mynd â phecyn bwyd a llond fflasg goch o de gyda ni, wedi'i wneud gen i, dan oruchwyliaeth Mam. Fi oedd yn gyfrifol am y bwyd a'r ddiod a'r waledi hynod bwysig i ddal y tocynnau. Roedd Dad yn sôn am chwaraewyr, rheolwyr, y rheol camsefyll a'r tactegau, a minnau'n nodio fy mhen yn ddoeth wrth ei ymyl.

Yna'r eiliad y byddwn i gyda Mam, byddwn i'n dychwelyd at fod yn ferch fach dlws, mewn ffrogiau roedd hi wedi'u gwneud, yn ymddiddori yn yr hyn roedd hi'n ei goginio a beth oedd ar y radio neu yn y theatr, neu'n trafod dawnsio. Roeddwn i'n chwarae'r ddwy ran cystal â'i gilydd, yn ôl yr angen, a thrwy wneud hynny'n profi fy mod i'n arbennig wedi'r cyfan.

Magwyd Mam ar aelwyd ffurfiol a thraddodiadol a throsglwyddwyd y diffyg cyffwrdd corfforol yn ei phlentyndod hi i'w merched ei hun. Doedd hi byth yn ein cofleidio ni, byth yn dangos cariad nac anwyldeb amlwg. Roedd un rhan ohoni a oedd yn amhosib ei hadnabod, neu ar wahân o leiaf – fymryn bach y tu hwnt i'ch cyrraedd chi. Roeddwn i'n hynod o wyliadwrus ohoni, nid yn unig am ei bod hi mor ynysig, ond am ei bod hi'n llym ar y naw hefyd. Roedd hi'n gwneud yn siŵr ein bod ni'n ymwybodol o'i safonau, a gwae chi os nad oeddech chi'n cadw atyn nhw. Ond dyna'n union sut y cafodd hi ei magu; roedd hi'n dilyn rheolau a oedd wedi dod yn rhan gynhenid ohoni.

Roedd disgyblaeth yn digwydd drwy'r *chappal* (math o sandal ledr) neu law, i gyfeiliant ein mam yn rhegi mewn Hindi neu Bwnjabeg. Yn aml, roeddwn i'n ddrwg, yn ddrwg iawn, a byddwn i'n cael fy ngalw'n *sewer ki dum*, cynffon mochyn, neu *ullu di patthi*, merch tylluan (oherwydd bod tylluanod yn dwp yn niwylliant India, er gwaetha barn hynafiaid Groeg). Gan amlaf, *gadha* oeddwn i – mul. Dyna oedd ffefryn Mam, ond roedd merch mochyn a phlentyn tylluan hefyd yn boblogaidd. Roedd **'Beth rydw i wedi'i wneud i haeddu hyn?** *Hai Rabba!'* (O Dduw!) hefyd yn ebychiad cyfarwydd o enau Mam. Pan wnes i ddeall ystyr y geiriau, fy ymateb i oedd, 'Wel, os dwi'n ferch i ti, mae'n rhaid dy fod ti'n dylluan neu'n fochyn neu'n ful.' Yr ymateb fyddai bonclust sydyn gyda chefn ei llaw.

Ond Dad fyddai'n gwneud y rhan fwyaf o'r cosbi. Byddai fy mam yn anelu cefn llaw os oedd hi o fewn cyrraedd, ond fy nhad fyddai'n rhedeg ar ein holau ni. Does dim clo ar ddrws yr ystafell ymolchi yn nhŷ gwag Mam hyd heddiw, ar ôl iddo gael ei dorri dro ar ôl tro gan Dad wrth ddod ar ein holau ni. Ond erbyn iddo gyrraedd fy hoff guddfan (rhwng y toiled a'r bath) roedd ei ddicter wedi pylu, ac roedd o'n methu estyn yn ddigon pell i'r bwlch cyfyng i gael gafael arna i beth bynnag. Byddwn i'n ymladd yn ôl bob tro, a dweud nad oedd hyn a'r llall yn deg. Yn ein diwylliant ni, mae anghytuno â'ch rhieni yn gyfystyr â diffyg parch. Dim dadlau, dim arlliw o lwyd – mae'n ddu a gwyn. Ond roeddwn i'n anghytuno ac yn amau popeth byth a hefyd.

Er enghraifft, yn ystod Diwali, roedden ni'n mynd i'r deml i glywed darlleniadau o'r Ramayana, yr arwrgerdd Sansgrit hynafol, ac yn clywed y stori am Ram, ei wraig Sita a'i frawd Lakshmana yn cael eu halltudio i'r goedwig am 14 mlynedd. Mae Ravana, y brenin dieflig â deg o bennau, yn herwgipio Sita, ac yna mae Ram a byddin o fwncïod yn ei hachub. Ond cyn iddi fynd yn ôl at ei gŵr, mae'n rhaid iddi fynd i mewn i'r tân er mwyn profi ei diweirdeb.

'Pam oedd rhaid i Sita gerdded drwy dân er mai hi gafodd hi ei herwgipio gan y brenin dieflig deg pen? Byddai hi heb fynd yn agos at ddiafol ar y gorau, heb sôn am un gyda deg pen... Pam ar y ddaear roedd rhaid i Ram brofi ei bod hi'n bur? Fyddai hi byth wedi'i gusanu. Cafodd hi ei herwgipio yn erbyn ei hewyllys!' Ac, wrth gwrs: 'Pam mae'n rhaid i fi wneud gwaith tŷ o hyd? Llafur plant ydy o... ai'r unig reswm gawsoch chi blant oedd i wneud i ni weithio?' Dwi wedi bod yn un am ddrama a gormodiaith erioed.

Dwi'n meddwl bod fy rhieni'n mwynhau hynny i raddau, ond roedden nhw hefyd yn poeni am y cwestiynu yma, a oedd mor ddadleuol yn eu golwg nhw. A dweud y gwir, un arall o fy llysenwau niferus oedd 'Little Miss Controversy'. Byddwn i'n tynnu ffrae, yn dweud pethau heb feddwl, doeddwn i ddim yn un i gydymffurfio. Byddwn i'n dweud 'NA!' Roedden nhw'n poeni na fyddwn i'n feddyg, yn gyfreithwraig nac yn beiriannydd...

Mai fi fyddai'n dwyn gwarth ar y teulu.

Dwi'n gallu cofio'r diwrnod pan newidiodd popeth.

Ar ddechrau mis Tachwedd 1970, ganwyd brawd bach. Roeddwn i newydd droi'n bedair oed a doeddwn i ddim yn deall yn iawn ei fod ar ei ffordd. Cafodd ei enwi'n Rajesh, sy'n golygu 'teyrn' neu 'dduw'r brenhinoedd'; dyma'r plentyn gwyrthiol. Dim ond trwy siawns roeddwn i yn drydedd ferch ac yntau'n ŵyr cyntaf.

Daliodd fy mam y frech Almaenig pan oedd hi'n feichiog, felly roedd adeg y geni yn gyfnod eithaf pryderus. Roedd rhai o'r meddygon wedi crybwyll y posibilrwydd o orfod erthylu, ond roedd Mam yn gadarn. Ei phenderfynoldeb a'i gwrthwynebiad i'r pwysau gan feddygon a arweiniodd at enedigaeth ddiogel ei thywysog bach.

Yn anffodus, roedd *Dadaji* (fy nhaid ar ochr fy nhad) wedi marw ym Mumbai flwyddyn ynghynt, cyn gallu profi'r llawenydd o gael yr ŵyr y bu'n dyheu amdano. Roedd *Dadiji* (mam fy nhad) yn addoli ei hŵyr newydd. Roedd hi wedi cyfarfod ag o pan aethon ni ar wyliau byr i India pan oedd yn fychan – roedd Mam a Dad eisiau ei ddangos iddi hi a gweddill y teulu. Dyna oedd yr ymweliad pan gafodd Raj dorri ei wallt am y tro cyntaf hefyd, mewn seremoni draddodiadol Hindŵaidd o'r enw *mundan*. Mae lluniau hyfryd ar gael o Raj a'i wallt byrrach, er bod Mam yn methu dioddef eillio ei wallt cyrliog yn llwyr rhag ei wneud yn llai prydferth.

Roedd yr amharodrwydd hwnnw'n gwrthgyferbynnu'n llwyr â'r ffordd y gwnaeth hi fy nhrin i un haf. Er mawr gywilydd iddi, roedd fy ngwallt wedi mynd yn glymau byw wrth i fi chwarae yn y baw gyda'r cathod ar wyliau ar fferm. Ei hymateb ar unwaith oedd torri fy ngwallt mor fyr nes bod golwg fel bachgen arna i – felly yn bedair oed, roedd gen i wallt byrrach na gwallt fy mrawd. Doedd o ddim yn olwg dda, ond wrth i'r gwallt dyfu, clymodd y blaen i fyny gyda bobl gwallt, a dyna esgor ar lysenw arall – 'Palm Tree'.

Mae lluniau o India yn dangos Raj yn gwisgo *churidar pajama* traddodiadol hyfryd o sidan gwyn a gwasgod goch tywyll wedi'i brodio, yn cusanu Nain, a oedd yn gaeth i'w gwely. Roedd hithau'n gwenu fel giât, cymaint ei balchder. A dweud y gwir, yn y blynyddoedd ar ôl geni fy mrawd, priododd brodyr iau fy nhad a chael dau fab yr un. Byddai *Dadaji* a *Dadiji* wedi gwirioni.

Mae'r albymau yn llawn lluniau o Mam a Raj. Does dim prinder o'r rheiny, yn sicr. Lluniau lliw llachar o'r 1970au. Ac mae rhai yn dangos Mam yn ei *gusanu* hyd yn oed. Mae o'n fabi bach del a llond ei groen, gyda llygaid tywyll lliw siocled, llond pen o wallt cyrliog a gwên hawddgar, yn hollol wahanol i'r lluniau ohona i'n fabi – tenau ac anhapus, â photel yn fy ngheg.

Aeth fy ymddygiad o ddrwg i waeth, yn enwedig o ran fy mherthynas â Raj. Byddwn yn ddrwg fy hwyl ac yn crio byth a hefyd. Dim ond fy mlanced gysur, roeddwn wedi'i bedyddio'n 'shawli', fyddai'n gwneud y tro. Yn fuan ar ôl i Raj gael ei eni, datblygodd deinameg newydd rhwng y plant, rhaniad rhwng y ddwy hynaf a'r ddau iau. Er bod Raj bedair blynedd yn iau na fi, ac er mawr siom i fi, roedden ni'n dau yn bâr. Yn bendant, cyfrannodd hynny at fy ymddygiad anaeddfed a bues i'n blentynnaidd iawn o ran natur am amser hir. Roedd unrhyw sylw, hyd yn oed cerydd am gamfihafio, yn well na dim sylw o gwbl.

Cawsom ni ein magu gan rieni a oedd eu hunain yn blant yr Ymerodraeth. Ganwyd fy mam yn Lloegr yn 1940, oherwydd roedd fy nhaid, Jamna Das, yn gweithio ar rwydwaith rheilffyrdd Prydain fel peiriannydd trydanol, ac roedd fy nain, Shanta Malhotra, wedi dod gydag o. Dysgon nhw lawer wrth fyw yng ngogledd Lloegr o gwmpas Crewe, Bolton a Southport, lle ganwyd Mam. Roedd fy nhaid yn aml yn cael ei ymlid i lawr y stryd gan fechgyn ifanc mewn trywsus byr ar gefn beic yn gweiddi, 'Hei, Indiad! Ble mae dy fwa a dy saeth di?' Roedden nhw'n byw mewn tŷ llety, lle roedd merch 18 oed y perchennog yn eistedd mewn bath tun yn y lolfa, ac yn gweiddi ar fy nhaid i ddod i sgwrio'i chefn hi, er mawr ddychryn i Taid a Nain fel ei gilydd. Roedd Mam wrth ei bodd yn dweud mai hi oedd yr unig fabi yn Ysbyty Mamolaeth Christiana Hartley yn Southport â gwallt ar ei phen. Roedd ei gwreiddiau ym Mhrydain yn sicr yn rhan o'i hunaniaeth, a'i rhieni yn annog hynny, er gwaetha'r hiliaeth roedden nhw'n ei hwynebu.

Pan oedd Mam tua blwydd oed, gwnaethon nhw hwylio'n ôl i India, taith faith a pheryglus wrth iddyn nhw geisio osgoi llongau tanfor yr Almaen. Roedd Mam yn ei helfen yn adrodd stori'r fordaith hir o Loegr, hen hanes roedd ei mam hithau wedi'i adrodd iddi. Lerpwl i Mumbai, o gwmpas Penrhyn Gobaith Da ac aros yn Durban, gan fod Camlas Suez wedi cau oherwydd y rhyfel ac roedd angen rhagor o danwydd ar y llong. Mawredd eu llong fawr ymhlith yr holl gychod llai o gwmpas pen deheuol Affrica. Roedd yn daith o fisoedd, a'r oedolion yn llenwi eu hamser yn gofalu am Asha fach, yn darllen llyfrau ac yn chwarae 'bridge' a gemau dec gyda llond llaw o Indiaid ifanc eraill, gan droi cefn ar eu hatgofion o 'Blighty'.

Yn Durban, dyma brofi math arall o hiliaeth. Ymosodiad agored a thaer, llai soffistigedig, a oedd yn teimlo'n gwbl wahanol i'r ffordd roedden nhw'n cael eu trin yn India Drefedigaethol neu yn Lloegr. Roedd fy nhaid wedi mynd i sinema i wylio ffilm gyda'i ffrindiau, ac wrth i'r goleuadau ddod ymlaen cyn yr egwyl, cawson nhw eu herio gan y tywyswyr am eu bod yn eistedd yn yr adran anghywir... A hwythau'n anghyfarwydd â'r deddfau gwahanu yn Ne Affrica cyn apartheid, roedden nhw wedi cymryd y seddi a roddwyd iddyn nhw. Roedd croen fy nhaid yn olau iawn a'i lygaid yn wyrdd tywyll, ac roedd yn gwisgo dillad gorllewinol trwsiadus, felly mae'n rhaid bod ei 'liw' a'i wisg wedi drysu staff y swyddfa docynnau, a werthodd docynnau ar gyfer yr adran 'pobl wyn yn unig' i Nain a Taid.

Yn ôl yr hanes, heriodd fy nhaid y tywyswyr a mynnu aros i wylio ail hanner y ffilm, er bod yr hiliaeth gignoeth wedi'u dychryn. Roedden nhw wedi talu am docynnau ac roedden nhw'n benderfynol o gael gwerth eu harian. Y syndod mwyaf iddyn nhw oedd bod Durban, ar yr wyneb, yn ddinas mor amlhiliol, yn grochan o bobl a diwylliannau – yn fwy felly na Lloegr nac India. Byddai profi rhagfarn mor glir a chyhoeddus yn aros yn y cof am byth.

Ar ôl dychwelyd i Mumbai, daeth fy nhaid yn un o uwch-arolygwyr cyntaf Rheilffyrdd India ar ôl i'r Prydeinwyr adael – un o'r brodorion Brown cyntaf â rôl flaenllaw yn ei faes. Er bod y rheilffyrdd wedi'u hadeiladu diolch i waed, chwys, trethi a dagrau'r Indiaid, y cyfan glywch chi ym Mhrydain yw, 'ni roddodd y rheilffordd i India'. Ond y gwir amdani yw iddyn nhw gael eu creu oherwydd dull ymosodol Prydain o reoli India, ar draul meddyliau a chyrff y bobl a gafodd eu gwladychu. Roedd fy nhaid yn sicr yn un o'r meddyliau a'r cyrff hynny.

Fel y ferch gyntaf-anedig, wnaeth Mam ddim profi'r un lefel o siom deuluol â fi wrth dyfu i fyny, ond ar ôl i dri brawd gyrraedd yn sydyn iawn wedyn, roedd hi'n sicr yn gwybod ei lle fel menyw. Roedd agwedd ei thad at ran menywod yn draddodiadol iawn, a chafodd hi mo'i hannog i ddilyn y llwybr academaidd yn llawn. Roedd geiriau ei thad yn atseinio yn ei chlustiau: 'Dydy hogia ddim yn hoffi genod sy'n gwisgo sbectol.' Credai ei thad na fyddai neb yn priodi ei ferch os oedd hi'n rhy ddeallus, felly roedd yn ei hatal rhag gwisgo sbectol er ei bod hi'n hynod o fyr ei golwg. Fel merch ifanc, roedd Mam yn ddiniwed, yn dawel ac yn barchus, yn union fel y dylai hi fod, ond dyma ddim ond dechrau ei stori.

Anfonwyd y ddau hynaf o frodyr iau Mam i ysgol breswyl, ac arhosodd hithau a'i brawd bach, cannwyll llygad eu mam, gartref gyda'u rhieni wrth i waith fy nhaid eu gyrru i bob cwr o dalaith Maharashtra. Roedd ei hatgofion am ei chyfnod yn Tharkurli, mewn bynglo trefedigaethol mawr ar fryn bychan, ymhlith eu rhai anwylaf. Y tu mewn roedd ystafelloedd helaeth, gwelyau dydd pedwar postyn, dodrefn pren o gyfnod Victoria a dodrefn Indiaidd hardd o ddeunyddiau hynafol, celf fodern India, cerfluniau crefyddol, a silffoedd yn drymlwythog o lyfrau a hen gopïau o'r *Reader's Digest*. Roedd feranda hir ar ochr y tŷ yn edrych allan ar erddi hardd yn llawn blodau lotws, rhosod, hibiscws a jasmin, lle byddai ei rhieni yn yfed te ac yn bwyta *namkeen* (byrbryd hallt), yn chwarae 'bridge' neu'n cael diod oer o wisgi a dŵr wrth i'r haul fachlud.

Soniodd Mam yn falch ei bod yn teithio ar ei phen ei hun ar y trên i'r ysgol ym Mumbai a bod y gwas, Manohar, yn ei chyfarfod yn yr orsaf i gerdded adref. Byddai'n prynu pethau da ar ôl cynilo 4 *anas* a 25 *paise* o'i harian poced i brynu Rowntree's Fruit Gums neu greision hallt neu, ei ffefryn heb os, *chikki* cnau mwnci (taffi cnau mwnci) o siop goffi o'r enw Friends. Roedd hi hefyd yn cofio, yn fwy cyffrous fyth, cael paned o de mewn cwpan borslen yn Brandon's (ardal o'r bwyty yng ngorsaf reilffordd Victoria a agorwyd yn wreiddiol ar gyfer swyddogion y Raj Prydeinig yn unig). Pe bai'n colli'r trên 16.20 ar ôl ysgol, gallai brynu brechdanau ar gyfrif ei thad wrth iddi aros am y trên nesaf.

Ar ôl cyfnod yng ngholeg clodfawr Elphinstone, aeth ei rhieni ati i'w chofrestru yng ngholeg gwyddor cartref Nirmala Niketan ym Mumbai i ddysgu sut i reoli aelwyd i'w pharatoi ar gyfer priodi. Roedd Mam yn arfer tynnu coes ei bod hi wedi mynd i 'ysgol berffeithio'. Ar y pryd, roedd ffrindiau Dad yn tynnu ei goes yntau, gan ddweud na fyddai hi'n gogydd cartref gwych gan y byddai ganddi ormod o arferion gorllewinol ffansi. Roedden nhw'n mynnu mai dim ond brechdanau ciwcymbr fyddai ar y fwydlen. Treuliodd Mam ddwy flynedd ar y cwrs diploma Gwyddor Cartref. Roedd y pynciau'n cynnwys ffiseg, gwyddor foesol, hylendid, gwnïo, seicoleg plant, crefftau mamau, cymorth cyntaf/nyrsio cartref, theori tecstilau a golchi dillad, maeth, addurno tai a rheoli cartref.

Bu ethos y coleg yn ddylanwad cryf ar fy Mam gydol ei hoes. Roedd copi o gylchgrawn y coleg yn un o'r droriau yn nhŷ Mam. Dyma oedd neges y cyfarwyddwr:

> Rydych chi wedi dod yma i baratoi ar gyfer bywyd, i ddysgu sut i gadw tŷ yn effeithlon a sut i fod yn wragedd a mamau da. Efallai y bydd rhywun cyffredin yn meddwl bod hyn yn ail natur i ferched, ond rydych chi'n gwybod bod angen hyfforddiant i gynnal y safonau uchel rydych chi wedi eu gosod i chi'ch hun.
>
> Mae eich presenoldeb yn y Sefydliad hwn yn golygu eich bod eisoes wedi deall bod Duw yn galw ar bob menyw i fod yn olau disglair ei chartref. Os yw hi i fod yn graig o gadernid a hapusrwydd a phob aelod o'r teulu yn reddfol yn pwyso arni am gysur ac arweiniad, rhaid iddi ddysgu ymroi'n anhunanol, gyda chariad dwys. Dyma'r syniad rydym yn dymuno i'n harwyddair ei gyfleu i chi: Yr

> **agwedd fwyaf ar gariad yw gwasanaethu. Bydd pob eiliad o'ch bywyd beunyddiol yn eich cartref yn wasanaeth i eraill a dylai fod yn wasanaeth o gariad. Trwy bopeth rydych chi'n ei ddysgu ar y cwrs hwn, rydych chi'n amsugno'r ddelfryd hon yn ddiarwybod.**

Roedd gweddill yr anerchiad yn cyfeirio at bwysigrwydd rhan menyw ym maes lles cymdeithasol a sut byddai'n barod, erbyn diwedd y cwrs, i wasanaethu ar ôl cael y cyfle i gaffael hanfodion gwaith cymdeithasol yn y coleg.

Dyma oedd glasbrint bywyd Mam fel menyw briod. Roedd siwrnai ei bywyd, y fflam benderfynol a'r goleuni oedd ynddi hi, i gyd wedi'u meithrin yn ei chymeriad, wrthi iddi 'amsugno'r ddelfryd hon yn ddiarwybod' gydol ei blynyddoedd ffurfiannol yn y coleg. Arwyddair yr ysgol oedd y sail i'w holl weithredoedd fwy neu lai. Roedd hi hefyd yn ferch i rieni a oedd yn llawn crachysgolheictod a gwerthoedd traddodiadol; roedd hi'n blentyn hynaf ac yn *ferch*. Doedd hi byth yn mynd i aberthu'r parch roedd hi'n ei haeddu gan ei brodyr, na neb arall o ran hynny. Byddai'r agwedd honno yn llywio popeth a wnâi. Roedd yr agwedd hon ar ei haddysg wedi paratoi ei meddwl, a'n bywydau ni i gyd yn sgil hynny, mewn ffyrdd na allai fod wedi'u dychmygu wrth astudio theori golchi dillad. Pwy fyddai'n meddwl y gallai gwybod sut i olchi eich dillad gael effaith mor ffurfiannol ar feddwl merch ifanc?

Trefnwyd priodas fy rhieni gan eu teuluoedd, a oedd yn adnabod ei gilydd ers degawdau. Pan oedd rhieni Mam yn byw yn Matunga, symudon nhw i lawr cyntaf adeilad o'r enw Chaya ar College Road, a dod yn ffrindiau gyda'r teulu Gulati yn Africa House, Adenwallah Road. Ar ôl rhannu'r wlad yn 1947, roedd Matunga yn gartref i lawer o grwpiau o deuluoedd Pwnjabaidd. Roedd Mam yn aml yn dweud ei bod hi'n treulio amser yng nghwmni brodyr iau Dad, ac y byddai'n ei weld ac yn meddwl pa mor olygus roedd o. A dweud y gwir, roedd y ddau yn olygus iawn – yn enwedig fy mam. Roedd hi fel duwies o fytholeg Roegaidd, â'i choesau hir iawn, ei hysgwyddau llydan, mynwes o'r iawn ryw a gwasg fain.

Diwedd y gân oedd iddyn nhw briodi, ar 18 Tachwedd 1959. Ers y diwrnod hwnnw, byddai Mam bob amser yn gwenu'n falch wrth ysgrifennu ei henw: Mrs Asha Gulati. Roedd hi dros ei phen a'i chlustiau mewn cariad â'r dyn roedd hi bellach yn rhannu ei chyfenw ag o.

Er mwyn dod yn Mrs Gulati, roedd yn rhaid i Mam gytuno i beidio â bwyta planhigion wy. A dweud y gwir, roedd ei rhieni yng nghyfraith wedi mynnu hynny. Mae'n debyg bod planhigyn wy wedi achub un o hynafiaid Gulati ac allan o barch, byddai'n rhaid i bob menyw briod a oedd yn arddel y cyfenw anrhydeddu planhigion wy drwy beidio â'u bwyta. Cyn ei phriodas, roedden nhw ymhlith ei hoff lysiau, ac er y byddai'n eu coginio i ni blant, doedd hi byth yn eu bwyta ei hun.

Nid dyna unig aberth Mam er mwyn fy nhad. Er enghraifft, bob dydd Llun roedd Mam yn ymprydio dros iechyd parhaus fy nhad. Roedd fel math o benyd, ond wnes i erioed ddeall a oedd hynny'n rhywbeth diwylliannol, yn rhywbeth crefyddol neu mewn gwirionedd yn ddim ond yn rhywbeth Pwnjabaidd. (Ond dwi'n gwybod un peth – roedd yn bendant yn beth patriarchaidd.) Byddai'n paratoi bwyd i'r gweddill ohonom drwy gydol y dydd ond fyddai hi ei hun ddim yn cymryd fawr mwy na phowlen o Shredded Wheat a llaeth, neu bryd o fwyd syml heb halen na siwgr na blas. Byddwn i'n ei hedmygu hi, ond ar yr un pryd yn teimlo ychydig yn rhwystredig; doedd fy nhad ddim yn gwneud dim byd tebyg iddi hi, a byddwn yn tynnu ei goes nad oedd o byth yn ymprydio dros ei hiechyd parhaus hi. Dwi'n ei gofio'n gwneud hynny unwaith i ddangos ei werthfawrogiad ac roedd pawb yn morio chwerthin oherwydd bod ei hwyliau mor ddrwg y diwrnod hwnnw.

Ddeng mis yn ddiweddarach, yn syth ar ôl graddio o'r coleg meddygol, gadawodd fy nhad ei wraig feichiog i astudio iechyd plant yn y Deyrnas Unedig. Roedd am fanteisio ar hyfforddiant y Gwasanaeth Iechyd Gwladol yn y gobaith y byddai'n dod yn bediatregydd. Ddyddiau'n unig ar ôl iddo adael, cafodd Hema ei geni, ddechrau mis Medi 1960. Clywodd fy nhad y newyddion mewn telegram pan oedd o ar y môr. Roedd pob un o'r 'antis a'r yncls' cymunedol (mae pawb yn anti neu'n yncl, yn berthynas trwy waed ai peidio, waeth ble maen nhw yn y llinell deuluol) yn cyfrif amserlen geni Hema ar eu bysedd yn dawel bach, gan sicrhau bod popeth yn iawn a'u bod nhw wedi cadw at reolau 'dim rhyw cyn priodi'. Yn ôl pob tebyg, roedd Anti Karnakaran wedi rhoi sudd oren ac olew castor i Mam er mwyn cyflymu'r esgor – byddai'r fath wep ar wyneb Mam wrth iddi sôn am hynny.

Cyrhaeddodd Dad Marseille ar long o'r enw y *Viet Nam*, cyn teithio i Lundain a manteisio ar letygarwch croesawgar 'perthnasau': cartref mab i frawd tad fy mam yn Swydd Hertford. Roedd Yncl Bill (fel roedden ni'n ei alw, er mai Harbans Lal oedd ei enw iawn) eisoes wedi ymgartrefu yn Lloegr, ac wedi priodi Anti Stella cyn y Rhaniad. Roedd Anti Stella yn 'Eingl-Indiaidd', ymadrodd awgrymog a ddefnyddiwyd yn ystod cyfnod y Raj Prydeinig i gyfeirio at bobl o hil gymysg. Roedd disgrifiadau Mam o Anti Stella ychydig yn syrffedus, gan ei bod hithau wedi gorfod byw gyda hi pan gyrhaeddodd Loegr am y tro cyntaf hefyd. Bydd Mam yn sôn sut roedd Anti Stella wedi dweud bod fy nhad wedi benthyg wyth bunt ganddyn nhw er mwyn iddo allu teithio i'w swydd gyntaf yn yr Alban ac erioed wedi'u talu nhw'n ôl. Roedd hi'n dal dig am hyn, er i Dad gyrraedd Lloegr â dim ond pum punt yn ei boced.

Ar ôl cyrraedd Glasgow, dysgodd Dad nad oedd unrhyw gofnod ei fod wedi cael hyfforddiant pellach, felly cafodd ei alw i weithio yn syth, gan ddechrau gyda chyfnod yn yr ysbyty mamolaeth ar Rottenrow. Yn debyg iawn i heddiw, yng nghanol Covid-19, bu'n rhaid i lawer o feddygon ifanc gamu i'r adwy cyn iddyn nhw gymhwyso'n llawn. Roedd angen meddygon ar y GIG newydd ar frys. Yn sgil galwad y Gweinidog Iechyd ar y pryd, Enoch Powell (a fyddai, yn eironig, yn ddiweddarach yn traddodi'r araith 'afonydd o waed' yn erbyn mewnfudo), symudodd fy nhad a dinasyddion eraill y Gymanwlad i Brydain o dan faner 'hyfforddiant pellach', er mai'r gwir plaen oedd bod dirfawr angen staff ar Brydain.

Yn niwylliant India, mae disgwyl i wraig mab ymuno ag aelwyd ei theulu yng nghyfraith newydd yn syth ar ôl y briodas. Felly am bron i flwyddyn arhosodd Mam gyda rhieni fy nhad, yn byw bywyd nodweddiadol merch yng nghyfraith. Roedd ei mam yng nghyfraith yn gaeth i'w gwely bryd hynny hyd yn oed, ac roedd angen menyw arall yn y tŷ i helpu. Ei rôl oedd y chwaer yng nghyfraith hŷn, y *bhabi*, ac roedd disgwyl iddi hi ymgymryd â threfniadau'r cartref. Roedd ei chwaer yng nghyfraith iau yn byw yno hefyd. Allai Mam ddim dioddef meddwl am ddwy flynedd wedi'i gwahanu oddi wrth ei gŵr, ond mynnodd ei theulu yng nghyfraith ei bod yn arddel y traddodiad.

Fodd bynnag, digwyddodd un o ffrindiau ei thad, a oedd yn asiant teithio, alw heibio i ymweld â'i theulu yng nghyfraith, ac am ryw reswm, cyfeiriwyd at y ffaith fod Mam wedi'i geni yn Lloegr. Soniodd yr asiant teithio mor hawdd fyddai cael pasbort Prydeinig pe bai Mam yn gallu profi ei gwlad enedigol. Er gwaethaf ei natur ymddangosiadol addfwyn, roedd Mam fel ci ag asgwrn. Sylweddolodd y byddai prawf o'i genedigaeth ar basbort ei mam, ac o fewn deg diwrnod i'r cyfarfod hwnnw, roedd wedi cael gafael ar basbort Prydeinig newydd gan swyddfa conswl Prydain. Gyda chefnogaeth ariannol gan ei thad ei hun, ac er mawr ddicter ei thad yng nghyfraith newydd, erbyn Chwefror 1961 roedd hi ar yr awyren Boeing 707 nesaf, babi bach yn ei chôl, gyda thocyn unffordd i Oldham, drwy Anti Stella.

Roedd fy nhad yno i'w chyfarfod hi a'u plentyn. Roedd yn gwisgo ei siwt las – roedd ganddo un siwt frown ac un las, wedi'i gwneud ar gyfer ei briodas, ac roedd Anti Stella wedi dweud wrtho am wisgo'r un las oherwydd bod 'dynion Indiaidd yn edrych yn well mewn glas'. (Yng ngwir natur yr Ymerodraeth, roedd sylw Anti Stella yn adlewyrchu'r hiliaeth gynhenid ac endemig mewn cymdeithas, rhywbeth y bu'n rhaid iddi hithau ei wynebu hefyd, mae'n debyg, wrth iddi ddweud y byddai'r lliw glas yn edrych yn well gyda chroen tywyllach fy nhad.) Roedd Mam wrth ei bodd i gael bod gyda fy nhad o'r diwedd, beth bynnag roedd o'n ei wisgo. O'r diwedd, roedden nhw'n gallu dechrau ar eu taith briodasol gyda'i gilydd. Mae stori fy rhieni yn stori garu go iawn.

Pan ddaeth Mam i ogledd Lloegr am y tro cyntaf, roedd yn cyrraedd i fyd anghyfarwydd iawn. Roedd meddygon yn byw yn yr ysbyty lle roedden nhw'n gweithio, neu mewn llety gerllaw. Er bod ambell i feddyg 'Indiaidd' arall yno, roedden nhw'n sengl ar y cyfan: dim plant, dim gwragedd. Bu Mam, Dad a Hema yn byw mewn pob math o lety: gan gynnwys yn Swinton yn ysbyty plant y Royal Manchester, ac yn 178 Manchester Road, Pendlebury, lle roedd Mrs Quinn, perchennog y llety, yn gwneud yn siŵr bod y tenantiaid 'estron' newydd yn cadw'r lle'n daclus, ond wedyn yn honni 'ei bod hi erioed wedi gweld y bath mor lân.' (Doedd Mam na Dad ddim yn aros yn y bath am hydoedd. 'Bath bwced' oedd y drefn, sef bwced wedi'i llenwi â chymysgedd o ddŵr berwedig a dŵr oer roeddech chi yn ei dywallt drosoch chi â phowlen fach o'r enw *lauta*, ar eich eistedd mewn bath gwag. Mae'n deillio o draddodiad yn India, o arbed dŵr bob amser.)

Roedd Dad o ddifri ynghylch y cyfrifoldeb o ddarparu ar gyfer ei gyntaf-anedig, a byddai ar ddyletswydd drwy'r amser fel meddyg iau i gyflawni'r rhwymedigaeth honno. Byddai Mam yn aros ar ei thraed nes y byddai'n cyrraedd adref, ac yn paratoi prydau bwyd sylfaenol iawn a dim mwy. Doedden nhw byth yn yfed llawer o de na choffi.

Cafodd Sushma ei chenhedlu uwchben deintyddfa, a fu'n destun cryn dynnu coes pan ddaeth hi'n ddeintydd ei hun maes o law. Roedd Mam yn aml yn dweud, **'Ffawd, Shobna, ynde? Mae pethau'n troi allan yn y ffyrdd rhyfeddaf.'** Ar ôl i fi gael fy ngeni, roedd mam fy mam wedi anfon clustdlysau bach aur gyda chrisialau gwyn clir ati i nodi'r achlysur, ynghyd â thoriad o bapur newydd o 'Lundain' (dyna sut roedden nhw'n cyfeirio at Loegr gyfan yn India). Roedd y pennawd yn cyfeirio at droseddwr a oedd wedi dianc, ynghyd â nodyn gan fy nain yn gofyn i Mam fod yn ofalus os oedd hi'n mynd allan yn gwisgo'r clustdlysau, rhag ofn bod y dihiryn yn y cyffiniau.

Felly dyna lle roedd Mam, gydag un plentyn bach bywiog ac un babi gwallt cyrliog yn ei breichiau, yn dal y bws ar ei phen ei hun, yn ceisio dod o hyd i'w ffordd o gwmpas a siopa heb wario mwy na'r ychydig oedd ganddi. Dwi'n aml yn ei dychmygu yn 23 oed, yn cario'r bagiau a fy nwy chwaer, ar ei phen ei hun, mor bell o gartref, a baich cyfrifoldeb yn drwm ar ei hysgwyddau. Yn 1962, cafodd fy nhad ddiagnosis o ddiabetes hwyr, a Mam gafodd y bai yn dawel bach mewn llythyr arall gan ei thad yng nghyfraith a oedd yn mynnu bod Dad wedi dal 'clefyd y dyn cyfoethog'.

Ond roedd eu fflat diweddaraf, yn yr ysbyty, yn fywiog iawn a daeth yn galon bywyd cymdeithasol yr ysbyty. Byddai dau feddyg arall – Dr Issac, yn aml yn gafael mewn tun o bysgod, a Dr Agarwwal – yn galw i chwarae cardiau yn ystod eu cyfnodau ar alwad, a byddai Mam yn gwneud bwyd iddyn nhw. Cyfeiriwyd at y fflat fel caffi Joe – cafodd Dad y llysenw Joe yn yr Alban am eu bod nhw'n meddwl ei fod yn edrych fel y pianydd a'r canwr Joe Henderson.

Roedd fy mam wrth ei bodd yn dysgu am holl 'fynd a dod' yr ysbyty; mewn geiriau eraill, y perthnasoedd godinebus a oedd weithiau'n ffurfio o fewn cymuned glòs y meddygon a'r nyrsys tramor. Wnaeth o erioed ei tharo y byddai ei gŵr yn anffyddlon, ond roedd digon o bobl yn barod i wneud honiadau ffug amdano a rhyw nyrs neu'i gilydd. Roedd yn boblogaidd iawn ac yn ddyn golygus. 'Oes gennych chi ffydd yn eich gŵr gyda Phylis? Mae hi wedi bod yn mynd allan gyda doctor Mwslimaidd arall.' Byrdwn y neges oedd bod Phylis y fath o fenyw a fyddai'n cymryd ffansi at unrhyw feddyg o dras Indiaidd. Roedd mân agweddau hiliol a rhywiaethol yn rhemp yn y gymuned fach. Tipyn o agoriad llygad i Mam.

Symudodd fy nheulu i dŷ bach ar Abbey Hills Road yn Oldham ychydig cyn i fi gael fy ngeni. Tŷ teras bychan oedd o, gyda thoiled allan mewn penty yn y cefn. Byddai Nain yn chwerthin am ben y sefyllfa yn aml, bod ei merch yn dewis byw mewn cartref â thŷ bach y tu allan – wedi'r cyfan, roedd toiledau 'gorllewinol' dan do gan y teulu yn India ar y pryd hyd yn oed, nid rhyw dŷ bach i gyrcydu uwch ei ben. Dyma fy nghartref cyntaf, ond diwedd y gân oedd symud i'r ysbyty. Roedd gwres canolog yno, yn wahanol i'r lle tân bach yn yr ystafell fyw yn Abbey Hills. Roedd tymheredd eu cartref yn hynod bwysig i Mam a Dad: roedd gogledd Lloegr yn oer iawn.

Yna, penderfynwyd dychwelyd i India. Gyda thair merch dan chwech oed, byddai'n haws i Mam ymdopi gyda chefnogaeth a chymorth gan berthnasau. Roedd Dad yn mynd i'n hebrwng ni i India, yna dirwyn pethau i ben yn Lloegr a dod adref. Ond wnaeth hynny ddim digwydd yn drefnus. Yn llythrennol, cafodd ysgol iaith Hindi Hema a Sushma ei chwythu i ffwrdd – dim ond pabell oedd hi. Roedd Mam yn methu dioddef bod ar wahân i Dad eto fyth, yn enwedig a hithau o dan awdurdod ei rhieni a'i rhieni yng nghyfraith, a oedd yn meddwl bod pawb wedi Seisnigo ormod. (I danlinellu'r pwynt hwn, byddai Sushma yn aml yn sibrwd yng nghlust Mam, 'Oes ganddyn nhw dŷ bach fel un Oldham?' Oherwydd yn Africa House, cartref rhieni fy nhad ym Matunga, Mumbai, twll yn y ddaear oedd y tŷ bach. Roedden ni blant yn pryderu'n arw y bydden ni'n disgyn i mewn i'r twll, oherwydd doedd ein traed bach ni ddim yn ffitio'r ôl traed yn y llawr o bobtu'r twll a oedd yno i rwystro pobl rhag llithro. Ac i ychwanegu at arswyd y lle, wrth gyrcydu, dwi'n cofio gweld teimlyddion yr hyn gredwn i oedd yn chwilen enfawr draw yng nghornel yr ystafell ymolchi. Bob blwyddyn pan oedden ni'n ymweld â nhw yn blant, dyna lle roedd o, yn aros amdanom. Yna, pan oeddwn i yn fy arddegau hwyr, cafodd y lle ei adnewyddu'n llwyr a diflannodd y chwilen dros nos.)

Erbyn diwedd mis Mai 1967, daeth tro ar fyd i'r teulu pan gafodd fy nhad swydd fel meddyg teulu, gyda chodiad cyflog a'r gallu i brynu ein cartref teuluol cyntaf, 21 St Albans Avenue, tŷ ar wahân (gydag ystafell ymolchi dan do a gwres canolog) yn Ashton-under-Lyne, am £4,500. Roedd fy mam ar awyren i Loegr mewn dim o dro.

Yn fuan ar ôl i ni symud i St Albans Avenue, cafodd Mam lythyr gan un o'i hen ffrindiau ysgol, Vatsala, a oedd wedi aros yn India, yn briod â dau o blant:

> **Roedd dy fam wedi ysgrifennu yn dweud dy fod ti wedi symud i dy dŷ dy hun. Wyt ti'n mynd i setlo yn Lloegr am byth? Dwi'n cymryd bod Hema a Sushma yn yr ysgol. Ydy Shobna yn drafferthus iawn? Oes gen ti rywun yn dy helpu i gadw tŷ?**
>
> **Asha, wyt ti'n cofio ein dyddiau coleg? Mae'n rhyfedd pa mor gyflym mae amser yn hedfan. Mewn ychydig o flynyddoedd, byddwn ni'n ddwy hen begor!**
>
> **Ydy'r Saeson yn garedig tuag at Indiaid?**

Mae'n rhyfedd meddwl bod y ddwy ferch hynny, a gafodd eu magu mewn ffordd mor debyg, wedi dechrau eu bywydau priodasol mewn dau fyd mor wahanol (ac mae'n braf gweld bod fy natur drafferthus yn ddihareb!).

Y tro hwn, waeth pa mor 'garedig' roedd y Saeson tuag atyn nhw, byddai Mam a Dad yn setlo yma'n barhaol.

Roedd yr holl symud rhwng India a Lloegr yn golygu bod dawns ddiwylliannol gyson ar yr aelwyd rhwng cytseiniaid acennog Saesneg

Swydd Gaerhirfryn...
   Y synau *dha* a *kha*,
   a synau *a ah* ac *i ieee* yr iaith Hindi.
   Yn gymysg â hynny byddai fy nhad yn bloeddio 'Hem, Sush, Sho. Hem, Sush, Sho.' Roedd yn un o'i ebychiadau cyson, fel arfer i ni fynd i nôl caws a bisgedi iddo (pa reswm arall sydd dros bod yn dad i dair merch?). Yn amlach na pheidio, fi fyddai'n nôl y danteithion, wrth gwrs.

Roedden ni'n bodoli mewn môr o sgwrsio dwyieithog. Siaradai fy rhieni â'i gilydd mewn cyfuniad o Hindi a Saesneg, er mai Pwnjabiaid oedd y ddau, oherwydd bod Mam yn meddwl bod yr iaith Pwnjabeg yn swnio'n rhy arw. Ces i wersi Hindi ar ddechrau fy arddegau, ond doedd fawr o sylw'n cael ei roi iddo gan mai Saesneg roedd Dad am i ni ei siarad erioed.

Roedd y cyfan yn rhan o'i brosiect cymhathu diwylliannol – roedd yn ein magu i fod fel pawb arall, o leiaf y tu allan i'r cartref. Doedd o'n malio dim pan fyddai pobl yn ei alw'n Joe yn lle ei enw bedydd, Kulbhushan. Roedd yn ei hoffi. Byddai'n cyfeirio ato'i hun fel Joseff weithiau hyd yn oed. Roedd eisiau i ni wneud popeth o fewn ein gallu i fod yn Brydeinig. Dyma oedd ei athroniaeth: gartref, roedden ni'n cael bod yn wahanol, gwisgo dillad traddodiadol, gwneud pethau diwylliannol, siarad iaith wahanol a bwyta bwydydd gwahanol, ond yn y byd mawr, roedden ni'n siarad Saesneg, yn gwisgo dillad gorllewinol ac yn cael bwyta cig eidion os oedden ni eisiau (er gwaetha'n ffaith ein bod ni wedi ein geni yn Hindŵiaid).

Doedden ni byth yn neilltuo amser rhydd ar gyfer gwyliau crefyddol. Pe bai'n ŵyl grefyddol fawr fel *Diwali*, Gŵyl y Goleuadau, bydden ni'n ymgynnull fel teulu i oleuo canhwyllau, canu'r *aarti* a rhoi gweddi fer neu *puja*, a byddai Dad a Mam yn mynd allan yn eu dillad gorau un i bartïon ffrindiau i fwyta, yfed a chwarae cardiau. Mae gamblo ar noson *Diwali* yn arferiad – byddai'n creu argraff ar y dduwies Lakshmi ac yn sicrhau ewyllys da a digonedd. Ond ein bywyd diwylliannol 'cyfrinachol' ni oedd hwn, yn ein cartref ac ymhlith rhai ffrindiau; yng nghwmni pawb arall, roedden ni'n byw yn ôl rheolau cyffredin ein mamwlad newydd. Rhufain oedd Oldham, ac roedden ni yn gwneud fel y gwnâi'r Rhufeiniaid.

Agwedd arall ar y cymhathu hwn (a pharhad o'r gwerthoedd a ddysgwyd i Mam yn Nirmila Niketan), oedd bod Mam a Dad yn gwneud llawer gyda sefydliadau elusennol a gwaith gwirfoddol. Deirgwaith, bu Mam yn llywydd clwb yr Inner Wheel yn ardal 128, Crompton a Royton, grŵp gwragedd aelodau'r Clwb Rotari lleol (roedd Mam a Dad yn llywyddion yn 1979, hithau ar glwb yr Inner Wheel ac yntau ar y Clwb Rotari). Pan oedd Raj a minnau'n ifanc, roedden ni'n mynd gyda nhw i gynadleddau ledled y wlad, yn cymryd rhan mewn gweithgareddau codi arian ac yn treulio amser gyda phobl fregus ar deithiau i lan y môr ac mewn dawnsfeydd amser te.

Roedd ein haddysg yn beth arall. Er bod y ddau o'r Pwnjab, roedd teulu fy nhad yn wahanol iawn i deulu fy mam. Roedd pwysigrwydd addysg merched yn deillio o *Dadaji*, er gwaethaf ei farn ar 'werth' bechgyn. Ar ôl y Rhaniad, gwnaeth yn siŵr fod ei chwaer fach, a oedd yn y pen draw yn byw gydag o a'i wraig a'u merched, yn cael ei haddysgu i safon academaidd dda – daeth fy hen fodryb Channo, hen ferch, yn athrawes uchel ei pharch na phriododd erioed. (Gulati arall na ddilynodd y llwybr traddodiadol.) Roedd fy llygaid bob amser yn goleuo pan fyddai Mam yn sôn amdani fel un a oedd wedi torri ei chŵys ei hun. Roedd chwiorydd fy nhad wedi cael eu haddysgu a daeth un ohonyn nhw'n feddyg byd-enwog a sefydlodd ysbyty i fenywod yn Agra, sy'n dal i fodoli fel canolfan ragoriaeth IVF hyd heddiw. Ond pan ddaeth hi'n amser i Hema fynd i'r ysgol uwchradd, doedd yr ysgol Gatholig leol ddim yn fodlon ei chymryd hi, gan nad oedden nhw'n derbyn neb o ffydd wahanol. Pen draw hynny oedd symud eto, i Oldham ei hun, lle roedden ni i gyd yn mynd i fynychu ysgol ramadeg breifat. Er bod Dad yn sosialydd o'r iawn ryw, roedd yn teimlo mai dyma'r unig le y gallai ein gwahaniaethau gyfrif o'n plaid ni, yn hytrach nag yn ein herbyn. Doedd ganddo ddim dewis arall.

Doeddwn i ddim yn teimlo'n wahanol y tu mewn, ond beth bynnag bydden ni'n ei wneud, a ninnau'n byw yn Oldham yn y 1970au, doeddwn i byth yn mynd i osgoi sut roedd pobl o'n cwmpas ni yn ein gweld ni ac yn ymateb i'n gwahaniaethau. Gyda fy nghroen y lliw roedd o, doeddwn i byth yn mynd i ffitio i mewn. Byddai hyd yn oed fy athrawes yn yr ysgol iau yn tynnu sylw at y gwahaniaeth mewn ffordd anuniongyrchol, gan ddweud, 'Shobna Gulati, rwyt ti'n meddwl dy fod ti'n rhywun,' er nad oeddwn i'n ymddwyn ddim gwaeth na neb arall. A dyna lle roeddwn i, yn wyth oed, yn edrych arni'n llawn rhyfeddod ond yn methu deall pam nad oedd pawb yn rhywun.

Doeddwn i ddim yn meddwl bod lliw fy nghroen yn gwneud gwahaniaeth, ond roedd pawb arall. Hynny yw, pawb arall ar y tu allan. Dyna oedd yr eironi. Er ein bod ni'n gwneud popeth o fewn ein gallu i droi cefn ar ein crefydd a'n treftadaeth pan oedden ni y tu allan i'r tŷ, roedd y bobl y tu allan yn ein barnu ni ar ein golwg ac ar liw ein croen a dim byd arall. Byddwn i'n cael fy ngalw'n 'Paki', 'Nig Nog', 'Wog' neu'r gair 'N'. Roeddwn i'n methu deall pam oedden nhw'n meddwl fy mod i mor wahanol, felly byddwn i'n aml yn dod adref gyda briwiau a chleisiau neu wedi colli dant ar ôl bod yn ymladd. Roedd fy nhad bob amser yn dweud wrtha i am beidio ag ymladd. Os oedd o'n clywed si – yn sicr fyddwn i byth yn sôn gair wrtho, byddai'n dweud, 'Wnei di byth ennill, Shobna.' Roedd y bobl ar y tu allan hefyd yn meddwl fy mod i'n cael fy magu mewn rhyw fath o siop sbeisys, gyda ryseitiau cyfrinachol a bwyd Indiaidd 'go iawn'. Doedd dim byd yn bellach o'r gwir! Ond mae'r camsyniad hwnnw wedi fy nilyn gydol fy oes a fy ngyrfa. Waeth beth yw'r swydd, mewn ymgais i ddod i fy adnabod i, dechrau bob sgwrs ar y diwrnod cyntaf bron yn ddieithriad yw, 'Www, dwi wrth fy modd efo cyri, wyt ti'n ei goginio fo?' neu, 'Mi wnes i gyri bendigedig neithiwr, dwi'n hoffi bwyd poeth' (fel pe bai ots gen i). Mae hen restrau siopa Mam, wedi'u cofnodi yn daclus mewn llyfrau nodiadau bach, a'r tudalennau gwag yn eu cefnau yn tystio i'w natur ddarbodus, yn brawf o brydau bwyd yn cynnwys:

llaeth
bara
wyau
menyn
tatws
siwgr
Weetabix
ffrwythau tun

Doedd dim sbeisys ar y rhestrau cynnar, heblaw am halen neu bupur. Wrth gwrs, rheswm arall am hynny yw ei bod hi'n eithaf anodd cael gafael ar lawer ohonyn nhw bryd hynny. Roeddech chi'n methu cael gafael ar *daal* mewn pecynnau bach taclus o'r archfarchnad. Yn Oldham, byddai Rice Krispies yn cael eu defnyddio mewn cymysgeddau *bhel* a *chaat*, gyda chyfuniad o sos coch ar gyfer blas melys, PLJ (sudd lemwn mewn potel) ar gyfer blas siarp a HP, y saws Prydeinig mawreddog, yn ychwanegu blas lled-ddilys y tamarind, gydag eironi y Raj Prydeinig a'i gamfeddiannu diwylliannol yn taro'n gweflau ni bob amser te. Yn syth ar ôl dod adref o'r ysgol, mae'n bosib y bydden ni'n cael byrbryd hallt a sbeislyd (*namkeen*), neu becyn o greision caws a nionyn Golden Wonder a phaned o de poeth. Byddai wyau sbeislyd wedi'u sgramblo, *undey ki bhurjee* neu *bhujia*, yn cael eu gweini ar *roti* dwbl (sef gair Mam am fara gwyn wedi'i sleisio) wedi'i dostio, a menyn wedi'i daenu arno. Dwi'n sôn am yr 1970au, cyfnod teisen pinafal â'i phen i lawr – dyna oedd hyd a lled cynhwysion egsotig archfarchnadoedd y dydd.

Wedi'r cyfan, roedd Mam wedi astudio bwyd yn Nirmala Niketan, a bwyd arddull orllewinol oedd ar y maes llafur yno. Roedd bwyd Indiaidd yn yr ystyr gyfoes heb fagu gwreiddiau ym Mhrydain ar y pryd, yn sicr ddim yn y gogledd. Roedd bwytai cyri yn bethau prin, yn gyfyngedig i ardaloedd ger melinau gweithgynhyrchu a'r diwydiant tecstilau, mewn llefydd fel Bradford ac yn ardal gyfanwerthu a thecstilau Manceinion, sydd bellach wedi'i boneddigeiddio ac yn cael ei galw'n 'Northern Quarter'. I'r meddygon Indiaidd a ddaeth draw i'r ysbytai, doedd dim modd dod o hyd i'r caffis na'r *dhabas* arbenigol na'r siopau bwyd cymunedol, oherwydd doedd dim cymuned ddigon mawr yno ar y pryd. Roedd llawer o feddygon hefyd wedi priodi merched 'Seisnig', yr ansoddair a ddefnyddiwyd i ddisgrifio unrhyw un gwyn nad oedd yn dod o India, felly bwyd Prydeinig oedd ar y fwydlen iddyn nhw. Fyddai neb bryd hynny, meddai Mam, yn mynd allan am bryd o fwyd Indiaidd.

Roedd llythyrau o India, gan rieni a rhieni yng nghyfraith Mam, yn cynnwys ryseitiau ac awgrymiadau ar sut i roi blas ar fwyd. Pwysodd *Dadaji* ar ei brofiadau o fwyta yn Lloegr yn ôl yn yr 1940au. Ond roedd rhywfaint o fwyd Pwnjabaidd traddodiadol ar y fwydlen. Dwi'n cofio cesys yn llawn bwyd, byrbrydau a sbeisys yn dod drosodd pan fyddai unrhyw berthnasau neu ffrindiau yn dod o India a'r sachau enfawr o flawd *chapati* a reis a fyddai'n cyrraedd o gyfanwerthwr rywle yn y Deyrnas Unedig. Weithiau, roedd lwmp bach yn eu gwaelod, ac er mawr ddychryn i, bydden ni'n dod o hyd i lygoden farw. Roedd y sachau'n byw yn y garej, a fy ngwaith i oedd didoli'r cynnwys. Roedd yn rhaid i mi lanhau'r reis a'r *daal* drwy ei daenu ar *thali* dur gwrthstaen enfawr, a thynnu'r cerrig a'r plisg reis.

O ran y gwaith tŷ, roedd natur fatriarchaidd Mam ar ei gorau. Roedd yn rhaid i bawb dorchi llewys ac roedd o'n teimlo fel pe bai'r gwaith yn rheoli'ch diwrnod cyfan. Doedd merched y teulu Gulati ddim yn treulio llawer o amser yn eistedd. Yr unig ffordd i ferch fod yn ferch dda ar ein haelwyd ni oedd drwy lanhau'r tapiau nes eu bod nhw'n sgleinio, helpu Mam i lanhau'r *daal* a'r reis, a chadw'ch gwallt yn daclus. (Byddwn yn gwneud fy ngorau, ond fel arfer yn methu, a chael cefn llaw am fy nhrafferth – a hynny fel arfer am fod yn rhy barod gyda fy nhafod ac am ateb yn ôl. Doeddwn i ddim am fod yr un oedd yn tynnu'n groes bob tro, ond roedd yn rhaid i rywun ofyn y cwestiynau anodd, er bod hynny'n dangos amarch tuag at bobl hŷn.) Roedden ni'n cymryd ein tro i baratoi'r gegin ar gyfer cinio, gweithio gyda Mam i wneud y swper, gweini neu glirio'r gegin ar ôl swper – ni'r merched, wrth gwrs. Roeddwn i'n dda am baratoi a gwylio coginio trefnus Mam, a bod wrth law yn y gegin fel is-gogydd. Roedd Sushma yn dda am glirio (hyd yn oed hyd heddiw mae ei chegin fel pin mewn papur), a Hema yn un tan gamp am osod y bwrdd. Byddai'n rhaid i fy chwiorydd wneud gwely Mam a Dad yn y bore hefyd. Fi oedd yn glanhau'r ystafelloedd ymolchi, yna'n ddiweddarach y ferch a oedd gweini bwyd.

Doedd Rajesh yn gwneud dim. Wrth gwrs. Hyd yn oed ar y pryd, roedd anghyfiawnder hynny yn gwasgu arna i. Pam oedden ni ferched yn slafio ac yntau ddim yn gorfod codi bys bach? Ar ôl i ni baratoi'r pryd, bydden ni i gyd yn eistedd wrth y bwrdd gyda'n gilydd. Mam fyddai'r olaf i ddod at y bwrdd neu'r olaf i fwyta'i bwyd bob tro – a'r bwyd yn oer erbyn hynny. Hi fyddai bob amser yn cymryd y bwyd gwaethaf, **'Y *roti* yna losgodd, gymera' i honno.'** A byddwn i'n meddwl, Mam, paid â bwyta *roti* wedi llosgi. Pam wyt ti'n bwyta'r hen reis? Ond dyna oedd disgwyl iddi ei wneud, ac roedd hi wedi'i chyflyru i ofalu amdani hi ei hun a'i hanghenion ei hun yn olaf.

Ar ddydd Sul, bydden ni'n aml yn mynd ar antur o ryw fath yn y car. Roedd Dad wrth ei fodd yn mynd i lecynnau hardd, a bydden ni'n igam-ogamu ar draws ffyrdd cefn gwlad gyda'r golygfeydd gorau i ymweld ag adeiladau hanesyddol a gwarchodfeydd natur. Mae gen i ddarlun yn fy meddwl o hyd am Dad yn Chatsworth House yn eistedd ar gadair gynfas, yn mwynhau'r olygfa ac yn rhannu ei wybodaeth am y 'drws ffidil hud' roedden ni newydd ei weld: darlun *trompe l'oeil* a oedd yn sicr yn edrych yn dri dimensiwn, gyda ffidil a oedd yn edrych fel pe bai'n hongian o fachyn metel go iawn. Ar ôl i Dad esbonio mai rhith oedd y cyfan, llwyddodd i ddisgyn drwy ei gadair gynfas. Roedd pawb arall yn eu dyblau. Mam a fi'n rhochian chwerthin, ac yn ôl ein harfer mewn sefyllfa o'r fath, yn methu peidio ag ysgwyd.

Roedd cynllunio ar gyfer un o'r teithiau hyn fel ymgyrch filwrol. Dad yn sefyll wrth y drws ffrynt yn cyfarth cyfarwyddiadau, mewn dillad crand, waeth pa mor amhriodol roedden nhw ar gyfer cefn gwlad. Roedd ei hances yn mynd gyda'i grys, ac yn y golwg ym mhoced frest ei 'siwt saffari'. Byddai'n sicrhau bod popeth yn ffitio i mewn i'r car Wolseley glas tywyll.

Byddwn i'n dweud ei fod yn ddyn cysetlyd, oherwydd doedd o byth eisiau bod yn hwyr. Os oedden ni'n teithio ar awyren neu drên ac yntau'n gallu gwneud, byddai wedi gwneud i ni wersylla yn yr orsaf y noson cynt er mwyn dechrau'n gynnar. Roedd yr un peth yn wir am unrhyw daith yn y car: cyn y daith, roedd o'n bryderus iawn am faint o amser byddai'r daith yn ei chymryd. Byddai pawb yn rhedeg o gwmpas fel geifr ar daranau, yn hel pethau ynghyd ar gyfer y daith hir, a Dad yn gweiddi cyfarwyddiadau ac yn goruchwylio llwytho cist y car a'r rhesel ben to. Roedd ei lais byddarol yn mynd yn gynyddol gynhyrfus: 'Hem, Sush, Shob, *chalo* bawb, brysiwch neu byddwn ni'n hwyr...'

Byddai Mam yn gwneud yn siŵr bod pawb wedi mynd i'r tŷ bach ac yn cwyno ein bod ni'n swnio fel llwyth o eliffantod yn rhedeg o gwmpas y tŷ. Pe bai drws yn cau'n glep neu rywbeth yn cael ei daro ar lawr, byddai'n gweiddi, 'Beth sydd wedi'i ollwng?' A dwi'n dal i gofio, waeth faint o doiledau oedd ar gael, roedden ni i gyd eisiau defnyddio'r un ystafell molchi. Yr ystafell ymolchi las – a gafodd ei henw oherwydd y teils glas a'r cyfarpar glas. Llwyddais i osgoi Dad ar ben y grisiau a mynd i'r toiled yn yr ystafell gotiau ar y llawr gwaelod. Fel arfer, pen draw hynny oedd pawb yn curo ar y drws eisiau eu cotiau.

Mam yn gweiddi, **'Shobi Shobi, *beti*, ti yw'r olaf bob tro, beth wyt ti'n wneud? Wyt ti wedi cau ffenest y stafell ymolchi? Dwn i'm wir, rwyt ti'n eistedd yn y tŷ bach byth a beunydd. Wyt ti'n byw yna? Ha? Wyt ti'n byw yna?'**

Byddai Mam yn mynd yn fwy a mwy taer. **'Ty'd â chôt dy frawd, mae o tu allan yn barod, bydd o'n dal annwyd.'**

Roedd pob taith yn golygu un o bicnics Mam. Byddai'n paratoi llond fflasg fawr o gyri – naill ai tatws neu bys, un llysieuol yn sicr i Misus Iechyd a Diogelwch, fel nad oedd peryg y byddai'n rhoi poen bol i chi os nad oedd yn chwilboeth – ac roedden ni'n ei fwyta gyda *puri* oer, *roti* neu fara gwyn, yn dibynnu beth oedd ar gael. Roedd pawb braidd yn nerfus wrth gario fflasg goch fawr Mam oherwydd bod ei thu mewn wedi'i wneud o wydr – roedd gweld y fflasg yn ddigon i beri i fi glywed y geiriau **'Shobna, beth wyt ti wedi'i wneud?'** yn sgrechian yn fy mhen. Roedden ni i gyd yn drist pan dorrodd o'r diwedd, oherwydd gallai ddal digon o *sabji* llysiau i fwydo chwech – alla i ddim cofio ai fi wnaeth, ond dwi'n siŵr mai fi gafodd y bai.

Roedd y teithiau car eu hunain bob amser yn epig, fel ras y cerbydau rhyfel yn *Ben-Hur* ond gyda dim ond un cerbyd rhyfel. Roedd yn rhaid 'cyrraedd' gyda Dad wrth y llyw, a Mam wrth ei ymyl yn gafael yn y map Arolwg Ordnans. Byddai'r gweddill ohonom ar y sedd gefn, fi yn union y tu ôl i Dad, hanner fy mhen-ôl ar y sedd a gweddill fy nghorff ar y llawr. Roedd Raj yn y canol a Sushma a Hema yn ymladd am y lle wrth y ffenest ar ochr y teithiwr. Roeddwn i'n gwybod mai tu ôl i Dad oedd y lle gorau, oherwydd petai'n gwylltio, roedd cael cefn ei law wastad yn bosib, hyd yn oed pan oedd o'n gyrru – ond yn y fan honno, roedd o'n methu fy nghyrraedd.

Byddai Hema yn dechrau canu, oedd yn golygu bod yn rhaid

i bawb ymuno. Roeddwn i'n swil ac yn ddieithriad, fyddwn i ddim yn canu. Byddai Mam yn aml yn dweud fy mod i'n 'boenus' o swil a dwi'n gallu ei chofio hi'n dweud wrth y tri arall am fod yn dawel, 'Mae Shobi'n canu.'

Roedd fy nhad yn aml am i ni ganu caneuon ABBA. Byddai'n dweud, 'Canwch "Chiquitita".' Dyna un o'i ffefrynnau. Byddai Hema yn dechrau'r gân, dau wythawd yn rhy uchel. Wedyn byddai Sushma yn griddfan, **'Mae hi'n rhy uchel, Hem!'** gan gwyno sut goblyn oedd modd iddi ymuno neu ganu harmoni'n gyfforddus. Roedd Raj wrth ei fodd ac yn ymuno yn y canu, a byddai pawb yn ei morio hi nes i ni gyrraedd pen y daith.

Ystyr enw cartref ein teulu, Geetanjali – i'w weld ar arwydd hardd mewn llawysgrifen gain y tu allan i'r tŷ – oedd 'tŷ o ganu', gan fod fy mam a fy nhad wrth eu bodd â cherddoriaeth. Credai Dad fod hyn yn rhywbeth y gallen ni ei gyflwyno i'n cartref newydd, ac yn un o'r agweddau prin ar ein treftadaeth ddiwylliannol a oedd yn cael ei annog. Fo sefydlodd y gymdeithas gelfyddydau Asiaidd leol, a threfnwyd llawer o ddigwyddiadau gyda'r Gymdeithas Meddygon Tramor. Roedd cantorion, cerddorion a dawnswyr yn cynnal cyngherddau clasurol, a'r artistiaid yn cael croeso i aros yn ein tŷ ni. Byddai'r 'estyniad newydd', â'i ystafell fyw fawr, yn fwrlwm o farddoniaeth *ghazal*. Byddai Hema yn eistedd fel teiliwr yn chwarae'r harmoniwm Indiaidd, o fore gwyn tan nos, yn canu gyda Dad, a gallech chi glywed Mam yn hymian yn dawel a'i gweld yn dawnsio wrth sinc y gegin yn yr ystafell nesaf.

Dechreuais gael gwersi 'dawnsio Indiaidd' yn saith oed. Er fy mod i'n ddigon cegog gartref, roeddwn i'n boenus o swil y tu allan i'r tŷ, ac roedd fy rhieni yn awyddus i fi ddod o hyd i ddiléit. Pan ddois i o hyd i'r diléit hwnnw yn y celfyddydau, dwi'n meddwl eu bod nhw'n awyddus i fy annog oherwydd fy mod i yn fy elfen a'i fod yn fy nhynnu allan o fy nghragen. Dawnsio roddodd hyder i fi a threfnodd Dad i athrawes o dras Sri Lanka gynnal dosbarthiadau dawns yn ei feddygfa pan oedd y lle ar gau dros y penwythnos. Dyna pryd y gwnes i wir gael blas ar ddawnsio. Pan soniodd criw o ferched eraill eu bod nhw'n awyddus i gymryd rhan hefyd, gwnaethon ni logi neuadd yr eglwys a dysgu amrywiaeth o ddawnsfeydd gwerin o bob rhan o India, ynghyd â *Bharata Natyam*, dawnsio clasurol De India. Yn fuan, roedden ni'n perfformio'r dawnsfeydd roedden ni wedi'u dysgu. Mae'n debyg mai dyna'r tro cyntaf i Mam ddechrau casglu toriadau papur newydd yn sôn amdana i – roedden ni'n cynnal digwyddiadau i'r teulu estynedig a'r gymuned leol wrth i'r diddordeb dyfu.

Ar wahân i ddawnsio, un ffordd arall i fod yn agos at Mam oedd mynd i'r theatr gyda hi. Roedd hi wrth ei bodd gyda phob math o theatr – sioeau dirgelwch, ffars, pantomeimiau, actio amatur, unrhyw fath o theatr Saesneg. O'r eiliad y gallwn i eistedd mewn sedd, byddwn yn mynd gyda hi, yn ferch fach dda iddi, yn gwylio beth bynnag roedd hi wedi prynu tocynnau ar ei gyfer – ac roeddwn innau wrth fy modd hefyd. Byddwn i'n ymgolli yn y theatr a'r straeon ac, yn union fel Mam, roeddwn i wrth fy modd â phob dim. Roedd Mam ar ben ei digon fy mod i'n rhan o fyd y celfyddydau, felly mynychais y dosbarthiadau drama ychwanegol yn yr ysgol a chymryd rhan yn yr holl ddramâu, ar y llwyfan a chefn llwyfan. Oeddwn, roeddwn i wrth fy modd, ond eisiau ei phlesio hi roeddwn i yn anad dim. Roedden ni i gyd hefyd yn canu mewn côr – fersiwn Indiaidd o'r teulu von Trapp, yn y bôn. Mae gen i ryw frith gof bod rhywun wedi sôn unwaith mai ystyr Gulati oedd bwrw tin dros ben, a dwi'n hoffi meddwl ein bod ni'n berfformwyr yn y gorffennol, fel teulu syrcas deithiol, oherwydd roedd pob un o'r teulu Gulati yn teimlo rhyw ysfa i berfformio.

Yn ogystal â chorau ysgol a siambr, yn canu'r holl weithiau corawl, a chanu yng nghynyrchiadau mawr yr ysgol, roedd Hema a Sushma mewn grŵp pop hefyd, ac roedd hynny'n ddigon i ni hawlio mai ni oedd y teulu Indiaidd mwya cŵl yn Oldham. Enw'r band oedd The Golden Eagles, ac roedden nhw'n canu fersiynau o ganeuon

Bollywood, y Beatles ac Abba. Tri bachgen o dras Gwjarataidd o Ashton-under-Lyne oedd yn chwarae'r drymiau, y gitâr a'r allweddellau. Roedden nhw'n gwisgo siwtiau saffari brown golau a sbectols haul tebyg i rai blismyn beic modur yr oes, a Hema a Sushma oedd y ddwy gantores. Mam oedd yn gwneud eu dillad i gyd – byddai naill ai yn eu prynu ac yn eu haddasu, neu yn eu creu ei hun. Roedd hi bob amser yn mynd o'i chwmpas hi'n drefnus iawn ac wrth ei bodd yn gwnïo – roedd yn gweddu i'w natur greadigol hi.

Pan ddaeth fy rhieni i Oldham am y tro cyntaf, ychydig iawn o feddygon tramor oedd yno. Ond daeth mwy o bobl o dramor yno, gyda thonnau newydd o fewnfudo o Kenya ac Uganda, yn ogystal â Phacistan a Bangladesh. Llif digon araf oedd yn cyrraedd trefi gogledd Lloegr, ond tyfodd y gymuned yn raddol, felly roedd cynulleidfaoedd i'r band ac i'r dawnsio, a dechreuodd pobl greu mwy o gysylltiadau â'i gilydd ar draws cymunedau o dras 'De Asia'. Daeth gwahanol ieithoedd, crefyddau, dosbarthiadau cymdeithasol a diwylliant ynghyd. Roedd y rhain wedi'u clymu gan hiraeth unffurf am eu 'mamwlad' ac awydd i ailddehongli hynny mewn ffordd a fyddai'n adlewyrchu eu bywydau presennol yn y Deyrnas Unedig, a'u bywydau yno yn y dyfodol.

Wrth i Mam fynd yn hŷn a meithrin hyder mam i bedwar a oedd wedi creu bywyd ym mhen draw'r byd oddi wrth ei theulu, magodd fwy o annibyniaeth yn raddol. Ar ôl sawl ymdrech aflwyddiannus, llwyddodd yn ei phrawf gyrru, a rhoddodd hynny ryddid newydd iddi hi (ac esgus i Dad brynu car arall). Yn dawel bach, dechreuodd ei haddysgu ei hun hefyd (er na fyddai Dad byth wedi'i rhwystro hi rhag gwneud hynny). Dros amser, dechreuodd natur swil ei magwraeth bylu yn araf bach. Fel merch ifanc, roedd hi wedi bod yn gymysgedd: yn gadarn a phenderfynol, ond hefyd yn ddiymhongar a thawel wrth iddi geisio cydymffurfio â'r hyn a oedd yn cael ei ddisgwyl ganddi fel gwraig. Ond datblygodd i fod yn sawl menyw wahanol wrth iddi ddechrau deall ei hun a'r byd o'i chwmpas yn well. Daeth yn ddarllenwr papurau newydd brwd a gwrandawai'n rheolaidd ar y rhaglen *Today*. Daeth ei hen radio Bush i bob cartref newydd, a dwi'n ei chofio hi'n gwylio'r newyddion a dramâu ar y teledu yn gyson. Roedd hi bob amser yn ceisio amsugno mwy a mwy o wybodaeth am y byd.

Roedd gan fy rhieni ddiddordeb byw mewn gwleidyddiaeth, ond roedden nhw'n pleidleisio dros bleidiau gwahanol. Roedd Dad yn sosialydd i'r carn – gweithiodd yn galed i'r GIG, a dim ond i'r GIG, am ei fod yn credu ynddo. Dyna un o'r rhesymau pam y dewisodd symud i'r Deyrnas Unedig: oherwydd ei fod yn credu mor daer mewn gofal iechyd i bawb. Ar y llaw arall, roedd fy mam yn Margaret Thatcher fach, yn bennaf oherwydd ei bod am gefnogi gwleidydd benywaidd. Roedd Indira Gandhi ar flaen y gad yn India, a Benazir Bhutto ar y brig ym Mhacistan, a theimlai Mam, wrth i'w greddf ffeministaidd ddeffro, ei bod hi'n bryd i fenywod arwain y byd. Roedd hi'n falch ohonyn nhw ac yn teimlo dyletswydd i'w cefnogi.

Dwi'n meddwl bod Mam yn ystyried ei hun yn dipyn o 'ddynes o haearn': unplyg, cryf a dygn. Roedd hi wastad wedi bod yn chwim ei hymateb, er mwyn cuddio'r bylchau yn ei gwybodaeth efallai. A hithau bellach wedi dechrau mynd ati i lenwi'r bylchau hynny, roedd ei chwmpawd mewnol yn symud, a'r cydbwysedd ar yr aelwyd yn symud o ganlyniad i hyn.

Arweiniodd hyn at lawer o drin a thrafod yn y tŷ. Pan oedd fy chwiorydd yn ddigon hen i bleidleisio, roedd tri phlacard gwahanol o flaen ein tŷ ni: 'Pleidleisiwch dros y Ceidwadwyr!' 'Pleidleisiwch dros Lafur!' a 'Pleidleisiwch dros y Rhyddfrydwyr!' Glas, coch a melyn. Yn ffodus, wnaeth cyfnod Mam fel un o gefnogwyr y Toriaid ddim para'n rhy hir, unwaith iddi sylweddoli beth oedd agenda wleidyddol go iawn Thatcher.

Roedd Mam yn credu'n ddwfn mewn didwylledd, roedd yn un o werthoedd craidd ei bywyd. Roedd ganddi foesoldeb cadarn iawn ac roedd ei syniadau am y cam a'r cymwys yn ddi-syfl. Taniwyd sawl ffrae gan synnwyr cynyddol fy mam o'i hunan, ac wrth iddi lunio ei chredoau a'i barn foesol ei hun. Roedd y dadleuon weithiau'n ymwneud â phobl a ddaeth i'w bywydau yn sgil Dad, pobl roedd Mam yn ystyried eu bod yn ffals ac yn ffuantus. Dro arall byddai'r ffraeo oherwydd ei fod yn chwarae golff yn rhy aml neu'n mynd i ormod o bartis. Roedd Dad yn byw'n gyflym, a Mam yn byw'n araf. Ar ôl un ddadl am Dad yn yfed ac yn smygu, a'r cyhuddiadau yn dal i hongian yn yr awyr fel mwg, gafaelodd Mam yn ei sigârs a smocio pob un ohonyn nhw o'i flaen, cyn arllwys lager iddi ei hun ac ychwanegu mymryn o ddiod leim Rose's.

Er gwaethaf y ffraeo, roedd Dad yn agored iawn i'w barn a byddai yn ei hannog o hyd i ddilyn ei syniadau a chaniatáu iddi eu datblygu, a oedd yn eithaf anarferol i ddyn o Ogledd India. Gallai fy mam wthio pethau ymhellach oherwydd nad oedd y ffiniau yn rhy haearnaidd, a hynny'n fwriadol. Fel eu cariad, gallai eu bywydau ymestyn yn ddiamod i wneud lle i'r ddau ohonyn nhw.

PENNOD DAU

Beth sy'n bod arnat ti?

Wrth dyfu i fyny, roeddwn *i* yn broblem.

Fin nos, byddai fy rhieni yn trafod eu diwrnod. Roedd eu llofft nhw nesaf at fy llofft i, a'r waliau'n denau, felly byddwn yn gwrando arnyn nhw'n sibrwd am yn ail. Yn aml, fi oedd testun y sgwrs, neu ymson gorddramatig gan Mam:

'Dydy hi ddim yn gwybod pryd i stopio.'

'Beth ydw i wedi'i wneud i haeddu hyn?'

'Mae hi'n fy lladd i!' (Sŵn aneglur ei llaw yn taro ei brest.)

'Beth wna i?'

'O un diwrnod i'r llall... *Hai!*'

'Pwy fydd eisiau hi?'

'Os na fydd hi'n bwyta, bydd hi'n marw... ac os bydd hi'n marw, bydda i farw, *Hai Ram Hai Ram Ram...*'

Yna ymateb swta gan Dad: 'Wel, dy ferch DI ydy hi... diffodd y golau, cariad.' Sŵn tynnu'r llinyn golau uwchben eu gwely.

'Mae'n rhaid ei bod hi'n dioddef o "syndrom trydydd plentyn"', meddai llais blinedig fy nhad, funudau'n ddiweddarach.

Wrth orwedd yn fy ngwely, yn gwrando ar sgwrs fy rhieni, roeddwn i'n gwbl argyhoeddedig nad oedd triniaeth i beth bynnag roeddwn i'n 'dioddef ohono'.

Roedd boreau yn ein tŷ ni bob amser yn anhrefn llwyr – plant a rhieni yn rhedeg i fyny ac i lawr yr un grisiau, ac roedd hi'n beryg bywyd wrth i bawb sgrialu o gwmpas ei gilydd ar y landin rhwng y ddwy set wahanol o risiau. Digon o weiddi, sŵn traed a ffraeo. Byddai Mam yn gorfodi'r llwyaid olaf o rawnfwyd a llaeth i mewn i geg plentyn anfoddog 13 oed (waeth pa mor hen roeddwn i, os nad oeddwn i'n bwyta, byddwn i'n cael fy mwydo), gan grafu'r bowlen yn egnïol, wrth i un arall o'i hymsonau gael ei hatalnodi gan sŵn llwy gron yn taro yn erbyn ochrau'r bowlen i gynyddu'r pwyslais:

'**Dwi ddim yn gwybod pam dwyt ti ddim yn bwyta.**' (Bang.)

'**Faint ydy dy oed di, *ha*?** (Bang.)

Byddwn i'n aros am ergyd nesaf y llwy neu'r *ha* nesaf. (Rhethregol oedd yr *ha*.) Amau pob dim y byddwn i'n ei wneud neu'r rheswm dros fy ymddygiad. Y llwy'n clecian eto, yna:

'**Llwgu?... Wyt, rwyt ti'n edrych fel rhywun sy'n dioddef o newyn, *thi chacha laga*. Mae Dadi eisoes yn y car, a Sushma a Hema yn gwneud y gwelyau... A ti? Rwyt ti'n eistedd yma fel camel.**'

Fy mochau, yn llawn o fwyd.

Fy mrawd yn sgipio allan o'r gegin, ar ôl gorffen ei frecwast 'yn hogyn da'. Roeddwn i'n argyhoeddedig y gallwn glywed cymeradwyaeth bob tro y byddai'r 'HOGYN' yn symud.

Byddwn i'n gweddïo y byddai rhywbeth yn tynnu sylw Mam fel nad oedd hi'n gweld fy mod i heb yfed fy llaeth. Ar ôl fy ngorfodi i fwyta grawnfwyd nes bod y bowlen yn lân, byddai'n cael gwared ar ei rhwystredigaeth drwy olchi'r llwyau, y dysglau, y platiau, y padellau a'r sosbenni'n drylwyr nes eu bod nhw'n berffaith lân cyn eu rhoi yn y peiriant golchi llestri. Roedd hynny'n rhan o'i damcaniaeth 'glanhau' sy'n ddirgelwch pur i fi hyd heddiw.

Byddwn i'n aros nes y byddai Mam wedi mynd i'r ystafell fyw i ddechrau paratoi ar gyfer fy nodwedd drafferthus nesaf – fy ngwallt afreolus – gan ofalu bod crib, brwsh gwallt a bobls gwallt lliwiau'r wisg ysgol yn barod. Yn y gegin, byddwn i'n poeri fy mwyd allan yn sydyn ac yna'n glanhau'r sinc i gael gwared ar unrhyw dystiolaeth.

Yn yr ystafell fyw, byddwn i'n sefyll yn fud o'i blaen, yn trio'n galed i beidio â gwneud yr un smic wrth i Mam blethu fy ngwallt. Roedd yn rhaid i Mam frysio, ac roedd hi'n casáu gorfod brysio, ond fyddai Dad ddim yn goddef bod yn hwyr i'r gwaith a fo oedd yn mynd â ni i'r ysgol yn y boreau. Os oeddwn i'n meiddio cwyno wrth iddi gribo drwy'r clymau, yn grwgnach am 'y nyth aderyn' yng nghefn fy mhen, byddai'n bygwth ei dorri'n gwta.

Unwaith y byddai wedi gorffen gwneud fy ngwallt, byddai ei hwyneb yn dechrau meddalu. Byddai'n troi sŵn y radio i fyny ar gyfer 'Thought for the Day', ychydig cyn y newyddion am wyth, a byddwn i'n gafael yn fy mhecyn bwyd ac yn ei baglu hi allan o'r tŷ. Fi fyddai'r olaf yn y car bob tro, wrth i'r pips seinio ar y radio i ddynodi ei bod hi'n wyth o'r gloch, cyn penawdau'r newyddion. Yna byddai wyneb Mam yn ymddangos yn y drws ffrynt pan fyddwn i ar fin cau drws y car, i wneud yn siŵr mai hi oedd yn cael y gair olaf:

'Shobi, Shobi, dwi'n gwybod dy fod ti heb gael dy laeth! Beth? Ai dyna rwyt ti'n ei wneud? Dysgu pader i berson, *ha*? Dwy baned o Ovaltine pan fyddi di'n dod adref ar ôl ysgol... brysia, *ti chacha laga, challo challo*.'

Byddai fy nghalon yn suddo, gan fy mod i'n gwybod y byddai'r baned wreiddiol o Ovaltine yn aros amdana i pan fyddwn i'n dod adref o'r ysgol, croen y llaeth ar yr wyneb, wrth ymyl paned arall boeth. Doedd dim byd byth yn cael ei wastraffu. Roedd llaeth yn llesol, ac roedd angen i fi fagu nerth.

Roeddwn i'n 14 oed yn cael fy mislif a than hynny, roeddwn i heb ddatblygu corff menyw o gwbl. Roedd merch arall yn y clwb nofio o'r enw Samantha ac roedd Mam wastad yn dweud wrtha i, '**Pam dwyt ti ddim yn edrych fel 'na? Mae gan Samantha gorff perffaith, twt, mae hi'n edrych fel menyw, rwyt tithau'n edrych fel bachgen**.' Sut ddiawl roeddwn i fod i wybod? Does bosib ei bod hi'n ymwybodol pa mor rhwystredig roeddwn i fy mod i heb aeddfedu fel menyw?

Un diwrnod, des i o hyd i waed ar fy nillad isaf. Fel y drydedd ferch, byddech chi'n meddwl y byddwn i wedi fy mharatoi, ond doedd dim byd erioed wedi'i grybwyll. Rhedais at Mam i ddweud wrthi beth oedd wedi digwydd ac atebodd hithau, heb fath o gynnwrf yn y byd, '**Ie, cariad, dy groth di'n gwaedu ydy o**.' Ddywedwyd yr un gair arall wedyn. Dwi'n gallu cofio meddwl, beth? Fy nghroth i? Ble mae honno?

Doedden ni ddim yn cael defnyddio tampons. A dweud y gwir, wnes i ddim defnyddio tampon nes i mi fynd i'r brifysgol (y fath ryddid!). Y cyfan wyddwn i oedd bod gan Mam focs o badiau Kotex yng nghwpwrdd yr ystafell ymolchi, ac os oeddech chi'n colli gwaed, roeddech chi'n defnyddio un ac yna'n rhoi'r bocs yn ôl yn ei le. Roeddech chi'n rhoi'r pad yn y bin ar ôl ei ddefnyddio, wedi'i lapio mewn hen bapur newydd, a gwneud yn siŵr nad oedd neb yn gweld unrhyw arwydd ohono. Doedd gen i ddim syniad pryd roedd Mam yn mynd drwy'r mislif nac yn mynd drwy'r menopos. Wnes i erioed sôn am y peth gyda fy chwiorydd chwaith. Nid cyfrinach i'w rhannu â menywod eraill oedd hi, ond eich cywilydd cyfrinachol chi, i'w gadw i chi'ch hun a'i glirio, fel pe bai heb ddigwydd o gwbl. Doedd dim byd felly byth yn cael ei drafod. (Ond roedd tywelu mislif yn well na'r hyn byddwn i'n ei ddefnyddio yn ddiweddarach yn India. Pan oeddwn i'n 16 oed ac yn byw gyda fy *naniji*, roedd yn gwneud i fi ddefnyddio pentwr o hen garpiau cotwm wedi'u gwasgu gyda'i gilydd, ac yna byddwn yn eu golchi a'u sychu yn yr iard gefn bob dydd roeddwn i ar fy mislif.)

Yn ogystal â'r diffyg tampons, roedd Mam yn ein gwahardd ni rhag cael gwared ag unrhyw flew. Blew piwbig, blew coesau, blew dan geseiliau, aeliau, mwstash. Unrhyw flew. Dywedodd y byddai'r blew yn tyfu'n ôl yn fwy trwchus felly doedden ni ddim i gael gwared arno. Dwi'n siŵr ei bod hi'n iawn, ond roeddwn i'n belen fach o ffwr. Gwnes i roi'r gorau i nofio oherwydd y blew ar fy nghoesau ac o dan fy ngheseiliau, a oedd yn tyfu hyd yn oed os nad oedd fy mronnau a fy nghluniau'n datblygu. Roeddwn i'n edrych fel bachgen yn ei arddegau, yn wahanol i Samantha. Yn ogystal, mae gen i fan geni enfawr ar fy nghlun dde. Roeddwn i'n arfer trio ei guddio drwy roi fy llaw drosto – ond hyn a hyn mae llaw yn gallu'i orchuddio. Colur? Dyna beth arall oedd wedi'i wahardd.

Dwi'n gallu cofio gorwedd yn y gwely yn fy arddegau cynnar, fy nwylo ar ben y gynfas, a blaenau fy mysedd yn teimlo'r flanced wlân feddal. Roeddwn i'n glyd yn fy ngwely bync sengl, gyda chwpwrdd dillad MDF gwyn ar y naill ochr a bwrdd gwisgo a drych ar y llall. Roedd y papur wal, gyda phatrwm yn dangos llun o ferch a bachgen yn dal dwylo a gwenu, yn rhydd mewn mannau, ac roedd ffrâm bres gron yn dal llun o ferch fach o Bolynesia gyda garlant o flodau amryliw am ei gwddf. Roedd hi'n ferch dlws iawn, â phâr o lygaid tywyll, tywyll. O, na fyddai hi'n adlewyrchiad ohona i. Roedd Mam yn sefyll wrth ddrws fy llofft. Ei siâp lluniaidd i'w weld ar ffurf silwét yng ngolau'r lamp nos ar y coridor. Ei llais yn dawel ac yn awdurdodol, '**Shobna, ble mae dy ddwylo di?**'

Minnau'n siglo fy mysedd yn herfeiddiol i ddangos iddi yn union ble roedden nhw. Byddai Mam wedyn yn mynd i lawr y grisiau a minnau'n cyfrif pob cam nes fy mod i'n gwybod ei bod hi yn y lolfa. Yna fel mellten, byddwn i'n troi ar fy ochr ac yn rhoi fy nwylo rhwng fy nghoesau, ychydig uwchben fy mhengliniau.

Doedd gen i ddim syniad pam oedd hi'n gofyn. Wrth edrych yn ôl, mae'n rhaid ei bod hi'n gwneud yn siŵr nad oeddwn i'n mastyrbio – ond dyna'r peth olaf ar fy meddwl.

Fel plentyn, cyn gosod cawod yn y tŷ, roedd cael bath bob amser yn golygu cymysgu dŵr poeth i fwcedi o ddŵr oer, ac eistedd mewn bath oer, gwag. Gyda bath bwced byddech yn mynd i mewn ac allan ar unwaith, yn cael eich lapio'n gyflym mewn lliain, wedyn yn gwisgo dillad cynnes oddi ar reiddiadur. Dim loetran yn noeth, dim loetran mewn tywel hyd yn oed – fyddai hynny byth yn dderbyniol. Roedd *sharam*, y cysyniad o gywilydd, yn rhan annatod o'n bywydau. Roedden ni i gyd wedi ein magu i fod â chywilydd o'n cyrff. Byddai dangos modfedd o groen yn ysgogi cân gan Mam am gywilydd noethni: **'Shame, shame, poppy shame, all the monkeys know your name.'**

Ar un gwyliau teuluol yn Sweden, yn yr ystafelloedd newid ar ôl nofio, roedd Mam yn arswydo at agwedd pobl y wlad tuag at noethni. Byddai'n rhyfeddu at y menywod, ac yn dweud, **'Maen nhw'n rhoi minlliw cyn gwisgo'u dillad?'** Roedd gwyleidd-dra yn allweddol i'r merched yn y tŷ, ac roedden ni'n gorfod gwneud yn siŵr ein bod ni'n parchu'r gwahaniaethau rhyngom ni a dynion y tŷ ac yn cadw ar wahân. Roedd fy ffrindiau yn yr ysgol yn adrodd straeon am wyliau teuluol lle byddai brodyr a chwiorydd yn ymolchi gyda'i gilydd heb gywilydd. Dwi'n cofio bod yn hollol syn. Ar ein haelwyd ni, roedd bod yn noeth o flaen neb arall yn gyfeiliornus, ac roedden ni i gyd yn teimlo cywilydd o'n cyrff.

Ble roedd fy rhieni wedi dysgu'r fath agwedd? Ai gwaddol Oes Fictoria yn India oedd hyn? Ond doedden ni byth yn gofyn cwestiynau, dim ond dilyn y rheolau. Mae hyn wedi gwneud i mi deimlo, drwy gydol fy mywyd fel oedolyn, yn swil iawn am fod yn noeth. Yn wir, flynyddoedd yn ddiweddarach, mi wnes i gyfarfod â Mam ar ddamwain wrth i mi ddod allan o'i chawod *en-suite*, yn noeth.

Edrychodd arna i o fy nghorun i fy sawdl cyn amneidio at frig fy nghoesau, a chwifio'i llaw yn ymholgar: **'Beth yw hyn? Ffasiwn?'**

Fyddwch chi ddim yn synnu, mae'n debyg, i glywed nad oedd rhyw yn destun sgwrs o gwbl ar aelwyd y teulu Gulati. Cyn belled ag y gwyddwn i, dyma oedd cynllun fy mywyd: Cyfarfod â bachgen addas a chael fy rhoi i'w briodi. Byddai rhyw wedyn yn 'digwydd'. Byddwn i wedi hoffi gwybod mwy am ryw. Mwy na dim ond y diagramau yn y dosbarth bioleg. Dwi'n perthyn i'r genhedlaeth gyntaf honno a gafodd addysg rhyw, gyda llyfrau manwl iawn ar y pwnc, ond doedd neb a gafodd addysg rhyw ar ddiwedd yr 1970au fawr callach. Doeddwn i ddim yn deall sut roedd babis yn cael eu gwneud, er gwaetha'r lluniau yn y llyfrau a'r sgwrsio chwithig yn ystafell gotiau'r merched yn yr ysgol.

Bryd hynny, astudio oedd fy mywyd, oherwydd os nad oeddwn i'n astudio, doeddwn i'n dda i ddim. Roeddwn i eisiau bod yr un fath â phawb arall a phlesio pawb. Ond ar ryw bwynt, roedd hynny'n mynd i newid.

Arwyddair addysgol fy nhad oedd 'mae'n rhaid i chi fod *gymaint* yn well na phawb arall, oherwydd pan fydd arholwr yn gweld eich enw, bydd yn gwybod nad ydych chi'n wyn.' Yn sail i hyn oedd y rhagdybiaeth y byddai'r arholwr yn ein marcio ni'n galetach gan nad oedden ni'n un ohonyn nhw. Doedden ni ddim i roi unrhyw esgus iddyn nhw i'n cosbi ni am fod yn 'estroniaid'. Roedd fy nhad yn deall hyn yn well na neb, gan fod hiliaeth sefydliadol wedi rhwystro ei awydd i fod yn feddyg ymgynghorol. Roedd ganddo deulu i'w gynnal a ffioedd ysgol i'w talu, ac roedd y frwydr wedi profi'n galetach na'r wobr. Yn y pen draw, roedd wedi pwyso a mesur canlyniadau ei uchelgais a phenderfynodd gefnu ar ei freuddwyd a mynd yn feddyg teulu yn lle hynny, ond roedd bob amser yn gwneud yn siŵr ein bod ni'n gwybod y dylen ni wneud ein gorau glas, yn y gobaith y bydden ni'n yn curo'r system.

Yr ysgol ramadeg leol oedd fy ysgol i – Ysgol Ramadeg Hulme i Ferched – ac yno aeth fy nwy chwaer o 'mlaen i. Roedd Hema yn boblogaidd a chyfrifol iawn, a chafodd ei dewis yn ddirprwy brif ferch. Roedd Sushma hefyd yn adnabyddus yn yr ysgol; roedd hi mewn grŵp pop a phob dim. Roedd hi hefyd wedi datblygu'r corff mwyaf anhygoel o siapus. Cafodd hithau hefyd ei dewis yn ddirprwy brif ferch. Wedyn, fi.

Roeddwn i'n ferch goth/emo fachgennaidd iawn (wrth fy modd yn gwisgo dillad du ac yn gwrando ar gerddoriaeth brudd), oedd yn treulio oriau yn ei llofft ac yn boenus o swil y tu allan i bedair wal yr aelwyd. Roedd gen i grŵp arbennig o ffrindiau – roedden ni i gyd ar y cyrion ac yn lletchwith iawn. Ond roeddwn i'n dal i feddu ar y gallu hwnnw i fod yn bopeth i bawb, ac weithiau byddai hyd yn oed y merched mwy poblogaidd yn caniatáu i fi ddod yn rhan o'u criw. Ond wedi dweud hynny, roedd yn dipyn o sioc i mi gael fy newis yn ddirprwy brif ferch hefyd – wrth edrych yn ôl, dwi'n amau nad oedd yr ysgol eisiau mynd yn groes i draddodiad ein teulu.

Roedd yr ysgol yn ffinio ag ysgol ramadeg y bechgyn. Roedd drws gwydr yn gwahanu'r ddwy ysgol ac ar wahân i ambell gipolwg drwy fwlch yn y llenni a oedd yn gorchuddio'r drws, treuliais y rhan fwyaf o fy arddegau yn byw o dan drefn apartheid rhywiol. Roedd fy mywyd yn un gadwyn hir o fopio'n lân ar rywun neu'i gilydd, yn ferched a bechgyn. Y dyn cyntaf ar y rhestr oedd un o'r athrawon yn ysgol y bechgyn, a mab i un o'r athrawon oedd y bachgen cyntaf. Wnes i erioed wneud dim byd am y peth, dim ond syllu o bell. Neu sgriblan eu henwau ar fy llyfr copi bras gyda chyfres o galonnau a chusanau, ynghyd â lluniau amryfal sêr pop a phêl-droedwyr Manchester United wedi'u torri allan a'u gludo ar y cloriau.

Er fy mod i'n cael siarad â bechgyn (gan mai fi oedd y drydedd ferch, roedd fy chwiorydd eisoes wedi ennill llawer o'r brwydrau ynghylch dod i gysylltiad â bechgyn), roeddwn i wedi fy nghysgodi'n llwyr ac yn ddi-glem am beth oedd ystyr perthynas mewn gwirionedd. Nid mater oedd hi fy mod i wedi fy *atal* rhag cael rhyw, er enghraifft, ond nad oedd gen i unrhyw syniad beth oedd cael rhyw yn y lle cyntaf. Y cyfan wyddwn i oedd y gallai eich rhieni eich gwrthod os oeddech chi'n 'mynd yn rhy bell gyda bachgen', ond y tu hwnt i hynny roedd diffeithwch eang a dieithr nad oedd gen i ronyn o ddiddordeb mewn crwydro iddo.

Ond roeddwn i eisiau syrthio mewn cariad. Roedd cariad yn rhywbeth y gallwn ei ddeall. Roedd yn ddyhead beunyddiol ymhlith fy nghyfoedion a fy chwiorydd, ac roedd fy rhieni'n gwpl hynod gariadus, wedi'r cyfan. Nhw oedd yr esiampl i ni. Yn 18 oed, gwnes i gyfarfod â bachgen mewn cynhadledd a drefnwyd gan y Gymdeithas Meddygon Tramor yn Middleton, a syrthio mewn cariad ar unwaith. Roedd o'n dod o Romford yn Essex, ac ar ôl y cyfarfod cyntaf hwnnw, gwnaethon ni gynnal perthynas drwy lythyrau. Llythyrau di-ri. Does dim rhyfedd bod fy ngwaith ysgol wedi dioddef, gan fy mod i'n neilltuo oriau yn ysgrifennu miloedd o eiriau ato:

> **Mi wnes i'r haul ddisgleirio, er nad oedd hi'n braf, drwy feddwl amdanat ti. Er nad wyt ti'n agos yn gorfforol, rwyt ti yno yn fy helpu bob cam o'r ffordd. Dwi'n dy garu di ac mae'n ddrwg gen i am y chwa o emosiwn ar y ffôn dydd Iau. Ond roedd hyn yn help, yn sicr, achos dwi'n teimlo'n wych rŵan. Dwi'n barod i weithio mor galed ag y galla i achos dwi eisiau i bopeth weithio allan yn iawn i ni. Rwyt ti'n haeddu hyn, a dwi'n mynd i wneud i bethau weithio efo ti, mi wnawn ni i bethau weithio efo'n gilydd. Dwi isio dy gofleidio di'r eiliad yma a dweud cymaint dwi dy angen di. Ydw, dwi wedi neidio i mewn efo fy nwy droed. Dwi'n dy garu di gymaint, mae'n teimlo fel pe bai fy nhu mewn i'n mynd i ffrwydro. Rwyt ti'n ysbrydoliaeth i fi, ac yn gwneud i 'nghalon i lamu efo hapusrwydd.**

(Yr ail dudalen o ddeg oedd hon!)

Roedden nhw'n llawn o ing yr arddegau, meddyliau a deisyfiadau am ddihangfa, a thrafodaethau am natur warchodedig ein diwylliant. Yr hyn sy'n frawychus yw fy mod i'n oedolyn yn llygaid y gyfraith, ond yn dal i fod mor ddiniwed. Y thema gyson drwy'r epistolau hyn oedd cael bod ar ein pennau ein hunain gyda'n gilydd. Fydden ni'n gallu mynd i'r sinema gyda'n gilydd? Fydden ni'n gallu mynd am bryd o fwyd gyda'n gilydd? Fyddai hi'n bosib i ni fod yn fo a fi a neb arall?

Roeddwn i'n treulio amser yng nghwmni bachgen arall o'r ysgol weithiau, a thrydydd bachgen a fyddai'n mynd â fi i orielau (mi wnes i gyfarfod ag o mewn parti teuluol). Byddai Dad yn chwerthin am y peth ac yn dweud, 'Mae gen ti un ar y ffôn, un yn ysgrifennu llythyrau, ac un yn galw a chanu cloch y drws. Beth wnawn ni, *ay*?' Roedd yn teimlo fy mod i'n treulio gormod o amser ac egni ar y ffôn yn 'siarad â bechgyn', ac yn mynnu bod angen i fi roi'r flaenoriaeth i addysg a marciau da. Ar ben hynny, roedd galwadau ffôn 'pellter hir' yn ystod y dydd yn hytrach nag ar ôl chwech y nos, am oriau bwy gilydd, yn costio ffortiwn iddo.

Mae'n wir bod gen i fwy nag un bachgen ar y bachyn o hyd, ond doeddwn i byth yn mynd i setlo am fachgen na fyddai'n fodlon ymrwymo i berthynas â fi a neb arall, fel y rhai roeddwn i wedi darllen amdanyn nhw yng nghylchgronau *Jackie* fy chwaer. Doeddwn i ddim yn cael perthynas rywiol lawn gyda neb, felly nid dyna oedd y broblem. Roeddwn i'n mwynhau cwmni amrywiol a dod i adnabod y byd newydd hwn sy'n llawn bechgyn. Agwedd wahanol iawn i agwedd ystrydebol merched Indiaidd, mae'n siŵr, sef eu bod nhw'n gaeth i'w patriarchaeth ddiwylliannol. Ond roedd y datblygiad hwn yn gwneud i fi ymbellhau oddi wrth fy nhad. Wrth i gymeriadau gwrywaidd newydd ddechrau mynnu eu lle yn fy meddwl, roedd fy ffocws ar fy nhad a'r awydd i ennyn ei ganmoliaeth yn pylu'n raddol. Roedd dynion yn fwy na dim ond tadau, roedden nhw hefyd yn bobl fy oed i, ac roeddwn i'n barod i hoelio fy holl sylw arnyn nhw.

Mae'n syndod bod bechgyn wedi dangos unrhyw ddiddordeb

ynof i o gwbl, gan fy mod i wedi troi o fod yn blentyn bach del i ferch â golwg letchwith iawn arni. Byddai Mam yn dweud wrtha i bod rhaid i drwynau merched Indiaidd dyfu i gyrraedd yr haul yn y wlad yma gan fod y tywydd mor ofnadwy – a doedd hi ddim yn petruso rhag awgrymu pa mor fawr roedd fy nhrwyn i. Yn greulon iawn, roedd trwyn Mam yn un bach cain a thwt, a hynny'n fy ngwneud i'n llawer mwy ymwybodol o faint fy un i. Roeddwn i hefyd yn denau, heb unrhyw awgrym o gorff benywaidd o gwbl. Yn syllu'n ôl arna i yn y drych roedd gwallt, breichiau a choesau, dim pen-ôl, trwyn mawr ac aeliau'n cyfarfod yn y canol. Roedd fy chwiorydd yn fy ngalw i'n 'Man-chester' gan fod fy mronnau i'n debyg i ddau wy wedi'u ffrio.

Fel teulu, roedd hi'n ofynnol i ni fod yn weddus a thaclus, a doedd dim byd y gallwn i ei wneud i fodloni unrhyw un o'r gofynion hynny. Wrth i fy nghorff i dyfu, roeddwn innau'n tyfu ar wahân iddo. Roedd fy nhad hefyd yn ddyn crand iawn a oedd eisiau i ni i gyd fod yn gyfareddol a hudolus, felly os oedden ni'n mynd allan i rywle, byddai'n mynnu fy mod i'n gwisgo sodlau ac yn tynnu fy nillad goth tywyll. Ond yn driw i fy llysenw 'Little Miss Controversy', byddwn i'n gwrthryfela ac yn cael fy labelu'n *zidi* (styfnig). Ond roedd bod yn glyfar yn bwysicach na bod yn atyniadol yn y pen draw, felly er gwaetha fy ngwallt difywyd, byddwn i'n cael llonydd weithiau.

Roedd y pethau a oedd yn mynd â fy mryd i yn yr ysgol i gyd yn canolbwyntio ar fyd adrodd straeon. Roeddwn i'n dda iawn am eu creu nhw. Fel plentyn ifanc iawn, roedd fy hanesion smalio yn cynnwys byw yn India mewn cwt gyda nadroedd, ac adrodd stori ryfeddol wrth fy ffrindiau cegrwth am Dad yn torri twll ym mhen fy mam ag ebill a'i lenwi â phowdr lliw i nodi 'fy menyw i yw hon', pan oeddwn i wedi cael llond bol ar esbonio am y milfed tro pam oedd hi'n gwisgo *bindi*. Roeddwn i hefyd wedi adrodd straeon am sut roedd fy rhieni mor daer ein bod ni'n astudio fel eu bod nhw'n fy nghlymu i wrth y bwrdd i wneud i fi ganolbwyntio. Mae'n syndod bod y gwasanaethau cymdeithasol heb gnocio ar ein drws ni!

Ond doedd dim byd yn bwysicach i mi na dawnsio. Yn sicr, doeddwn i erioed wedi teimlo'n fwy rhydd, hyd yn oed o fewn ffurf gaeth a chlasurol dawnsio Indiaidd. Roeddwn wedi dal ati i fynd gyda Mam i weld holl raglenni'r Gymdeithas Celfyddydau Asiaidd, a phan oeddwn i tua deg oed, gwyliais i Chitra Visweswaran yn dawnsio. Crisialodd hynny bopeth i fi. Roedd hi mor heini ac egnïol, yn mynegi'r arddull *tandav* mwy gwrywaidd, yna dro arall roedd hi'n fwynach, yn dawnsio ar batrwm cromlin, yn adrodd straeon drwy osgo ac ystumiau wyneb arddull *lasya*, ffurf fwy benywaidd ar ddawnsio. Roedd hi'n ymgnawdoliad cain o'r symudiadau a'r cymeriadau. Y corff arbennig yna, y fenyw benodol honno, â'i nerth a'i gosgeiddrwydd, daniodd fy ysfa i ddysgu'r ffordd newydd hon o symud ac o fod.

Yn syth ar ôl i fi orffen fy arholiadau Lefel O, mi wnes i hedfan i Delhi i astudio dawns yn nhŷ fy *naniji*. Roeddwn i'n ddigon lwcus i gael athro a ddysgodd y *Bharata Natyam* i fi mewn ffordd gaeth iawn, ac i safon uchel iawn. Yn fy meddwl i, dyna fo – doeddwn i byth yn mynd yn ôl i'r ysgol. Roedd o'n fwy na hobi i fy nhynnu i allan o fy nghragen erbyn hyn; dyma oedd fy rheswm i fyw.

Yn wir, yn ystod y cyfnod hwnnw yn India, roedd fy *naniji* wedi gwneud 'cyflwyniadau' ar fy rhan i deuluoedd ambell ddarpar ŵr. Dwi'n cofio un o'r enw Bunkim Bunkim – dyna ddoniol ei fod wedi cael yr un enw ddwywaith! Dywedodd hi, 'Shobna, *beti*, gwisga bâr taclus o *shalwar kameez*,' a minnau'n ymateb, '*Naniji*, beth rydw i'n mynd i'w wneud pan fyddwn ni wedi priodi a dwi'n mynd â phaned o de iddo yn y bore? Ydw i'n gweiddi *Bunkim Bunkim... Bunkim*, mae brecwast yn barod...?'

Chwarddodd Nani gymaint, poerodd daten fach gron o'i cheg. Pan ddaeth Bunkim i'r tŷ am de yn ddiweddarach, gallwn ei gweld hi'n crynu wrth drio peidio â chwerthin wrth i fi afael yn y llestri gorau a chynnig paned o de a samosa poeth iddo. Ar ôl iddi fynd, holodd Nani a oeddwn i'n ei hoffi. Atebais innau, 'Wel, roedd ganddo draed neis.' Dywedodd hithau, 'Wel, mae hynny'n rhywbeth, gwell na dim, *hai na?*'

Dro arall, dyma hi'n fy nghyflwyno i ddyn ifanc oedd yn gweithio i gwmni Cadbury yn India. Roeddwn i'n ei alw'n Willy Wanker, oherwydd roedd ei deulu wedi penderfynu fy mod i'n rhy 'orllewinol' ac felly'n rhy 'llac'. Roedd yn farn annheg iawn ac mor bell o'r gwir, gan mai yn India, yn hytrach nag yn y 'gorllewin llac', y cefais fy mhrofiad go iawn cyntaf o fyd dynion a merched. Roeddwn i'n 16 oed, bron iawn yn 17 oed, pan welais i bidlen bachgen am y tro cyntaf. Yr un haf â'r holl gyflwyniadau i fechgyn addas oedd hi, a ninnau wedi mynd i'r sinema. Dyma fo'n ei thynnu allan yng nghanol y ffilm a gofyn i fi ei chyffwrdd. Meddyliais, beth?! Pam fyddwn i eisiau gwneud peth felly?

'Rho hi 'nôl o ble daeth hi,' dywedais yn gwrtais. Doeddwn i erioed wedi gweld un go iawn, ac roedd y bachgen yn troi arna i.

Ond daeth fy holl freuddwydion o fyw yn India i ben yn sydyn. Mewn dosbarth, roeddwn i'n cael pryd o dafod gan fy *guruji* (athro) – roedd o wedi dweud wrtha i am sythu fy mhenelinoedd, ond ddim ormod, gan fy mod i'n eithaf tal a heglog. Siâp fy nghorff oedd yn peri'r rhwystredigaeth fwyaf iddo. Ar ganol y wers, ffoniodd fy nhad i ddweud wrtha i fy mod i wedi pasio pob un o fy naw Lefel O, er mai 'dim ond' pump A ges i, a bod angen i fi ddod yn ôl i astudio Lefel A.

Mi wnes i strancio a thrio mynnu nad oeddwn i'n mynd, ond anfonodd Dad fy ewythr draw o Mumbai i fy narbwyllo i nad oedd gen i ddewis. Dwi'n cofio fy ewythr yn dweud y byddwn i'n puteinio fy hun ar ryw soffa gastio Bollywood petawn i ddim yn mynd adref. Roedden nhw'n draddodiadol iawn a doeddwn i ddim yn gallu mynnu. Yn eu golwg nhw, wrth gwrs, dim ond merch oeddwn i. Felly dyna ohirio fy ngyrfa ddawnsio am y tro, er gwaethaf pa mor dda roeddwn i, a chamu'n ôl i fyd cyfyng addysg.

Roedd fy ngraddau a fy mherfformiad yn yr ysgol yn ddigon da i fi gael fy ngwahodd am gyfweliad yng Ngholeg Robinson, Caergrawnt, a ches fy ngyrru yno gan Mam. Yr unig beth dwi'n gallu'i gofio am y daith oedd sglaffio brecwast llawn yn ein llety gwely a brecwast hyfryd, yna lapio'r sbarion mewn papur a'u cadw nhw yn ei bag at eto. Yn wir, dyna oedd fy swper i ar y ffordd adref. Ar wahân i'r prawf tueddfryd a'r cyfweliad yng Nghaergrawnt, ces i gyfweliad ar gyfer SOAS hefyd – yr Ysgol Astudiaethau Dwyreiniol ac Affricanaidd yn Llundain. Roeddwn i wir eisiau astudio Hindi a Sansgrit (a fyddai'n cyd-fynd ag unrhyw astudiaeth dawnsio clasurol Indiaidd allgyrsiol). Ces i gynnig lle amodol gan y ddwy brifysgol, gyda graddau a oedd yn hawdd o fewn fy nghyrraedd.

Pan ganodd y ffôn yn ystod oriau mân 11 Ionawr 1985, deffrais a chlywed ei sŵn yn atseinio oddi ar y waliau. Bob tro roedd y ffôn yn canu yn ystod yr oriau mân, roedden ni'n gwybod bod rhywbeth wedi digwydd yn India, a'r rhywbeth hwnnw byth yn newydd da.

Roedd fy nhad yn ymweld ag India, felly Mam atebodd y ffôn. Ei llais hi dwi'n ei gofio fwyaf clir, yn dweud, '*Sacmuc? Sacmuc? Sacmuc?*' Go iawn? Go iawn? Go iawn?

Roeddwn i'n gwybod bod rhywbeth ofnadwy wedi digwydd pan glywais sŵn beichio crio yn lle geiriau, a theimlais ias oer.

Galwodd Mam ar Hema, a daeth honno nerth ei thraed o'i llofft ar ochr bellaf y tŷ. Roeddwn i'n gallu clywed y ddwy yn crio.

Roedd Mam wedi cael gwybod bod ei gŵr wedi marw yn ei gwsg. Yn yr un gwely yn India â'r un roeddwn i'n cysgu ynddo ryw flwyddyn cyn hynny.

O ystyried mor ysgytwol oedd y foment honno, mae fy nghof i o'r adeg honno'n chwilfriw. Mae'r atgofion ar ffurf deilchion mân rydw i wedi methu'n lân a'u rhoi'n ôl at ei gilydd i greu dim byd tebyg i atgof cyfan. Fel pe bai fy meddwl yn methu ymdopi â phwysau enfawr yr hyn oedd yn digwydd a'r newid a oedd wedi rhwygo drwy ein bywydau mor sydyn.

Roedd Dad wedi bod yn aros yn nhŷ *Naniji* yn Delhi Newydd, yn trefnu pethau ar gyfer *rishta* (cynnig priodas) fy chwaer Hema gan ei bod hi'n cael priodas wedi'i threfnu yn ddiweddarach y flwyddyn honno. Roedd wedi bod yn cael trefn ar ei dillad priodi, saris a gemwaith nad oedd ond ar gael yn India. Roedd Mam wedi aros gartref gyda Raja a fi, am ein bod ni'n dau yn dal i fod yn yr ysgol.

Y diwrnod roedd Dad wedi ymadael i hedfan i India, roedden ni wedi cael ffrae arall amdana i yn defnyddio'r ffôn i siarad â'r bachgen yn Romford. Roedd Dad wedi cyfarfod ag o erbyn hyn, oherwydd ei fod yn dechrau edrych fel perthynas fwy difrifol, ac roedd y teulu i gyd yn meddwl ei fod yn mynd i ddod yn wyneb cyson yn fy mywyd. Ond roedd Dad yn meddwl mai fy nghariad oedd y rheswm pam nad oeddwn i'n adolygu, ac roedd o'n ddig iawn gyda fi.

Y cyfan oedd ar fy meddwl i oedd pa mor falch roeddwn i fod pawb yn mynd i'r maes awyr i ffarwelio â Dad, oherwydd byddai'n golygu fy mod i'n cael y tŷ i fi fy hun ac yn gallu ffonio fy nghariad yn ôl mewn heddwch. Roedd Mam wedi dod i mewn i fy llofft gyda'r olwg honno ar ei hwyneb – yr olwg oedd yn dweud, rwyt ti'n mynd i wneud yn union fel dwi'n ei ddweud – a dywedodd fod Dad wrth y drws a'i bod hi eisiau i fi fynd i ffarwelio a chymodi. Yn anfoddog, dyna wnes i.

Dydw i ddim yn gwybod sut byddai hi wedi bod petawn i heb ffarwelio ag o. Dyma fi'n ei gofleidio a throi i fynd yn ôl am y tŷ pan glywais o'n gweiddi: 'Hem, Sush, Sho. Hem, Sush, Sho.' Y tro hwn, dyma fi'n mynd yn ôl at y drws i'w gofleidio ac i addo y byddwn i'n adolygu ac yn mynd i Gaergrawnt. Yna gadawodd, a dyna'r tro olaf i fi ei weld.

Roedd Dad yn un o hoelion wyth y gymdeithas, yn boblogaidd iawn a'r gymuned leol yn meddwl y byd ohono – roedd wedi croesi rhaniadau cymdeithasol a diwylliannol, yn ogystal â goresgyn rhagfarn hiliol. Yn sydyn, roedd pawb yn curo ar ein drws i gynnig helpu. Roedd y tŷ yn llawn o bobl, pob yncl ac anti yn methu credu'r newyddion. Oherwydd iddo farw dramor, agorodd Eglwys y Plwyf yn Oldham ei drysau er mwyn i bawb yn y gymuned leol allu talu teyrnged iddo. Hyd heddiw, mae pobl yn fy atgoffa mai 'merch Dr Gulati' ydw i.

Dim ond 49 oed oedd fy nhad. Roedd fy rhieni, a ninnau i gyd, newydd ddathlu eu pen blwydd priodas arian y mis Tachwedd cynt – achlysur bythgofiadwy mewn neuadd leol, a'r adloniant yng ngofal y teulu Gulati von Trapp. Gwnaethon ni i gyd ganu, mi wnes i berfformio dawns glasurol ac roedd fy mrawd yn chwarae'r *tabla*. Dawnsiodd Mam a Dad am oriau, yng nghanol tua tri chant o berthnasau a ffrindiau. Roedd Mam yn gwisgo sari las tywyll osgeiddig gyda brodwaith gwyn ac aur ar yr ymylon, a Dad mewn siwt las golau. Yn bythol ddawnsio yn eu lliwiau glas gwahanol, a llenni serennog y llwyfan yn pefrio yn y cefndir.

Yn ôl yn y tŷ, roedd Mam yno yn gorfforol, ond yn emosiynol roedd hi fel petai wedi ymdoddi i'r dorf – a minnau'n teimlo fy mod i'n methu ei chyrraedd hi. Yna daeth meddygon gyda llond gwlad o dawelyddion. Roedden ni i gyd yn orffwyll yn ein galar.

Ces innau dabledi hefyd.

Yng nghanol y niwl hwn, teithiodd Mam, Hema a Raja i India.

Arhosais i gartref oherwydd bod gen i ffug-arholiadau Lefel A. Roedd gan Sushma arholiadau pwysig yn y coleg deintyddol hefyd. Penderfynwyd bod angen i bobl gadw llygad arna i, felly es i fyw gyda ffrindiau'r teulu yn Rochdale. Alla i ddim dweud pa mor hir roeddwn i yno, ond chlywais i'r un gair gan Mam, Hema na Raja tra oedden nhw oddi cartref. Dim gair. Yn sydyn, roeddwn i ar fy mhen fy hun heb gefnogaeth fy nheulu.

Cefais ar ddeall yn ddiweddarach fod Dad wedi cael coelcerth angladdol agored a bod fy mrawd 14 oed wedi gorfod delio â'r eneiniad olaf. Roedd yn dipyn o ysgytwad diwylliannol iddo: fel arfer, gwylio coelcerthi angladdol ar afon Ganges ar raglenni dogfen ar y teledu roedden ni. Roedd defod Hindŵaidd marwolaeth fy nhad yn Benares (Varanasi bellach) ymhell o'n profiad glân a chlinigol ni o amlosgi yn y byd gorllewinol.

Rywbryd, gwnaethon nhw hedfan yn ôl ac es i adref. Roedd awyrgylch hollol wahanol yn y tŷ. Roedd popeth mor dawel, mor llonydd, mor ddwys. Roedd Dad wedi bod yn belen o egni byrlymus, a byddai'n denu drama fel magnet; byddai ei bresenoldeb yn ddigon i oleuo ystafell. Ystyr ei enw, Kulbhushan, yw 'canolbwynt y teulu' ac roedd calon ein teulu ni wedi'i rhwygo allan ohono.

Roedd y teimlad o golled yn mynd y tu hwnt i golli fy nhad, roedd yn golled o'r hyn a fu, a'r cyfan wedi'i ddwyn ymaith am byth. Ein haelwyd liwgar a bywiog; fy rhieni'n cofleidio megis un mewn partïon, bob amser mor agos at ei gilydd; ffrindiau'n galw heibio, i mewn ac allan byth a hefyd; 'Hem, Sush, Sho, Hem, Sush, Sho' yn taranu i fyny ac i lawr y grisiau.

Roedd bywyd wedi bod yn ddathliad cyson, fy chwiorydd yn canu yn y cefndir, minnau'n dawnsio, cymeradwyaeth yn dilyn fy mrawd i ble bynnag yr âi – y dyn ifanc golygus a chlyfar roedd fy nheulu wedi dyheu amdano. Yna chwalodd y cyfan dros nos. Roedd y cyfan drosodd. Roedd y galar yn y tŷ mor enbyd a dwys, gallwn deimlo ei bwysau ar fy mrest, mor dynn, yn barod i ffrwydro a llenwi'r gagendor tywyll hwn oedd wedi ein llyncu.

Daliodd Mam ati â'i hympryd bob dydd Llun am amser hir ar ôl marwolaeth Dad. Fel rhan o'r traddodiad Pwnjabaidd yn ystod gŵyl *Karva Chauth*, byddai'n gyrru o gwmpas, yn gwisgo ei sari a'i gemwaith gorau, a'r *bindi* ar ei thalcen (doedd hi ddim yn gwisgo'r *bindi* ar ôl i Dad farw), yn chwilio am y lleuad gudd tu ôl i'r cymylau yn yr awyr. Byddwn i yn y car gyda hi gyda *katori* (bowlen fach) o ddŵr, cannwyll wedi'i goleuo a rhidyll (ond dwi'n dal hyd heddiw ddim yn deall arwyddocâd y rhidyll). Roedd y cyfarpar yn angenrheidiol er mwyn perfformio'r ddefod o dorri'r ympryd pan fydden ni'n dod o hyd i lewyrch y lleuad. Unwaith y bu farw fy nhad, roedd yn gwisgo dillad llai llachar – ar gyfer y ddefod ac ar gyfer pob achlysur arall – ond mynnodd gadw at y ddefod a'r defosiwn, er nad oedd hynny wedi atal

Dad rhag marw'n ddyn cymharol ifanc. Byddai hi'n gofyn, **'Beth ydw i wedi'i wneud i haeddu hyn?'** a byddwn i fod wedi hoffi ateb, 'Rwyt ti heb wneud dim byd o'i le. Rwyt ti'n gwneud dy orau glas bob amser.'

Yr unig ffordd y galla i ddisgrifio bywyd yn y cyfnod hwn oedd ei bod fel gwylio'r lliw yn diflannu o'r waliau. Roedden ni wedi byw mewn byd amryliw a oedd yn sydyn wedi troi'n fyd du a gwyn. Fel *The Wizard of Oz* am yn ôl. Diflannodd dillad lliwgar Mam, oherwydd bod disgwyl i wragedd gweddw Hindŵaidd ymatal rhag gwisgo lliwiau llachar. Yn y cymunedau mwyaf llym, mae disgwyl iddyn nhw wisgo gwyn am weddill eu hoes a threulio gweddill eu bywydau mewn cyflwr parhaol o alar. Dwi wastad yn meddwl cymaint o feddwl oedd gan Mam o'i *bindi*. Roedd ganddi lwyth o flychau bach a dwi'n cofio palu drwyddyn nhw, wedi'u pentyrru fel y sbeisys mewn llyfrau lluniau o farchnadoedd pell mewn straeon tylwyth teg, y powdrau eirias porffor, coch, pinc tywyll ac oren. Gan ddefnyddio ei mowldiau metel bach cain, roedd hi'n creu cylchoedd mawr neu fach ac yn eu glynu yn eu lle gydag eli Nivea. Byddech chi'n gweld smotiau bach o lwch lliwiau'r enfys ar ei thrwyn. Yn union fel ei phersawr (Youth Dew Estée Lauder oedd ei ffefryn) a'i gwallt â phob blewyn yn ei le, roedd y ddefod yn unigryw iddi hi. Roedd y ddefod fach honno yn llawenydd dyddiol iddi, ond ar ôl i Dad farw, daeth i ben.

Dim ond 45 oed oedd Mam pan fu farw Dad ac roedd yn wraig hardd, a doedd dim un ohonom ni eisiau iddi wisgo gwyn o'i chorun i'w sawdl. Dwi'n meddwl amdana i fy hun yn ei hoedran hi – roeddwn i ym mlodau fy nyddiau, ac allwn i ddim dychmygu sut brofiad byddai gorfod mabwysiadu gwisg mor unffurf. Diflannodd y lliwiau cyfoethog o'i chwpwrdd dillad, yn union fel y diflannodd ei chymeriad, gan encilio i'r cysgodion mwya' sydyn. Roedd hi wedi'i distewi.

PENNOD TRI

Wyt ti'n meddwl nad ydw i'n adnabod fy merch?

Yn ystod y cyfnod tywyll hwn yn fy mywyd, roeddwn i'n sefyll fy arholiadau. Aethon nhw ddim cystal â'r disgwyl, ches i ddim y canlyniadau angenrheidiol i allu mynd i Gaergrawnt. Roedden nhw'n ddigon i fi fynd i SOAS, ond ar y pryd, roeddwn i'n teimlo'n amddifad yn emosiynol. Roedd cymaint o fy addysg wedi canolbwyntio ar fy nhad, wedi'i bwyso a'i fesur ganddo ac wedi digwydd gyda'r bwriad o'i blesio, a nawr roedd o wedi mynd. Doeddwn i ddim eisiau bod cannoedd o filltiroedd oddi wrth fy nheulu, oddi wrth Mam, felly gwnes i gais i Brifysgol Manceinion drwy'r system glirio, fel fy nghariad o Romford, a chawson ni'n dau le.

Bydden ni'n byw mewn llety myfyrwyr. Byddai hyn yn rhoi rhyddid i ni oddi wrth ein cartrefi teuluol a'r cyfle i fod yn gwpl go iawn a fyddai, gobeithio, yn arwain at briodi. Dywedodd Mam wrtha i mai'r diwrnod roeddwn i'n gadael i fynd i'r brifysgol gyda fy nghariad oedd y tro cyntaf i fi wenu ers i Dad farw – roedd fy wyneb yn llawn o'r bywiogrwydd sy'n mynd law yn llaw â dechrau newydd. Fel y ffenics yn chwedloniaeth Groeg, roeddwn i'n barod i godi o ludw ein byd oedd yn ulw. Roedd gobaith yn dechrau ymbalfalu'i ffordd yn ôl i fy enaid i.

Roedd pethau wedi newid i'r teulu ers i Dad ein gadael ni. Yn y gymuned, roedd gŵr a thad yn amddiffyn yr holl fenywod yn ei deulu, ac o fewn ychydig wythnosau i'w farwolaeth, daeth yn amlwg fod y mur gwarchodol rhag y byd wedi diflannu. Daeth mam fy nghariad i ymweld â ni yr haf hwnnw cyn i ni fynd i'r brifysgol, a mynegi ei hanfodlonrwydd ynghylch ein haddasrwydd fel cwpl. Daeth â ffrind gwrywaidd i'r teulu i'w chanlyn – gan fod ei gŵr yn gweithio dramor, roedd angen iddi ddod â dyn yn gwmni er mwyn dilysu ei chŵyn – ac roedd yn gwybod yn iawn y byddai Mam ar ei phen ei hun. Dywedodd ei bod wedi darllen fy llythyrau at ei mab a'i bod yn eu hystyried yn rhy rywiol o ran cynnwys. Roedd cynnwys y llythyrau 'anllad' hyn yn canolbwyntio arnaf i'n mynegi awydd i ni fod gyda'n gilydd a, phan fyddai'r amser hwnnw'n dod, sut i wneud pethau'n arbennig; nad oedd bechgyn eraill yn fy ystyried i fel person ac mai'r unig beth ar eu meddyliau oedd 'mynd yr holl ffordd'; sut roedd hen 'ffrind' yn yr ysgol wedi bod ychydig yn rhy eofn a bod gen i gywilydd o hynny. Drwy lygaid cul, gallwn i ymddangos yn ymwthgar, ond go brin fy mod i'n sarhaus. Roeddwn i heb *wneud* dim byd cywilyddus.

Roedd ei fam yn awgrymu fy mod i'n rhyw slebog o ogledd Lloegr oedd yn trio rhwydo ei mab drwy feichiogi. Ond y gwir plaen yw na fyddai'r sgwrs wedi digwydd pe bai Dad yn dal yn fyw; fel teulu heb ŵr ar yr aelwyd, roedden ni bellach yn fregus ac yn ddiamddiffyn. Yn yr un modd, wnaeth Hema ddim priodi ei dyweddi hithau. Ar ôl marwolaeth fy nhad, mynnodd ei darpar rieni yng nghyfraith fod Mam yn talu i ailaddurno eu cegin fel rhan o waddol Hema. Roedd hi hefyd wedi dod i'r amlwg bod gan y gŵr dan sylw – doedd o ddim yn haeddu cael ei alw'n ŵr bonheddig – gariad o Saesnes, a doedd o ddim wir eisiau priodi o gwbl. Ac felly chwalodd ein darpar berthnasoedd, fy un i ac un fy chwaer, yn union fel y gwnaeth ein huned deuluol pan fu farw fy nhad (er nad oeddwn i'n gwybod ar y pryd y byddai fy mherthynas i'n mynd rhwng y cŵn a'r brain).

Un o'r anawsterau oedd bod Dad yn ddyn blaengar iawn, ac roedd yn gryf o blaid cymhathu, ac yntau'n un o blant cyntaf yr oes ôl-Ymerodraeth i ymgartrefu'n iawn yn Lloegr. Ond wrth i'r gymuned Pwnjabaidd o Ogledd India dyfu ym Mhrydain dros y blynyddoedd, trodd y rheolau ynghylch beth oedd yn dderbyniol a beth oedd yn annerbyniol yn fwyfwy caeth a haearnaidd. Beth oedd ac nad oedd yn cyfrif fel traddodiad Indiaidd. Beth oedd yn cael ei ganiatáu ac fel arall. Y teimlad oedd bod pob un o'r teuluoedd hyn yn gorfod dal gafael ar eu traddodiadau yn dynn iawn rhag ofn iddyn nhw golli eu hunain a'u 'hunaniaeth' ddiwylliannol.

Roedd India ei hun yn symud gyda'r oes, ond roedd y gymuned Pwnjabaidd ym Mhrydain wedi dod â'r gorffennol gyda nhw ac yn cydio'n dynn ynddo. Roedd agwedd agored Dad wedi ein cysgodi ni, a hynny yn ei dro wedi caniatáu i ni dyfu. Roedd o wedi bod mewn sefyllfa i gicio yn erbyn y tresi, ac roedden ni'n rhydd yn yr ystyr llawnaf. Ar y llaw arall, unwaith roedd o wedi mynd, 'dim ond' menyw oedd Mam. I rai o selogion y diwylliant, dydych chi'n ddim heb ddyn, felly mae ymdeimlad yn bod nad ydych chi bellach yn haeddu dim o'r parch sy'n cael ei roi i eraill. Roedd Mam, yn fuan ar ôl dod yn wraig weddw, yn gorfod wynebu'r drefn batriarchaidd hon yn ei holl ffurfiau.

Dyma pryd wnes i adael Mam a symud allan o gartref y teulu. Dyma droi cefn ar ei galar hi, a'r galar a oedd wedi amgylchynu'r tŷ a threiddio i bob twll a chornel ohono. Dyma droi cefn ar y pwysau a oedd wedi gwasgu arna i ers misoedd lawer, y pwysau oedd gwir angen ei lacio. Es i dros ben llestri'n llwyr.

Doedd astudio ddim yn cynnig dihangfa, felly ymgollais mewn niwl o gyffuriau ac alcohol a gadael i'r ddau fwgan hwnnw drio cael gwared ar fy nhristwch. Roedd hi'n ddiwedd yr 1980au, penllanw gormodedd. Smociais i lot fawr o ganabis, nad yw'n fawr o help pan mae'n rhaid i chi ddysgu a rhedeg 201 o ferfau yn yr iaith Arabeg. Ac er fy mod i mewn perthynas pan ddechreuais i yn y brifysgol, doedd hynny ddim yn wir pan adewais i. Daeth i'r amlwg fod fy nghariad yn ddidrugaredd o genfigennus ac mae ein hamser gyda'n gilydd wedi gadael ei ôl arna i, ôl sy'n dal yno hyd heddiw. Mae fy holl lythyrau ato yn dal gen i oherwydd ei fod wedi rhoi pob un yn ôl i fi. Doedd y berthynas ddim yn un hapus. Roeddwn i'n teimlo fy mod i'n gorfod troedio'n orofalus o hyd ac, wrth edrych yn ôl, roedd yn brofiad gwirioneddol erchyll.

Bob tro y byddwn i'n dod adref o'r brifysgol i ymweld â Mam, byddwn i'n sylwi bod pethau bach yn newid. Roedd y wraig a oedd yn cadw tŷ i ni ac yn helpu i gadw trefn ar bopeth ar yr aelwyd, wedi marw tua'r un adeg â Dad. Roedd Mam yn dal i lanhau popeth yn drwyadl, yn gofalu am fy mrawd ac roedd hi'n dal i ymfalchïo yn ei haelwyd, ond dechreuodd pentyrrau o bapurau newydd gronni. Yng ngweddill y tŷ, roedd bocsys gwag a oedd gynt yn cael eu cadw o'r golwg (roedd Mam a Dad fel arfer yn casglu bocsys gwag yn barod i'w llenwi â'u pethau newydd, rhag ofn eu bod nhw'n mynd yn ôl i India rywbryd) wedi dechrau hel yng nghorneli ystafelloedd nad oedd yn cael eu defnyddio bellach, ynghyd â bagiau plastig yn llawn papur gwastraff. Roedd yn union fel pe bai hi eisiau cadw popeth fel yr oedd er mwyn amddiffyn ei hun rhag ei cholled.

Roedd hi wedi dechrau rhoi pwysigrwydd arbennig i Nazar, neu'r 'llygad drwg', yn ei bywyd ac o ganlyniad yn ein bywydau ninnau hefyd. Ym marn Mam, os oedden ni'n edrych yn dda neu'n gwneud yn arbennig o dda yn yr ysgol, mae'n amlwg y bydden ni'n glanio rhwng y cŵn a'r brain, yn disgyn i grafangau Nazar ac y byddai rhywbeth ofnadwy yn dod i'n rhan ni. Byddai Nazar hefyd yn gwneud lle i unrhyw un â bwriadau drwg neu bobl genfigennus, a oedd yn y pen draw yn lladd unrhyw lwc dda neu fendith. Felly os oedd rhywun yn edrych yn dda, byddai Mam yn dweud, **'Rwyt ti'n edrych yn ofnadwy'**, ac os oedd hi'n edrych yn dda, ac roedd hi bron yn ddieithriad, roedden ninnau'n dweud wrthi nad oedden ni erioed wedi'i gweld hi'n edrych mor hyll. Roedd y cyfan yn cael ei ddweud gyda winc, a thrwy hynny, byddai Nazar yn cael ei drechu a dim byd drwg yn digwydd.

Dwi wedi meddwl yn aml am ymlyniad Mam at Nazar, a'i hofn yn sgil hynny o sut byddai ei bywyd bendigedig yn cael ei chwalu pe bai'n caniatáu i'w hun ddathlu'n ormodol. Ei phartneriaeth ddelfrydol â'r dyn roedd hi'n ei garu? Ei theulu cyflawn a hyfryd? Efallai fod hyn oll wedi bod yn ormod o lwc dda a bod Nazar bellach wedi cripian i mewn i'w bywyd ar ôl marwolaeth ei gŵr. Dialedd oedd hyn i gyd, a hithau'n cael ei llawn haeddiant.

Roedd fy mherthynas i â Mam yn dal i fod, ond doedden ni ddim yn rhan o fywydau'n gilydd o ddydd i ddydd. Roeddwn i wedi encilio ac wedi mynd i fy nghragen. Doeddwn i ddim yn hoff iawn o fy mywyd newydd yn y brifysgol. Ac er fy mod i'n galw heibio'n weddol aml, fyddwn i byth yn aros dros nos gan fod Manceinion yn ddigon agos. Doedden ni byth yn cael dim byd mwy na sgwrs arwynebol a doeddwn i ddim yn agos at ddweud y gwir am ganabis, alcohol na bechgyn. Doeddwn i ddim yn trafod emosiynau na theimladau o gwbl.

Fel person ifanc a fagwyd ar aelwyd fel fy un i, roedd rhyddid bywyd prifysgol wedi bod yn fedydd tân. Afraid dweud bod trafod unrhyw berthynas ag elfen o gyfathrach rywiol ynddi yn mynd i fod yn fater cymhleth. Os oedd o'n digwydd, doeddech chi ddim yn sôn am y peth. Fel hyn mae'r stori i fod: rydych chi'n priodi wedyn gallwch chi gael rhyw. Os oeddech chi'n dweud y gwir go iawn wrth eich rhieni, byddech chi'n cael eich diarddel. Roeddwn i wedi gweld hynny'n digwydd i ferched o'r un oed â fi yn y gymuned ac i ffrind annwyl i'r teulu a oedd wedi 'dod allan'. Roedd y rhain yn ffrindiau agos i'r teulu, a'u rhieni wedi esgymuno eu plant yn llwyr yn y ffyrdd mwyaf ofnadwy. Rydych chi'n dysgu cau eich ceg.

Roedd gen i ddau gariad gwahanol yn y brifysgol a chadwais i'n dawel iawn am unrhyw beth a ddigwyddodd gyda'r naill a'r llall. Y peth diddorol yw, dwi ddim wir yn cofio cael rhyw yn ystod y cyfnod hwnnw. Roeddwn i'n teimlo'n hollol ar wahân i fy nghorff. Roedd ymylon pob dim yn teimlo mor aneglur, fel pe na bawn i'n bodoli fel person cyfan. Doeddwn i ddim yn barod ar gyfer perthynas... roeddwn i'n gwybod sut roedd pethau'n gweithio, ond doedd gen i ddim syniad sut i fynd ati. Y cyfan a wyddai fy rhieni oedd yr hyn roedden nhw wedi'i brofi gyda'i gilydd, ond doedd hynny ddim yn cyd-fynd â fy realiti i, a doedd gen i mo'r adnoddau emosiynol i ddelio â'r perthnasoedd hyn.

Yr unig dro i Mam erioed drio cyffwrdd â'r pynciau tabŵ hyn oedd yn y car, pan doedd dim dianc – ond yn lle cynnig darlith ar ryw cyn priodi (fyddai hi byth yn ystyried sôn am hynny), dyma hi'n gofyn i fi a oeddwn i'n hoyw. **'Mae'n rhaid bod rhywbeth yn bod arnat ti. Dwy berthynas gyda bechgyn Indiaidd clên wedi methu'n barod, a dwyt ti ddim hyd yn oed allan o'r brifysgol.'**

Ar ôl graddio, penderfynais fy mod i'n mynd i ganolbwyntio ar ddawnsio, ac erbyn hyn doedd neb yn mynd i fy stopio i. Roeddwn i wedi gwneud fy arholiadau Lefel A, wedi cael fy ngradd. Roeddwn i wedi cyflawni'r disgwyliadau. Rŵan, roeddwn i'n mynd i allu bod yn ddawnswraig o'r diwedd. Ar ôl clyweliad yng Nghanolfan Laban yn Llundain, ces i le. Ychydig wythnosau'n ddiweddarach, dyma symud i fflat gyda bargyfreithwraig yn ardal Forest Hill gyda dim ond cês a thedi fy nghariad cyntaf.

Dywedodd Mam ei bod hi wedi cyffroi drosta i, ac roeddwn i'n ei chredu hi. Wedi'r cyfan, Mam oedd wedi buddsoddi yn fy nawnsio gyda'r athrawon, mynd â fi i ddosbarthiadau yn ei char, gwnïo'r gwisgoedd, talu am wersi a threfnu digwyddiadau dawnsio am yr holl flynyddoedd hynny. Ond wnaethon ni ddim dweud wrth neb yn y gymuned yn union beth roeddwn i'n ei wneud yn Llundain – roedden nhw i gyd yn meddwl fy mod i wedi mynd i astudio cwrs gweinyddu'r celfyddydau oherwydd doeddwn i ddim eisiau i Mam orfod dioddef rhagor o'u hensyniadau am ei merched 'llac'. Byddai pobl yn gwenu ac yn ysgwyd llaw â ni yn ein hwynebau, ond yn siarad y tu ôl i'n cefnau. Cymuned felly ydy hi.

Yn ystod blwyddyn y cwrs yn Laban, profais fân ymosodiadau a rhagfarn hiliol amlwg am y tro cyntaf yn fy mywyd fel oedolyn. Yn ystod fy amser yn yr ysgol iau, fi oedd yr unig 'Paki', yr un i gael ei hambygio yn ystod gêm o British Bulldog. Bob tro roedden ni'n chwarae, fi oedd yr un olaf ar un pen yn ddieithriad ac er mwyn cyrraedd yr ochr arall, byddai'n rhaid i fi redeg drwy 50 o blant, o leiaf, pob un ohonyn nhw eisiau fy nal i mewn unrhyw ffordd bosib. Gwarchod fy rhieni oedd wrth wraidd pob esboniad am bob clais neu bob dant babi a gollwyd – 'Roeddwn i'n dringo coeden' neu 'Baglu wnes i'.

Yn ddiweddarach, yn yr ysgol baratoi grand, roedd disgyblion yn cyfeirio at fy ngwefusau llawn fel gwefusau 'wog' – dwi'n chwerthin erbyn hyn, gan fod rhai menywod yn edrych fel pysgod ar ôl dewis triniaethau i chwyddo'u gwefusau mewn ymgais i'w harddu eu hunain. Mae'n amlwg bod fy ngwefusau i, yn union fel gwefusau fy chwiorydd Du, wedi bod yn brydferth erioed. Ond doeddwn i ddim yn teimlo felly ar y pryd. Mi wnes i eu pigo mor ddrwg nes gwneud iddyn nhw waedu wrth i fi hel meddyliau am gasineb fy nghyd-ddisgyblion. Fel unrhyw blentyn, doeddwn i ddim eisiau bod yn wahanol. Erbyn yr ysgol uwchradd, roeddwn i'n profi hiliaeth lai ymosodol, ond hiliaeth a oedd yn dal i fy nghau i allan. Doeddwn i ddim yn cael gwahoddiad i ambell barti ac roeddwn i'n cael fy ngadael allan o grwpiau poblogaidd a thimau. Aeth fy mlynyddoedd yn y brifysgol heibio mewn mwrllwch. Os oedd unrhyw beth wedi digwydd, roeddwn i wedi suddo'n rhy ddwfn yn fy ngalar i sylwi.

Erbyn i fi gyrraedd Laban, roeddwn i wedi cael clywed fy mod i'n gwneud i bopeth edrych yn 'Indiaidd', fy mod i'n symud fel Indiad. Ces i glywed nad oedd fy nghefndir dawnsio yn dechnegol glasurol mewn gwirionedd, fel dawnsio bale, ond yn hytrach mai dawnsio 'gwerin' oedd o. Roeddwn i'n cael fy ystyried yn astudiaeth anthropolegol ac roedd yr un peth yn wir am fy ffurf gelfyddydol. Roeddwn i'n teimlo fel arddangosfa mewn sw theatrig. Storïwr 'anwaraidd' ac 'anghlasurol'. Rhywbeth i edrych lawr eich trwyn arno yn hytrach na rhywbeth i'w ddathlu fel celfyddyd aruchel. Yn eu golwg nhw, dyna'r cyfan y gallai unrhyw fath o ddawns nad oedd yn orllewinol fod. Dywedodd athrawon fod fy nghydbwysedd corfforol yn broblem. Roedd fy mronnau wedi tyfu'n eithaf mawr ac roedd ystum fy nghorff yn dioddef. Doedd gen i ddim awydd bwyta. Dywedodd un cyd-fyfyriwr wrtha i unwaith fy mod i'n 'drewi o gyri drwy'r amser'.

Yna daeth y ddawnswraig a'r coreograffydd Shobana Jeyasingh i Laban i ddysgu modiwl dawns Indiaidd, ac o'r diwedd roeddwn i'n deall rhywbeth. Ac yn dda iawn am ei wneud. Un o fy swyddi cyntaf oedd ymuno â'i chwmni, a chyn bo hir dyma ddechrau gweithio yn Theatr Ddawns Gyfoes Llundain yn The Place (y lle dawnsio enwog yn Bloomsbury) a chael cyfle i ddysgu am ddawns gyfoes a dawnsio 'newydd' yn ei grochan berw o syniadau. Magais ddiddordeb dwfn yn y maes a dechrau rhedeg gweithdai ac addysgu, yn ogystal â dawnsio mewn cynyrchiadau theatr ac mewn digwyddiadau. Roeddwn i wedi dechrau gwneud bywoliaeth ym myd y celfyddydau.

Roedd un digwyddiad yn bwysig a dylanwadol – dathliadau daucanmlwyddiant Ffrainc yn 1989 gyda choreograffeg gan Jean-Paul Goude (a oedd, gyda llaw, yn briod â Grace Jones, fy eilun). Teithiodd y '*Défilé*' ar hyd y Champs-Élysées ym Mharis a gweledigaeth Goude oedd cynnwys yr holl wledydd a oedd wedi cyfrannu at greu Ffrainc, a'u dathlu mewn gŵyl o ddawns a diwylliant byd-eang. Ar gyfer Prydain, roedd eisiau llu o ddawnswyr clasurol Indiaidd a chriw o ddawnswyr cyfoes. Fel trosiad ar gyfer yr Ymerodraeth ac India fel 'yr em yn y goron', gwisgwyd dynion gwyn y grŵp dawns cyfoes mewn gwisg filwrol, gyda phob un yn dal ymbarél dros ddawnsiwr Indiaidd. Roedd y rhain yn ein hamddiffyn rhag y 'glaw' a grëwyd gan Frigâd Dân Caint, a oedd yn chwistrellu dŵr ar bawb wrth i ni ddawnsio i lawr y Champs-Élysées. Ychwanegodd Jean-Paul fod y chwistrellu dŵr yn addas oherwydd ei bod hi bob amser yn bwrw glaw yn Lloegr. Ar ôl fy nghyfarfod i, anfonodd fi i drefi gwledig i ddod o hyd i '20 Shobna' ar gyfer y prosiect, a dyna'n union wnes i. Trefnais glyweliadau ledled Prydain a chanfod 20 o ferched ifanc 'tebyg'.

Gwnaeth yr holl brofiad hwnnw yn Ffrainc gymaint o argraff arna i, y tro cyntaf i fi weithio y tu allan i Brydain ac yng nghanol cymaint o bobl. Hwn hefyd oedd y tro cyntaf i fi o ddifri gydnabod fy rhywioldeb fy hun o ran dewisiadau. Yn sydyn, roeddwn i'n ddigon agored i ystyried perthynas â dyn neu fenyw, doedd o ddim yn gwneud gwahaniaeth. Dyma'r tro cyntaf i fi weld pobl o bob safle a chefndir cymdeithasol, wyneb yn wyneb. Roeddwn i'n rhan o gwmni o ddawnswyr a pherfformwyr a oedd i gyd yn ymddangos mor hyderus yn eu bywydau bohemaidd a rhydd. Oedd, roedd y rhyddid hwnnw wedi bod yno yn yr ysgol ddawns ac yn y brifysgol, ond doeddwn i erioed wedi bod yn rhan ohono oherwydd i fi gael fy ngorfodi i deimlo fel rhywun o'r tu allan. Ond ym Mharis, cefais fy nharo gan y sin hoyw a lesbiaidd gyda chryn rym. Pa mor rhydd roedd popeth: pobl ddeurywiol aml-bartner yn arbrofi gyda rhyw ac yn hollol rydd i ddewis sut roedden nhw'n byw eu bywydau. Roeddwn i'n meddwi ar y cyfan. Ac *o'r diwedd* roedd popeth yn gwneud synnwyr. Roedd gen i deimlad fy mod i wedi dysgu popeth gallwn i am fywyd, dewisiadau, rhyw a rhywioldeb yn y foment honno, ond wrth gwrs roedd y mathau hyn o brofiadau yn mynd â fi ymhellach ac ymhellach o'r ferch ifanc roedd fy rhieni a'r teulu ehangach wedi gobeithio y byddwn i. Er bod Mam wedi derbyn fy mod i wedi mynd ar daith arall, doedd hi ddim wir yn deall – a doedd hi ddim yn gwybod ei hanner hi.

Gyda fy mywyd rhydd newydd yn blodeuo, ces i fy nhynnu'n ôl i'r llwybr traddodiadol yn sydyn wrth gyfarfod â fy narpar ŵr mewn priodas deuluol. Roedd meddwl am fynd i achlysur o'r fath wedi bod yn codi arswyd arna i, ond roedd Mam yn bendant ein bod ni'n mynd fel teulu a bod angen i fi edrych ar fy ngorau. Doeddwn i erioed wedi gweld y dyn o'r blaen – am ryw reswm, doedd ein llwybrau ni erioed wedi croesi. Pensaer gyda gwerthoedd sosialaidd oedd o, yn gwisgo sbectol a golwg arno fel ychydig o *geek*, ac roedd o'n edrych yn ddiddorol a chanddo wyneb dymunol. Y noson honno, bu'n sôn am gymaint o bethau gwahanol, am ormod o amser, o bosib. Yna dyma fi'n dychwelyd i Lundain ac yn anghofio amdano. Ond un diwrnod yn Laban, dyma rywun yn dweud, 'Mae cerdyn post i ti ar yr hysbysfwrdd. Llun gan Modigliani.' Ar gefn y cerdyn, darllenais y geiriau, 'Dwi wedi dod o hyd i ti.' Gan ein bod ni wedi dweud wrth bawb fy mod i'n astudio gweinyddu'r celfyddydau yng Ngholeg Goldsmiths, roedd y ffaith ei fod wedi cael gafael arna i yn dipyn o gamp.

Roedd ei deulu o a fy nheulu i yn rhan o'r un gymuned ac roedden ni'n dau yn cario pwysau gobeithion ein teuluoedd. Roedd wedi colli ei dad yn ifanc a'i fam yn wraig weddw yn byw yn Salford, ac roedd yntau'n gweithio yn Llundain. Dechreuodd fy nghanlyn i mewn ffordd draddodiadol iawn – doedd dim perthynas rywiol o gwbl, a oedd yn fy synnu i, gan nad oedd ymatal yn nodwedd gyfarwydd o gwbl ymhlith dynion yn eu hugeiniau. Ar ôl fy mhrofiad gyda fy nghariad blaenorol yn y brifysgol, roeddwn i'n benderfynol nad oeddwn i'n mynd i gael fy mrifo eto, felly roedd fy amddiffynfeydd yn gadarn. Yn anffodus i 'ni', pen draw'r stori oedd ei fod heb ddod yn bopeth i fi.

Ond roedd yn ymddangos fel cymar da ac roedd llawer o bwysau ychwanegol oherwydd ein bod ni'n dau yn aelodau o gymuned fach, roedd ein mamau yn wragedd gweddw, ac roedd y si wedi cyrraedd Manceinion. Roedd Shobna 'wedi'i gweld gydag o.' 'Maen nhw'n mynd o gwmpas gyda'i gilydd yn Llundain.' Priodas gyflym oedd yr unig gam parchus ar gael i ni. Byddai wedi bod yn iawn pe bawn i wedi bod yn canlyn rhywun o'r tu allan i'r gymuned, ond roedden ni'n Indiaid, roedd pawb yn ein hadnabod ni ac yn gwybod o ble roedden ni'n dod. Doedd dim cynnig mawreddog nag ystum rhamantus; ches i ddim modrwy ganddo. Y cyfan wnaeth o oedd gofyn, 'Efallai y dylen ni briodi?' A minnau'n ateb, 'Iawn.' Wnaeth ein priodas ni ddim troi'n stori garu fel un Mam a Dad.

Yn rhyfedd iawn, doedd Mam erioed wedi ymddangos yn ofnadwy o frwd amdano nac am ein perthynas. Ar noswyl y briodas, a minnau ar fin cael fy *mehndi*, diflannodd Mam i barti arall. Roedd y ddau ddigwyddiad yn cyd-daro, ond roedd hi'n gwybod y byddwn i'n deall. Dim ond fi a'r fenyw *mehndi* oedd yna yn y diwedd. Doeddwn i ddim yn deall os nad oedd ots ganddi, neu a oedd rhywbeth arall yn bod. Doedd o'n ddim byd personol, mae'n siŵr, ond doedd dim byd am y briodas yn teimlo mor arbennig â hynny.

'O, mae Shobna yn priodi, iawn.' Gwnaeth hi'r hyn roedd ei angen i gefnogi hynny. Roedd hi'n fam i fi a dyna oedd ei dyletswydd hi. A byddai hi'n gwneud hynny hyd eithaf ei gallu.

Bron yn syth ar ôl y briodas, daeth hi'n amlwg ein bod ni wedi gwneud camgymeriad ofnadwy ac nad oedd pethau'n mynd i weithio allan. Y gwir yw, doedden ni ddim yn gydnaws ac roedden ni eisiau pethau gwahanol. Doeddwn i ddim hyd yn oed y math o ferch a fyddai'n apelio ato ac anaml iawn roedden ni'n cael rhyw – doeddwn i ddim i'w weld yn ei ddenu o gwbl. Mi wnes i gyfarfod â sawl un o'i gyn-gariadon, pob un yn ferched gwyn uchel-ael, prydferth, y math o ferched na allwn i fyth fod yn debyg iddyn nhw, hyd yn oed petawn i eisiau bod. Wrth edrych yn ôl, roedd ein dwylo wedi'u clymu. Dwi'n meddwl ei fod wedi fy mhriodi i oherwydd fy mod i'n Indiad, a minnau wedi'i briodi yntau oherwydd ei fod yn Indiad, a'n bod ni'n dau wedi meddwl mai dyna'r ffordd ymlaen. Ar yr wyneb, priodas fantais o'r iawn ryw. Ond roeddwn i wedi bod eisiau perthynas ddyfnach, gyda gwerthoedd a syniadau cyffredin, ond roedd hi'n debyg ei fod o'n chwilio am rywbeth llawer mwy academaidd, rhywbeth arwynebol, a doedd hi ddim yn bosib cynnal hynny, yn fy ngolwg i.

Roedd ei fam yn broblem arall. Gwnaethon ni symud i fyw ati am rai misoedd ar ôl priodi, a minnau'n teithio i Lundain i weithio bedwar diwrnod yr wythnos, ac yna ymunodd â ni ar ein mis mêl. Pan wnaethon ni symud allan, i dŷ ychydig i lawr y ffordd, roedd hi'n dweud wrtha i ei bod hi'n crio pryd bynnag y byddai'n ei weld a fy mod i wedi'i ddwyn oddi arni. Roedd o wedi bod yn byw yn Llundain, felly doeddwn i ddim wir yn deall beth roedd hi'n ei feddwl, ond mae'n debyg mai'r rheswm oedd ei fod bellach yn byw gyda gwraig arall ac nid hi. Roedd yntau'n cael trafferth cadw'r ddysgl yn wastad rhwng y ddwy ohonom, a hynny'n achosi mwy a mwy o anhapusrwydd iddo.

Gwnaethon ni drio achub y briodas drwy symud i Baris, ond erbyn hynny, roedden ni'n dau wedi bod yn anffyddlon. Roedd yr wythnosau a'r misoedd hynny yn anodd iawn. Roedden ni'n wynebu trafferthion ariannol ac yn methu cysylltu â'n gilydd. Er mwyn dianc rhag yr hyn oedd yn digwydd yn fy nghartref newydd ym Mharis, mi wnes i droi at y sin ddawns gyfoes yng nghymdogaeth Marais. Mi wnes i drio creu bywyd yno a chael ambell swydd yn modelu a dawnsio. Ond trodd pethau gartref yn gystadleuol, yn ymosodol ac yn elyniaethus; roedden ni'n methu gweld lygad yn llygad. Y diwedd oedd i fi ddod yn ôl i Lundain i weithio, aros yn stafell sbâr un o fy hen ffrindiau prifysgol, a dywedodd fy ngŵr ei fod am archwilio posibiliadau eraill a bod gyda phobl eraill. Roeddwn i'n gandryll – roeddwn i wedi bod yn hollol agored am hanes fy mherthnasoedd rhywiol ac roeddwn i'n teimlo'n angerddol iawn y dylai fod wedi dweud ei fod angen amser i archwilio pethau cyn meddwl am briodi.

Yn y bôn, gyrrais yn ôl i Baris, pacio cymaint ag y gallwn i yng nghist fy Volkswagen Mark One (anrheg gan Mam), clymu'r gweddill i'r rhesel ben to a'i adael. Roedd Mam yn India gyda fy mrawd ar y pryd, Sushma yn byw gyda'i gŵr o Ddenmarc yn Singapore ac roedd Hema gyda'i theulu o Dde India yn Hyderabad, felly roeddwn i'n methu troi at neb. Doeddwn i ddim hyd yn oed yn gallu esbonio'r peth i fi fy hun, heb sôn am fy nheulu. Allwn i ddim ffonio Mam a dweud, 'Dwi wedi gadael fy ngŵr.' Beth byddwn i wedi'i ddweud? 'Dwi wedi gadael fy ngŵr achos dydyn ni ddim yn cael rhyw, dydy o ddim yn fy ffansïo i, a dydw i ddim yn ei ffansïo fo. Ac rydyn ni'n dau wedi bod yn anffyddlon.'

Diwedd y gân oedd i fy arian ddod i ben a gorfod byw yn fy nghar, 'nôl yn Llundain. Roeddwn i'n teimlo cymaint o gywilydd a chollais gysylltiad â ffrindiau, er eu bod nhw bob amser wedi bod yn gefn i fi, oherwydd roeddwn i'n methu wynebu dweud wrthyn nhw beth oedd wedi digwydd na sôn am fy amgylchiadau rhyfedd newydd. Roeddwn i'n teimlo cymaint o gywilydd bod fy nghynlluniau ar chwâl ac yn poeni na fydden nhw'n fy mharchu i mwyach. Roeddwn i'n gwneud fy ngorau glas i gael trefn ar bethau ar fy mhen fy hun.

Er fy mod i'n byw yn fy nghar, es i 'nôl i weithio yn The Place. Wrth weithio ar ddawnsio Indiaidd tymor yr haf, daeth actor nad oeddwn i'n ei adnabod yn dda i wylio sioe, ac o fewn munudau o ddechrau sgwrsio, awgrymodd fy mod i'n symud i'w fflat gan ei fod eisiau fy helpu i gael trefn ar fy mywyd. Am ryw reswm, roedd hi'n teimlo'n haws agor fy nghalon iddo fo nag i ffrindiau oedd wedi bod yn fy mywyd ers amser maith. Roeddwn i eisiau ailddechrau fy stori. Arhosais yn ei fflat un llofft yn Deptford – rhoddodd ei stafell i fi a chysgodd ar y soffa, a fy nhrin i fel ei chwaer fach. Achubodd hwnnw fy mywyd.

Fel rhan o'r prosiect 'adfer trefn', roeddwn i wedi cael rhan mewn drama yn y Theatre Royal, Dwyrain Stratford. Daeth *Moti Roti, Puttli Chunni* (bara tew, feliau tenau) yn llwyddiant dros nos yn Llundain. Roeddwn i'n chwarae sawl rhan ac yn dawnsio yn y 'glaw' ar ran symudol o'r set, rhyw fath o deyrnged hoffus i Bollywood. Er bod fy rhannau yn fach, roeddwn i'n gorfod newid fy nillad yn aml. Roedd hynny'n cynnwys newid o fod yn wlyb i fod yn sych mewn eiliadau, a gorfod tynnu fy nillad ar ochr y llwyfan. Yn ôl y dyn a oedd yn gofalu am newid llenni'r set, doedd o ddim yn edrych, ond mae'n rhaid ei fod wedi gallu gweld popeth. Ond arweiniodd un peth at y llall a dyma ni'n dau yn gwirioni'n lân ar ein gilydd.

Wnes i erioed ddweud wrth Mam, na neb o'r teulu, sut stad oedd ar fy mhriodas. Allwn i ddim wynebu neb. Yn lle hynny, aeth fy nghyn-ŵr i dŷ Mam i ddweud wrthi. Dywedodd ei fod yn methu cynnig cefnogaeth ariannol, emosiynol na chorfforol i fi, ac wedyn gyrrodd oddi yno.

Roedd hi wedi dweud, **'Wyt ti'n meddwl nad ydw i'n adnabod fy merch?'** A datgelodd hi wrtha i ei bod wedi teimlo nad oedd pethau'n iawn o'r dechrau'n deg a fy mod i wedi rhuthro i briodi. Datgelodd ei bod hi'n teimlo rhywfaint o gyfrifoldeb am y briodas oherwydd nad oedd Dad yno, a'i bod hi'n gwybod mai chwilio roeddwn i am rywun i lenwi'r bwlch a adawodd ar ei ôl. Dywedodd y dylai hi fod wedi fy stopio i, ond y gwir amdani yw na fyddwn i byth wedi dilyn ei chyngor hi. Fy nghamgymeriad i oedd o, nid ei chamgymeriad hi.

Yn sgil y sgyrsiau mwy agored hyn, roeddwn i'n teimlo mai dyma'r amser iawn i'w chyflwyno i fy nghariad newydd. Penderfynais nad oeddwn i'n mynd i guddio fy mywyd oddi wrth fy nheulu, gan ei gynnwys o. Roedd hi'n meddwl ei fod yn **'rhy dawel'**. Yn rhy dawel ac yn rhy Affro-Caribïaidd, wrth gwrs.

PENNOD PEDWAR

Wyt ti'n gwybod 'mod i'n mynd i ofalu amdanat ti bob amser?

Ychydig fisoedd yn ddiweddarach, dechreuodd fy nghorff deimlo'n od o wahanol a thyner. Sylweddolais fod fy mislif yn hwyr. Gwnes i'r prawf yn y tŷ bach hynod gyfyng yn y fflat yn Deptford. Daeth llinell las denau i'r golwg. A dyna ni. Llifodd ton o arswyd i fy mywyd i unwaith eto.

    Roeddwn i'n methu deall sut roedd hyn wedi digwydd – roeddwn i ar y bilsen ac roedden ni wedi bod yn defnyddio dulliau atal cenhedlu. Er ei bod hi'n berthynas gythryblus a chyfnewidiol, roeddwn i wir yn ei garu o ac roeddwn i eisiau gwneud i'r berthynas weithio. Dyma fi'n dweud wrtho fy mod i'n disgwyl ei blentyn, ac ymatebodd yn ddig nad ei fabi o oedd o, ac nad oedd eisiau gwybod am y babi na'r beichiogrwydd. A chododd ei gwt a fy ngadael i, ein gadael ni. Fi a'r plentyn yn fy nghroth. Roeddwn i wedi gwahanu oddi wrth fy ngŵr, yn sengl ac yn feichiog gyda phlentyn dyn arall, i gyd mewn ychydig fisoedd. Roedd pethau wedi mynd yn draed moch.

Wyddwn i ddim ble i droi na beth i'w wneud. Yn y pen draw, mewn cyfyng gyngor llwyr, dyma fi'n meddwl am fy chwaer Sushma, sydd o natur yn ymarferol a theg, ond roedd hi hyd yn oed yn methu cuddio'i siom. Dywedodd wrth Mam cyn i fi gael y cyfle i gael trefn ar fy meddyliau, gan ddweud 'Wyddwn i ddim sut i helpu, ond roeddwn i'n gwybod y byddai Mam.' Ond doedd neb yn siŵr beth oedd y 'peth iawn i'w wneud', ac yn y pen draw daeth Mam i Lundain i fynd â fi i sesiwn cwnsela ar gyfer erthyliad.

Wna i fyth anghofio'r olwg ar ei hwyneb pan es i i gyfarfod â hi oddi ar y trên – siom ofnadwy. Gallwn synhwyro nerth ei chywilydd a'i harswyd, gan ychwanegu hynny at y cywilydd a'r arswyd roeddwn i'n eu teimlo. Er gwaethaf ei barn am erthylu, dywedodd y byddai'n fy nghefnogi i beth bynnag byddwn i'n dewis ei wneud. Wrth adael y sesiwn, dyma hi'n troi ata i a dweud, **'Wyt ti eisiau cael erthyliad?'** Atebais innau, 'Na', ac atebodd hithau ar unwaith, **'Diolch i Dduw dy fod ti wedi dweud hynny, achos dydw i ddim eisiau i ti gael un chwaith.'**

Wrth i ni ddechrau trafod beth fyddai'n digwydd, roeddwn i'n teimlo'n nes ati nag y gwnes i erioed. O'r diwedd, roedden ni'n cerdded gam wrth gam, ar strydoedd Llundain, law yn llaw, wedi'n huno gan yr amgylchiadau annisgwyl a'r cywilydd a oedd ar ein gwartha' ni a'r teulu. Yn yr eiliad honno, roeddwn i'n teimlo y byddai ei chariad yn gorchfygu'r cyfan.

'Mi wna i ofalu amdanat ti drwy hyn. Fy nyletswydd i ydy gofalu amdanat ti.'

Does dim geiriau i ddisgrifio'r synnwyr o ryddhad a brofais wrth glywed y geiriau hynny. Ond roedd yn pigo hefyd wrth gwrs, gan iddi ddweud y byddai'n gofalu amdana i allan o synnwyr o *dharma* (dyletswydd) ac nid dim ond cariad, ond dyna oedd ei ffordd hi.

A dyna ni. Roedden ni wedi dweud popeth roedd angen ei ddweud. Codais fy llaw arni yn yr orsaf ac aeth yn ôl ar y trên i'r gogledd, a minnau'n treulio'r beichiogrwydd cyfan bron yn Llundain. Doedd dim lle i fi fod yn feichiog yn Oldham ac roedd angen i fi ddal i weithio, felly doeddwn i ddim yn mynd i fynd yn ôl gyda hi'r tro hwnnw, yn sicr.

Yn Llundain, roeddwn i'n rhydd i fod yn feichiog, i ddathlu fy nghorff yn tyfu mewn dillad tyn, o olwg llygaid busneslyd y gymuned yn y gogledd. Roeddwn i'n teimlo'n fwyfwy cyffrous wrth i'r misoedd fynd yn eu blaen, er nad oeddwn i'n gwybod yn iawn faint byddai'r babi yn newid fy mywyd. O bryd i'w gilydd, byddwn i'n mynd i Oldham oherwydd fy mod i wedi cofrestru ar gyfer gofal cyn geni yn ysbyty'r Royal Oldham yn ogystal â Greenwich. Byddwn i'n treulio'r penwythnosau yn cuddio gartref, neu fel arall yn cadw'n dawel iawn ac yn gwisgo dillad llac mewn partïon teuluol. Pan ddaeth *Moti Roti, Puttli Chunni* ar daith i Fanceinion, daeth ffrindiau Mam i weld y sioe a dweud fy mod i wedi magu pwysau, ond doedd hynny ddim yn sylw anarferol. Ym mhob digwyddiad cymdeithasol dwi'n ei gofio, roedd yr *auntijis* bob amser yn trafod faint roeddech chi wedi'i fwyta neu heb ei fwyta. Mae'n debyg iawn i bobl Prydain a'r tywydd. Yn y gorffennol, roeddwn i wastad yn ei chael hi am fod yn rhy denau. Erbyn hyn, roedd y gân wedi newid: 'Rwyt ti wedi magu pwysau. Yn tydi Shobna wedi magu pwysau?'

Fel teulu, cadwon ni'r gyfrinach oherwydd ei bod yn ormod o gywilydd i'w datgelu. Roedd Raj a Hema yn gandryll am y beichiogrwydd ac yn teimlo y dylwn i gael fy esgymuno. Roedden nhw'n llafar eu barn tuag ata i a'r hyn 'roeddwn i wedi'i wneud.' Ar un adeg yn ystod y beichiogrwydd, ces i ambell ganlyniad pryderus mewn profion a oedd yn awgrymu efallai fod rhywbeth yn bod ar y babi. Dywedodd Raj, a oedd newydd ddod yn feddyg, y dylwn ystyried erthyliad. Yn ei farn o, byddwn i'n methu ymdopi â chanlyniad gwahanol. Doeddwn i ddim eisiau erthyliad. Roeddwn i eisoes wedi gorfod ystyried erthylu a doeddwn i ddim yn barod i fynd drwy'r broses boenus honno eto. Roedd y babi wedi bod yn tyfu y tu mewn i fi ers misoedd, ac roedd yn teimlo'n rhan ohona i bellach. Roedd gen i ymdeimlad cryf y byddai popeth yn iawn. Er gwaethaf pwysau ei phlant eraill, roedd Mam yn gefn i fi, ac yn gefn i'r babi, a ninnau'n gwybod erbyn hyn mai bachgen bach oedd o.

Yr wythnos cyn iddo ddod i'r byd, roeddwn i ar y ffordd adref o swydd yn dysgu dawns yn Llundain. Roeddwn i'n sownd mewn ciw yn nhwnnel Blackwall ac yn sydyn, mi wnes i deimlo poenau cryf ac ysfa i wthio, a doedd gen i ddim syniad beth i'w wneud. O'r diwedd, des allan i olau dydd a thynnu i ochr y ffordd. Dwi'n cofio edrych o gwmpas y car fel peth gwyllt yn chwilio am unrhyw beth defnyddiol. Roedd yna botel o ddŵr a hancesi papur, felly dyma afael ynddyn nhw a mynd ar fy nghwrcwd y tu ôl i'r car ar ochr y ffordd. Lle oedd fy meddwl i? Fel pe bai potel o ddŵr a hancesi papur yn mynd i helpu i eni babi. Doeddwn i erioed wedi teimlo mor unig. Dyma fi'n callio o'r diwedd a gyrru i Greenwich, lle dywedodd y nyrsys y gallai'r babi gael ei eni unrhyw ddiwrnod. Ar ôl dychryn i'r fath raddau, sylweddolais i nad oeddwn i eisiau geni fy mab yn Llundain, doeddwn i ddim eisiau bod ar fy mhen fy hun. Roeddwn i wir eisiau Mam. Felly mi wnes i yrru i'r gogledd.

Yn ddiarwybod i fi, o'r diwrnod hwnnw ymlaen, dyna fyddai diwedd fy mywyd yn Llundain.

Roedd Mam wrth fy ochr i yn ystod yr esgor, ac erbyn hyn yn arbenigwraig ar y busnes cael babi. Heblaw am gael pedwar plentyn ei hun, roedd hi wedi bod yno ar gyfer geni tri phlentyn Hema a dau blentyn Sushma. Pan gyrhaeddon ni'r ysbyty yn Oldham, a Mam yn adnabod y lle fel cefn ei llaw, wrth gwrs, dywedodd y doctoriaid nad oeddwn i wedi agor digon eto. Felly i ffwrdd â hi i ymweld â rhai o'i ffrindiau a oedd yn gleifion ar wardiau gwahanol, gan fy ngadael i'n eistedd ar fy mhen fy hun, wedi fy mharlysu gan ofn. Dyna sut roedd Mam, doedd dim byd personol yn ei hymddygiad, ac roedd hi'n gwybod y byddai hi 'nôl mewn pryd...

Cymerais i nwy ac aer – wrth gwrs, roeddwn i'n sgrechian am bob cyffur dan haul, ond dyna'r cyfan ges i. Roeddwn i allan ohoni'n llwyr, yn rhaffu jôcs bob munud. Mae gen i atgofion niwlog o Mam yn crynu chwerthin yn ei dull distaw nodedig ar un adeg, pwy a ŵyr beth roeddwn i'n ei ddweud, ond roeddwn i'n gallu gwneud iddi chwerthin erioed. Ac mi wnes i'r bydwragedd chwerthin hefyd. Dwi'n cofio gofyn iddi a oedd hi'n malio taswn i'n mynd ar fy mhedwar ar gyfer y geni – roedd hynny'n dipyn o beth. Bod ar eich pedwar gyda'ch pen-ôl yn yr awyr o flaen eich mam, yn enwedig pan oedden ni bob amser wedi arfer cadw'n cyrff ynghudd.

Ac felly ganwyd Akshay, fy mab. Torrais ei linyn y bogail a sibrwd yn gariadus, 'Rwyt ti ar dy ben dy hun, ngwashi' gan ei fod yn rhydd oddi wrtha i a'r llety roeddwn i wedi'i ddarparu ar ei gyfer. Ac yntau allan, byddai'n berson yn ei iawn ryw a byddwn innau'n dod yn fam iddo.

Wnaeth y cywilydd ddim diflannu ar ôl yr enedigaeth. Roeddwn i wedi croesi llinellau sefydledig, dwfn, fel yr olion beichiogi ar draws fy mol, a minnau'n teimlo fy mod i wedi torri popeth, nid yn unig yn fy mywyd i fy hun ond ym mywydau fy nheulu a'r gymuned ehangach hefyd. Roedd y diwylliant o gywilydd ymhlith Pwnjabiaid Gogledd India a chymunedau de Asiaidd ehangach yn golygu bod y gwarth roeddwn i wedi'i ddwyn arnaf fi fy hun am gael babi y tu allan i briodas yn warth i'r teulu cyfan. Roedd yn ergyd ddeuol. Y broblem oedd fy mod i eisiau byw fy mywyd fel roeddwn i am ei fyw. Doeddwn i ddim eisiau byw fel nhw, neu mae'n bosib nad oeddwn i'n gwybod sut i fyw fel nhw. Yn ôl pob tebyg, roeddwn i wedi 'methu gwneud y peth iawn'.

Dydy 'byw fy ngwirionedd' ddim wedi bod yn hawdd, mae'n amlwg. Mae caru, byw a bod fel rydych chi'n dymuno yn llawn manteision ac anfanteision. Ond er mwyn gallu cysgu'r nos, dwi bob amser wedi teimlo'r rheidrwydd i wneud fy ngorau glas drosta i fy hun. Gwnes i drio byw'r bywyd roedden nhw eisiau i fi ei fyw – gwnes i briodi oherwydd fy mod i'n teimlo'r rheidrwydd i ddilyn y llwybr oedd wedi'i ragbaratoi i mi – ond nid dyna'r ffordd. Efallai fy mod i'n rhy ifanc. Efallai nad oedd gen i'r adnoddau angenrheidiol. Efallai na fyddwn i byth yn gallu derbyn y cyfyngiadau normadol.

Efallai nad oeddwn i fel y nhw. Fi oedd yr eithriad. Fi fyddai'r eithriad bob amser.

Ar ôl yr enedigaeth, aethon ni'n tri adref gyda'n gilydd – Mam, fi a fy mabi. Syrthiodd Mam mewn cariad dwfn ag Akshay yn syth bin. Doedd hynny ddim yn anodd – roedd o'n fabi hoffus a rhadlon a doedd o byth yn crio. Dysgodd hi bopeth i fi. Sut i'w ymolchi yn y sinc, sut i'w fwydo, sut i'w gysuro i gysgu. Gwnaeth i fi deimlo mor hamddenol a rhoddodd hi gymaint o hyder i fi. Ond ei rheolau hi oedd mewn grym. O ran diddyfnu neu hyfforddiant toiled Akshay, dilynais i ei ffyrdd hi o fagu plant heb fawr o ddadlau. Ei ffordd hi oedd yr unig ddewis, a minnau'n ddyledus iddi. Doedd gen i unman arall i fynd, ond doeddwn i ddim eisiau mynd i unman arall. Roeddwn i'n llawn edmygedd o'i harbenigedd.

Dim ond dau gais oedd gen i i Mam: yn gyntaf, nad oedden ni byth yn cyfeirio at liw croen Akshay, o ran cymharu ei groen tywyllach â'r duw 'glas' Krishna. Bob tro roeddwn i wedi cyfarfod ag unrhyw un yn ein cymuned o'r enw Krishna neu Krishan neu Krishnan, roedd ganddyn nhw, yn amlach na pheidio, groen tywyllach. Doeddwn i ddim eisiau i Akshay gael ei gysylltu â'r ystrydeb honno, er mor glodforus roedd hynny'n ymddangos. Yn ail, na fyddai neb yn canu'r gân o gywilydd pryd bynnag y byddai'n noeth. Roeddwn i eisiau iddo deimlo'n falch ohono'i hun a pheidio â theimlo cywilydd ynghylch noethni a wynebu'r gwahaniaethu ar sail lliw croen a oedd wedi tarfu arna i gydol fy oes.

Un diwrnod, roedd Mam yn mynd i gyfarfod â ffrindiau'r teulu, a phenderfynais ei bod hi'n bryd wynebu'r canlyniadau. Mi ges i fy hun yn barod, gydag Akshay yn fy mreichiau, i ymuno â hi. O'r funud i ni gyrraedd, dechreuodd y cwestiynau: 'Pwy biau'r babi 'ma?' Dwi'n gallu cofio dweud, 'Fy mabi i ydy o, anti,' tua 20 o weithiau. Wedi'r cyfarfod, roedd melin glecs y gymuned wrthi fel lladd nadroedd, a chyn iddi nosi, dwi'n siŵr bod pob teulu Pwnjabaidd yn y wlad yn gwybod bod gan Shobna Gulati fabi tywyll ei groen ac nad ei gŵr oedd y tad.

Bellach, roeddwn i o dan fwy fyth o bwysau i ddangos fy mod i'n gallu ymdopi. Roeddwn i'n ôl yn gweithio ar unwaith, fwy neu lai. Roeddwn i mor ddibynnol yn emosiynol ar Mam, ond doeddwn i ddim yn awyddus i fod yn ddibynnol yn ariannol arni hefyd, ac roeddwn i'n benderfynol o ddangos i bawb fy mod i'n gallu cynnal fy hun ar ôl gwneud y dewis wnes i. Gwnaeth Mam ymgymryd â'r rhan fwyaf o'r gofal plant; daeth yn ail fam i Akshay. Er ei bod hi mor agos at ei hŵyr newydd, doedd gen i ddim bywyd cymdeithasol o gwbl. Roedd yn gyfnod anodd ac unig iawn, a minnau'n llenwi'r bylchau drwy weithio. Roeddwn i'n llawn cywilydd, wedi blino, yn ddi-waith a heb fod yn barod i fod yn rhiant nac i ddelio â baich fy euogrwydd.

Pan oedd Akshay yn dal i fod yn fabi ifanc iawn, llwyddais i gael gwaith yn Leeds, ond roedd y dyddiadau'n cyd-fynd â phriodas fy nghyfnither yn India. Wythnos o waith dawns preswyl oedd o, a byddwn i'n ennill £500, arian roedd mawr ei angen, felly aeth Mam ag Akshay gyda hi i dreulio amser gyda'r teulu cyn y briodas. Ar ôl i fi orffen gweithio, mi wnes i hedfan allan i ymuno â nhw. Roedd y teulu estynedig i gyd yno, ac roeddwn i'n bendant yn teimlo'n annifyr, ac yn rhagweld yr holl gwestiynau y byddai'n rhaid i fi eu hateb, gan ddechrau gyda, 'Babi pwy yw hwn?' Fel mae'n digwydd, roedd gen i le i boeni – ond roedd yn brofiad gwaeth nag y dychmygais i hyd yn oed.

Bron yn syth ar ôl cyrraedd, chwythodd popeth yn chwilfriw yn fy wyneb. Roedd o fel pe bai bom wedi ffrwydro, pawb yn dadlau ac yn gweiddi pethau ofnadwy amdana i. O dan bwysau'r dirmyg, roedd Hema wedi dweud pethau anhygoel o gas, pethau nad ydych chi byth yn eu hanghofio, a dyna lle roedd Mam, wedi'i dal yn y canol, a'i theulu estynedig yn gwylio i weld sut fyddai hi'n delio â'r sefyllfa. Wnaeth hi ddim cadw fy rhan i, ond ar y llaw arall, sut gallai hi? Yn Lloegr, roedd hi wedi dangos y cariad puraf oll tuag ata i drwy fy nghefnogi er gwaethaf ei theimladau ei hun a'r edrychiadau a'r ensyniadau cas o du'r gymuned. Ond yno yn India, wedi'i hamgylchynu gan ei theulu, doedd ganddi ddim dewis ond creu pellter rhyngddi hi a gweddill ei phlant a ninnau. Roedd yn storm o weld bai, felly dyma fi'n gafael yn fy mab, dod o hyd i ffôn a galw fy Modryb Chitra, un o gyfnitherod fy nhad, roeddwn wedi ymddiried ynddi pan oeddwn i'n aros yn Delhi yn ystod fy arddegau. Unwaith eto, roedd hi'n gadarn fel y graig, gan gynnig to uwch ein pennau am ychydig ddyddiau cyn i ni allu dal awyren adref.

Ar ôl cyrraedd adref, gwnes gais am dŷ cymdeithasol. Fy mwriad oedd symud allan gydag Akshay cyn i Mam ddychwelyd o India. Roedd fy mhen yn ferw o feddyliau ac emosiynau ond y peth pwysicaf un oedd y teimlad fy mod i am i bethau fod yn well i fy mam. Roedd y ffaith fy mod i'n byw gyda hi wedi achosi loes ddifrifol iddi, ac wedi rhoi deinameg y teulu o dan straen eithriadol. Pan wnaethon ni drafod pethau yn y pen draw, cytunodd y byddai'n well pe bawn i'n byw yn rhywle arall.

Dim ond unwaith buodd Mam yn y tŷ dwy-stafell-i-fyny, dwy-i-lawr, a hynny i fy achub i rhag pla o bryfed cop un noson. Roeddwn i wedi bod ar fy Amstrad PCW, yn argraffu fy CV gan fy mod i'n meddwl y byddai'n well i bawb pe bawn i'n mynd yn athrawes: oriau rheolaidd, arian rheolaidd, dim mwy o ddibynnu ar fy mam yn sgil amserlen waith wallgo. Argraffydd olwyn oedd gen i, un oedd nid yn unig yn gwneud sŵn wrth iddo argraffu ond yn gwneud i'r llofft gyfan grynu. Yn sgil yr holl darfu, dechreuodd rhywbeth ar y llawr symud. Roedd yn y mat rhisgl cnau coco felly roeddwn i'n methu gweld yn union beth oedd yno. Wrth i fi blygu i edrych yn nes arno, gwelais o leiaf saith pry cop mawr brown yn cripian o amgylch yr ystafell. Mae'n gas gen i bryfed cop, ond doedd dim modd i fi hyd yn oed sgrechian oherwydd roedd Akshay yn cysgu'n drwm ar fy ngwely. Roedd hi tua un o'r gloch y bore, a wyddwn i ddim at bwy arall i droi, felly dyma fi'n ffonio Mam mewn panig. Dywedodd wrtha i am roi gwydrau a chwpanau drostyn nhw ac aros nes iddi hi ddod. Roedd yn gymaint o ryddhad pan gyrhaeddodd hi, tua hanner awr yn ddiweddarach, a thaflu pob pry cop allan drwy'r ffenest, fesul un, gan ddefnyddio darn bach o gerdyn tenau wedi'i lithro'n ofalus o dan y gwydrau a'r cwpanau. Roedd hi'n arwres i fi'r noson honno, ond dyna'r unig dro iddi groesi'r trothwy. (Ches i erioed anghofio'r noson honno, a byddai wrth ei bodd yn dweud wrth ei holl ffrindiau nad oedd ei merch 'annibynnol' ddim mor annibynnol wedi'r cwbl.) Er hynny, daliodd ati i ofalu am Akshay, a byddwn i'n ei adael gyda hi a'i nôl yn rheolaidd, pan oedd hi'n gyfleus iddi hi a phan oedd gen i waith.

Dros y misoedd a ddilynodd, gwnaeth hi ei gorau i fy neall i, gan ofyn pam oeddwn i wedi dewis cariad Du. Dwi'n cofio unwaith, roedden ni gartref yn gwylio *Ready Steady Cook* a gofynnodd yn dawel, **'Fo, wyt ti'n ffansïo Ainsley Harriot?'** Roedd profiad Mam o bobl Ddu yn gyfyngedig i'r ychydig feddygon tramor roedd hi wedi cyfarfod â nhw yn yr ysbyty – doedd deall eu cefndir diwylliannol a'u hanes erioed wedi bod yn rhan o'i bywyd. Roeddwn i'n gwerthfawrogi ei bod yn trio deall a mynd i'r afael â'i rhagfarnau ei hun.

Roedd Mam yn sylwi ar bopeth oedd yn digwydd o'i chwmpas hi. Er nad oedd hi o reidrwydd yn gwneud rhyw lawer o ffwdan, roedd hi'n sylwi ar achosion o hiliaeth achlysurol ymhlith ei ffrindiau. Er gwaetha'r boen a'r siom, a'i bod yn well ganddi fwrw drwyddi o dan rai amgylchiadau, byddai'n herio ei chymdeithion. Dwi'n cofio enghraifft benodol yn ymwneud â ffrind da a chymdoges i'r teulu. Roedd ei hwyres wedi methu cael lle yn y coleg chweched dosbarth lleol, ond roedd wyres Mam wedi llwyddo. Cwynodd ei ffrind y byddai lle i'w hwyres oni bai am 'yr holl Bacistaniaid', gan ychwanegu, 'Dwi ddim yn dy olygu di, Asha'.

Atebodd Mam gan ddweud, **'Beth wyt ti'n ei weld pan wyt ti'n edrych arna i?'**

Hyd yn oed yn yr ennyd honno, roedd Mam yn gweld cyfle i addysgu ei ffrind yn hytrach na dim ond bod yn ddig. Esboniodd beth o hanes yr Ymerodraeth Brydeinig yn India a sut roedd y Prydeinwyr wedi gadael y wlad yn 1947, ond ddim heb un ergyd sarhaus olaf wrth rannu'r wlad. Roedd Mam yn saith oed pan ddigwyddodd hyn ac roedd ei rhieni eisoes wedi symud i Mumbai, ond cafodd ei theulu (ei hewythr ar ochr ei thad, ei modryb a dau gefnder) a oedd yn digwydd bod ar ochr anghywir y ffin fympwyol honno, eu llofruddio'n greulon yn y llif torfol wrth iddyn nhw ffoi o'u cartref. O'u plant a oroesodd y gyflafan, daeth un o'r merched i fyw gyda Mam a'i rhieni. Mae'r hanes ofnadwy hwn yn rhan o'n bywydau ni.

Fel teulu, fel llawer o rai eraill a gafodd eu heffeithio gan y Rhaniad, doedden ni byth yn sôn yn agored am yr anfadwaith yma – roedd yn ormod i'w oddef. Ond yn fy ymgais i rannu'r bennod hon o'n hanes, mi ddes i ddeall gwirionedd yr hyn a ddigwyddodd, drwy raglen deledu o'r enw *Empire's Children*. Roedd y rhaglen yn cynnwys cofnod personol o brofiadau erchyll fy niweddar Fodryb Shanti ar y diwrnod hwnnw pan oedd hi, yn ferch ifanc, wedi bod yn dyst i lofruddiaethau ei rhieni a'i brodyr ac wedi cuddio dan eu cyrff marw nes bod y bygythiad drosodd a hithau'n gallu dianc i ddiogelwch. Ces i help gan Mam i annog y teulu i rannu eu profiadau erchyll o'r diwedd, ac nid tasg hawdd oedd dechrau datgelu'r gwirionedd hwn.

Felly dyma Mam, dan faich trwm yr hanes hwn ac anwybodaeth amlwg gwraig a oedd wedi bod yn ffrind iddi am dros 35 mlynedd, yn dweud yn flinedig, 'Alli di ddim dal ati i'n rhannu ni a'n rheoli ni. Os wyt ti'n fy nerbyn i, mae'n rhaid i ti ein derbyn ni i gyd.'

Drwy ei hesiampl, roedd Mam yn gosod y bar yn uchel. Mae hyn yn rhywbeth dwi wedi gallu dal gafael arno bob tro y byddwn i'n cael profiadau tebyg o gael fy siomi gan rai o fy 'ffrindiau' gwyn.

Roedd Mam a Dad yn wahanol i'w gilydd. Roedd Dad wedi cofleidio pob cymuned, ac fel meddyg teulu roedd wedi meithrin cysylltiadau â chymaint o bobl o gefndiroedd gwahanol. Y gwir amdani yw bod cymunedau Pwnjabaidd a Gogledd India yn draddodiadol yn gallu bod yn hiliol iawn, iawn. Mae rhai yn credu bod lliw yn gallu pennu gwerth person, yn llythrennol. Mae syniadau am bobl yn seiliedig ar groen yn unig, a'r gred yw bod 'golau yn brydferth'. Os ydych chi eisiau tystiolaeth o werth croen golau, does dim ond rhaid i chi edrych ar gymaint o hysbysebion goleuo croen neu wynnu croen sydd i'w gweld yn India. Mae hysbysebion priodasol yn cynnwys ymadroddion sy'n cyfeirio at liw croen golau, a'r priodoleddau hynny sy'n arwydd o'r hyn sy'n cael ei ystyried yn groen perffaith.

Ar y llaw arall, mae croen tywyll yn awgrymu eich bod chi'n hyll, neu'n dod o ochr 'anghywir' y dref. Er nad oedden ni'n cael ein magu gyda'r gwerthoedd penodol hynny gan fy rhieni yn Lloegr, roedden ni'n cael ein hannog i beidio â threulio gormod o amser yn yr haul na gwneud i'n hunain edrych fel ein bod ni wedi cael 'gormod o liw haul'. Dwi'n cofio'r arswyd a fynegwyd gan chwaer yng nghyfraith hŷn fy nhad pan ymwelais â Mumbai, ar ôl pythefnos o dorheulo ar draethau Kerala fel menyw briod ifanc. 'Diolch i Dduw dy fod ti'n briod, Shobna, ddim yn sengl. Rwyt ti mor ddu, mae'n rhyfeddol bod dy ŵr yn dal i fod dy eisiau di,' meddai, gan ffieiddio.

Dwi o'r farn y dylai dealltwriaeth well o brofiad lleiafrifoedd heb groen gwyn fodoli o fewn ein cymuned ym Mhrydain. Roedd gweithio yn y celfyddydau perfformio yn golygu fy mod i'n cyfarfod â chymaint o bobl o dras wahanol ac roeddwn i'n cofleidio'r pethau oedd yn gyffredin i ni, yn ogystal â'n gwahaniaethau. Roedd gen i empathi mawr tuag at y frwydr gyffredin, felly roedd hyd a lled fy nghylch ffrindiau yn eang.

Roeddwn i wedi profi hiliaeth drwy gydol fy mywyd, yn

uniongyrchol ac yn anuniongyrchol. Wrth weithio fel athrawes ddawns Indiaidd, bues i yn Minsthorpe, cymuned ôl-lofaol yn South Elmsall, Swydd Efrog. Ces i fy nghroesawu gan lach un rhiant penodol: 'Dydw i ddim yn fodlon i fy hogyn i ddysgu unrhyw ddawnsio 'Paki', gan ddynes 'Paki'.' Gwnes i hefyd brofi hiliaeth ymhlith fy nhriw cyfeillion o dras Indiaidd. Yn wir, un tro, ces i gerdyn noson agoriadol drama roeddwn i ynddi gyda llun march du arno; afraid dweud nad *Equus* na *Black Beauty* oedd y ddrama. Roeddwn i'n teimlo pob sarhad i'r byw.

Roedd rhagfarnau rhai yn fy nghymuned Pwnjabaidd Gogledd India wedi'u gwreiddio'n ddwfn yn eu hagwedd at liw croen. Hiliaeth fewnol oedd o, yn cuddio'n ddwfn o dan eu crwyn Brown, o dan yr haenau hanesyddol, strwythurol a sefydliadol o hiliaeth a ddefnyddiwyd i gynnal creulondeb yr Ymerodraeth Brydeinig a gwladychu, ble bynnag yn y byd y byddai'n digwydd. Drwy gydol hanes, mae gwladychu – yn enwedig gan genhedloedd y gorllewin – wedi pennu hierarchaeth ar sail lliw croen, gyda gwyn ar y brig. Felly, ar ôl ymfudo i'r Deyrnas Unedig, doedd fy nghymuned i ddim eisiau cael ei thaflu i un grŵp unffurf o bobl nad oedd eu croen yn wyn. Roedd hynny'n eu llenwi ag ofn ac yn porthi ymhellach eu hanwybodaeth o'r 'arall'.

Mae'n fwy cyffredin ymhlith y genhedlaeth hŷn, ond mae'n bodoli ymhlith fy nghyfoedion i hefyd, yn enwedig mewn grwpiau diwylliannol clòs. Roedd yr awydd dynol i beidio â bod ar 'waelod' y pentwr hierarchaeth, ynghyd â'u profiad o'r safon lliw, yn bwydo i'w hawydd am statws cymdeithasol i'w gosod uwchben y rhai a oedd (gan mwyaf) â chroen tywyllach – ond mae pobl 'wyn' yn bendant yn iawn. Roedd rhai o fy ffrindiau bore oes wedi priodi pobl wyn ac roedd hyn yn cael ei weld fel cam i fyny – ond doedd hynny ddim yn wir am unrhyw 'gymysgu' tras arall.

Roedd Mam yn gallu gweld hiliaeth a byddai'n sefyll ochr yn ochr â fi i ymladd rhai o'r brwydrau yn yr ysgol pan fyddai Akshay yn cael ei alw o flaen y dosbarth yn rheolaidd am ryw 'gamwedd' neu'i gilydd, camwedd na fyddai plant gwyn yn cael eu cosbi amdani. Byddai Akshay yn aml yn y gell gosb am fod â steiliau gwallt a oedd yn rhan o'i ddiwylliant a dim mwy. Aeth Mam y tu hwnt i'w phrofiadau bywyd ei hun i drio pontio'r bylchau gwybodaeth a ddaeth i'w bywyd, diolch i dad fy mab. Doedd hi ddim yn uchel ei chloch am hynny – yn hytrach, esblygodd ei dealltwriaeth ohoni hi ei hun ac o bobl.

Y tu hwnt i ffiniau 'hiliol' tybiedig y gymuned roeddwn i wedi'u croesi drwy gael plentyn o dras ddeuol, roedd cymaint o broblemau eraill hefyd, ac wrth fy helpu i fagu fy mab, roedd hi'n trio gwneud synnwyr o hynny i gyd. Byddai'n dweud, **'Un hil ddynol ydyn ni, Shobna,'** ac roedd hynny'n fwy na geiriau – roedd hi wir yn ei gredu. Yn wir, dydw i ddim yn meddwl nad oedd hi'n caru neb yn y byd yn fwy nag Akshay. Yn ei golwg hi, roedd ei theulu yn ymgorfforiad o ymgyrch hysbysebu Benetton, ac yn hyrwyddo amrywiaeth a chynrychiolaeth mewn cyfnod pan nad oedd neb arall yn gwneud hynny. Roedden ni ar flaen y gad, ac yn symud gyda moesoldeb yn hytrach nag yn ei erbyn. Daliodd ei phen yn gadarn uwchben y parapet hwnnw a phenderfynodd nad oedd hi bellach yn mynd i dderbyn pethau'n dawel. Dechreuodd ymfalchïo yn hytrach na chywilyddio am yr hyn oedd ei theulu wedi dod i'w gynrychioli.

Dros y blynyddoedd, roedd gan ambell un ddiddordeb mewn priodi Mam, ond doedd ganddi hi ddim diddordeb mewn unrhyw fath o ramant iddi hi ei hun. Mewn cymunedau Hindŵaidd cul, dydy gwragedd gweddw ddim yn cael ailbriodi. Roedd fy nhad yn ddyn rhyddfrydol, serch hynny, a ddywedodd neb nad oedd hi'n cael gwneud y dewis hwnnw. Ond i Mam, doedd dim amheuaeth na fyddai hi'n symud ymlaen byth, boed hynny oherwydd agweddau diwylliannol cudd neu oherwydd dyfnder ei theimladau tuag at fy nhad. Treuliodd Mam fwy o'i bywyd fel gwraig weddw nag fel menyw briod, ond ei rôl fel gwraig fy nhad oedd yr un y byddai hi bob amser yn uniaethu â hi. Roedd hi'n gweld ei hun fel mam, fel nain, fel gweddw fy nhad, ac yn ei golwg hi, roedd eu stori garu yn un fyddai'n para am byth.

Does dim dwywaith ei bod hi'n bendant yn unig ar brydiau, ac roedd celcio pethau o'r neilltu i wneud iddi deimlo'n ddiogel yn sicr yn arwydd o hynny. Ond anaml iawn y byddai ei haelwyd yn wag. Adawodd Raja mo'r cartref nes iddo fod yn 30 oed, pan briododd, wedyn daeth Akshay ag asbri newydd i fywyd Mam. Byddai plant Hema i gyd yn byw gyda hi ar wahanol adegau wrth iddyn nhw orffen eu haddysg yn y Deyrnas Unedig, felly roedd ei hwyrion yn ei chadw'n brysur. Roedd hi hefyd yn teithio i bob man gydag Akshay. Buon nhw'n gweld ei hen ffrindiau ysgol yn America a buon nhw yn India gyda'i gilydd ar gyfer mwy o briodasau teuluol (ond hebdda i i ddifetha pob dim y tro yma). Gydag Aki, trodd dyletswydd yn gariad. Ond gyda fi, roedd dyletswydd yn parhau'n ddyletswydd. Roeddwn i wedi troi'r drol ac roeddwn i'n ferch. Allwn i ddim fod wedi disgwyl iddi faddau i fi.

Roedd y math o waith roeddwn i'n gorfod ei wneud, a gweithio ym myd y celfyddydau yn gyffredinol, yn anodd wrth fagu plentyn ar yr un pryd, ond oherwydd bod yr esgid fach yn gwasgu, allwn i ddim fforddio gwrthod unrhyw gynnig. Penderfynais drio gwneud ymarfer dysgu, a fyddai'n golygu y gallwn fod yn athro iaith. Petawn i'n gallu sicrhau rhywfaint o annibyniaeth oddi wrth fy nheulu a sefydlu trefn reolaidd, heb orfod dibynnu ar fy mam, teimlwn y byddai hynny'n well i bawb. Tan hynny, byddwn i oddi cartre yn gweithio ar ddrama, coreograffi neu'n addysgu mewn rhan arall o'r wlad am wythnos neu ddwy a byddai Akshay gyda Mam tan y penwythnos, pan fyddwn i'n ôl. Byddai'n mynd ag o i'r feithrinfa pan oedd yn hŷn ac yn gwneud yr holl bethau y dylwn i fod yn eu gwneud yn ystod yr wythnosau pan oeddwn oddi cartref. Yna byddwn i gartref ac roedd gyda fi eto. Roeddwn i'n teimlo'n hynod ddiolchgar i Mam am bopeth roedd hi'n ei wneud, ond roeddwn i hefyd yn teimlo yn ei dyled. Roeddwn i hefyd yn teimlo bod fy mrawd a fy chwiorydd yn fy meirniadu'n gyson am bwyso cymaint ar Mam, er ei bod hi'n dweud ei bod hi'n gweld eisiau Akshay pan nad oedd o gyda hi. Ond roeddwn i eisiau cyflwyno cysondeb i'n bywydau, drwy drio cael gwared ar beth o'r pwysau oddi ar Mam a'r 'cywilydd' oddi arna i.

Ychydig cyn pen blwydd Akshay yn dair oed, ces i alwad ffôn gan dîm Victoria Wood yn sôn am gomedi sefyllfa newydd roedden nhw'n gweithio arni o'r enw *dinnerladies*. Ffoniodd fy asiant yr un diwrnod â'r clyweliad i ddweud fy mod i wedi cael y rhan. Collais i'r trên adref, ond ar ôl llwyddo i ddal un diweddarach, ffoniais i Mam i ddweud, 'Dwi'n meddwl bod ein bywydau ni'n mynd i newid yn llwyr'. Dywedodd, **'Dwi wir yn gobeithio hynny, cariad.'** A dyna sut, mewn chwinciad chwannen, y newidiodd fy mywyd bron dros nos.

Dyma fyddai'r tro cyntaf yn fy ngyrfa i fi weithio ar y teledu fel perfformwraig. Nid yn unig hynny, ond gyda fy arwres ym myd comedi, Victoria Wood, a'r BBC. Os nad ydych chi'n arfer gweld eich hun yn cael eich cynrychioli mewn rhyw gyfrwng, rydych chi'n dechrau meddwl nad ydy'r cyfrwng yna ar gael i chi. Mae'n gweithio ar lefel isymwybodol. Ar ôl ysgrifennu cymaint o lythyrau at gwmnïau cynhyrchu a mynd i glyweliadau ar gyfer rhaglenni teledu heb unrhyw lwyddiant, roeddwn i wedi dechrau amau o ddifri a fyddwn i'n gallu datblygu fy ngyrfa. Dyna reswm arall dros wneud cais i fod yn athro iaith. Roedd rolau theatr yn arbenigol. Oedden, roedden ni'n creu ein gwaith ein hunain ac roeddwn i'n dawnsio, yn addysgu, yn ysgrifennu ac yn trefnu dawns, ond doedden ni byth yn cael ein cydnabod fel perfformwyr 'prif ffrwd'. Nac yn wir yn cael ein dathlu gan y 'brif ffrwd'. Roedd ein cadw ni yn y blwch bach hwnnw yn well (wyddoch chi, y rhai sy'n cael eu ticio ar ffurflenni cyfle cyfartal yn y theatr, i nodi eu hymrwymiad i amrywiaeth, nid o reidrwydd er ein lles ni neu i wella cynrychiolaeth).

Roeddwn i wrth fy modd yn cael y rhan ar *dinnerladies*. Fel mae'n digwydd, roedd Judy Hayfield, cyfarwyddwr castio *Coronation Street*, wedi cyfarfod â fi rai misoedd cyn hynny, am glyweliad i chwarae cariad Mike Baldwin. Wnes i ddim cael y rhan oherwydd fy mod i'n edrych yn rhy ifanc, er fy mod i'n 31 oed ar y pryd. Mae'r hen air yn wir – mae croen Brown yn gwneud i chi edrych yn iau. 'Brown don't frown', wyddoch chi. Ond roedd Judy wedi dweud na fyddai'n fy anghofio i, a chadwodd at ei gair. Yn ddiarwybod i fi, roedd Victoria wedi bod yn holi yn Granada am ferch o dras Indiaidd a allai bortreadu rhywun 23 oed gydag acen Swydd Gaerhirfryn feddal, ac roedd Judy wedi fy rhoi i ar frig y rhestr honno. Pan wnes i gyfarfod â Vic o'r diwedd, wel, roedden ni'n cyd-dynnu'n wych. Dwi'n mynd i'w galw hi'n Vic, gan mai dyna sut y cyflwynodd ei hun i fi ar y diwrnod cyntaf o ffilmio, wrth wneud paned i fi.

Yn islawr hen stiwdios Granada roedd y clyweliad, â'i waliau plaen a phibellau gwresogi amlwg. Roedd gweld Vic yn eistedd yno, fel pe bai hyn yn sefyllfa gwbl arferol, yn swreal. Edrychai'n swil ond yn eithaf stoïcaidd, ond roedd rhyw agosatrwydd amlwg amdani. Roedd rhywbeth amdani a oedd yn gyfarwydd i fi. Rhywbeth dwi'n ei wneud hefyd, i oresgyn y teimladau chwithig. Edrychodd drwy fy CV yn chwilio am waith teledu, a methu gweld dim byd, ond cyfeiriodd at fy nghefndir academaidd, a gweld hynny'n ddigon doniol. Yna roedden ni i gyd yn chwerthin wrth i fi gyfaddef, ar ôl darllen y sgript wych ei saernïaeth roeddwn wedi'i chael ymlaen llaw, nad oeddwn i'n gwybod i ddechrau beth oedd 'lilo'. Felly chwaraeais i gyda'r sgript i adlewyrchu fy anwybodaeth er mwyn dod o hyd i graidd cymeriad Anita (y jôc oedd nad oedd Anita yn gwybod beth oedd dildo). Beth bynnag, ces i'r rhan ar ôl i Vic ddweud y byddai hi wir yn mwynhau fy ngwneud i, menyw glyfar iawn, yn dwp.

Roeddwn i'n gweithio gyda menywod dyfeisgar, enwog a doniol gyda gyrfaoedd disglair. Roedd y sioe yn her anhygoel i fi, ac yn torri tir newydd ym myd comedi ar deledu. Y tu allan i swigen ddiogel comedi benywaidd stand-yp, sgetsys a deuawdau doniol, roedd hon yn gyfres gomedi sefyllfa am fywydau cast o fenywod yn bennaf: *dinnerladies* nid *dinnergentlemen*.

Newidiodd y gyfres fy mywyd. Roedd y cyfle mawr wedi cyrraedd yn hwyr, a minnau yn fy nhridegau, ac ers hynny, dwi wedi cael llu o gyfleoedd gwahanol. Dwi wedi manteisio ar rai ohonyn nhw, ond mae wedi bod yn anodd cael gwared ar label 'hyfryd ond twp' Anita ar adegau. (Weithiau, dwi'n meddwl nad yw cyfarwyddwyr castio yn cydnabod ei bod hi'n bosib y gall rhywun â chroen Brown actio.) Roedd Vic wastad yn ymladd o fy mhlaid i, os oedd rhan yn codi a minnau'n iawn ar ei chyfer. Dwi wir yn gweld colli clywed ei llais, er bod ei hathrylith yn fyw o hyd.

Roedd Mam yn ffan o operâu sebon, a dweud y lleiaf. Roedd ganddi obsesiwn â nhw, roedden nhw'n rhan o'i bywyd bob dydd. Weithiau, byddai dwy set deledu ymlaen ar yr un pryd ganddi, rhag ofn iddi golli rhywbeth. Roedd hi'n eu gwylio nhw i gyd: *Emmerdale*, *Coronation Street*, *Eastenders*, operâu sebon yn ystod y dydd, operâu sebon min nos, operâu sebon canol dydd, operâu sebon o'r de, operâu sebon o'r gogledd, operâu sebon o Awstralia. Ond *Coronation Street* oedd ei ffefryn hi erioed. Pan ddaeth hi i Oldham am y tro cyntaf, roedden nhw wedi rhentu teledu ac roedd Dad wedi gofyn iddi wylio *Coronation Street* er mwyn ei helpu i ddeall sut le oedd gogledd Lloegr. Roedd eisiau iddi ddysgu'r dafodiaith leol a deall yr hiwmor a'r ffordd o fyw. Roedd hyn yn ôl pan oedd Coronation Street newydd ddechrau – cwta chwech neu saith mis roedd y gyfres wedi bod ar y sgrin. Roedd hi'n fam ifanc ac o deulu eithaf crand, lle roedden nhw'n siarad Saesneg ffansi iawn. **'Saesneg y Frenhines'**, fel y byddai hi'n ei ddweud. Wedi'r cyfan, roedd hi'n blentyn i'r Ymerodraeth Brydeinig, lle roedd dysgu'r iaith yn ofynnol. Wel, roedd Oldham yn wahanol, ac roedd Dad yn meddwl bod angen iddi wybod sut roedd pobl gogledd Lloegr yn siarad ac yn ymddwyn er mwyn cynefino'n well.

O'r eiliad honno, gwyliodd bob pennod o *Coronation Street* a dyna sut y dysgodd hi sut roedd pobl yn siarad ac yn adrodd eu straeon, ac arddull bathos a phathos comedi gynhenid bywyd Saeson gogledd Lloegr. Daeth i werthfawrogi natur led-ddoniol ymddygiad ymosodol goddefol a nodweddion cynnil diwylliant gogledd Lloegr, gan ymgyfarwyddo â bywyd melys-chwerw y bobl a oedd yn byw yma. 'Rwyt ti'n gwneud yn dda, Asha, ag ystyried dy fod ti wedi dod yr holl ffordd o India. Wwww, mae dy Saesneg di'n dda, ydy wir.' Erbyn yr adeg benodol honno yn ei bywyd, roedd hi'n gwybod yn union beth roedden nhw'n ei feddwl.

Yn 2001, ar ôl i ail gyfres *dinnerladies* ddod i ben, ces i ran ar *Coronation Street* ac roeddwn i'n gallu symud allan o fy nhŷ cymdeithasol. Dyma drobwynt yn fy mherthynas i â Mam, ac nid dim ond am ei bod hi'n gymaint o ffan ac yn byw er mwyn Corrie. Mewn dim o dro, newidiodd y stori o bawb yn lladd arna i oherwydd y tor priodas a'r babi 'croen tywyll' anghyfreithlon, i Mam yn dweud, **'Wel, maen nhw i gyd yn fy ffonio i rŵan achos rwyt ti ar y teledu'**, efo gwên smala. Roedd hi'n gwybod yn union beth oedd yn digwydd. Roedd hi wedi ymdrybaeddu yn fy nghywilydd am gymaint o flynyddoedd, ac roedd yn dipyn o newid byd iddi allu ymhyfrydu mewn balchder bellach. Yn amlwg, doeddwn i ddim yn cael maddeuant, ond roedd yn bendant yn gam cadarnhaol i'n perthynas ni'n dwy, perthynas a oedd wedi bod yn ddigon anodd cyn hynny. Diolch i *Coronation Street*, gallwn hefyd fagu Akshay mewn un lle. Roedd yr euogrwydd o beidio â bod yno ar ei gyfer yn llethol, yr euogrwydd a'r cywilydd o ddibynnu cymaint ar Mam – dechreuodd hynny i gyd bylu.

Roedd Mam a fi yn dal i ddadlau, yn enwedig am fy mherthnasoedd i. Roeddwn i wedi fy nal mewn sefyllfa ddinistriol iawn gyda dyn roeddwn i wedi cyfarfod ag o pan oeddwn i'n disgwyl Akshay, dyn a oedd yn fy ngham-drin. Ond ar ôl bron i ddeng mlynedd, llwyddais i ddianc, ac yn y pen draw, soniais i am hynny gyda Mam. Gwnes i fwrw fy mol iddi. A ninnau'n eistedd gyferbyn â'n gilydd wrth fwrdd cegin fy mhlentyndod, lle doeddwn i erioed wedi gallu bwyta fy mrecwast, roedd hi'n gwybod bod rhywbeth o'i le, bod rhywbeth ofnadwy yn bod arna i ers blynyddoedd. Felly gofynnodd i fi, a dywedais innau'r gwir wrthi.

Er fy mod i wedi cael cariadon 'cyhoeddus' eraill yn ystod y cyfnod hwnnw, roedd y dyn hwn bob amser yno yn y cefndir, bob amser yn barod gyda geiriau creulon neu fygythiadau corfforol, pa niwed bynnag roedd o eisiau ei achosi i fi. Pan wnes i gyffesu o'r diwedd beth oedd wedi bod yn digwydd, roedd Mam wedi dychryn yn arw, ond rhannodd gyfrinach â fi hefyd. Dywedodd rywbeth am ei bywyd, rhywbeth ofnadwy a oedd wedi digwydd iddi pan oedd hi'n blentyn a neb wedi'i chredu hi. Dywedodd ei bod wedi gweld adlewyrchiad o'i phrofiad hi yn fy mhrofiad i, ond wnaethon ni byth drafod y mater eto. Cadwais i gyfrinach Mam. A chadwodd hithau fy nghyfrinach i. Wnaethon ni ddim sôn am y naill na'r llall eto, roedden ni wedi dweud beth gafodd ei ddweud, a dalion ni ati i fod yn fam a merch.

Ond roedd newid yn ein perthynas ac roedden ni'n bendant wedi meithrin lefel newydd o ddealltwriaeth. Roedd yr atgofion cyffredin a gafodd eu rhannu gennym, a oedd yn guddiedig o'r byd oherwydd cywilydd ac ofn y bydden nhw'n cael eu datgelu, ofn gwrthodiad neu esgymuno, wedi plannu rhywbeth yn ein perthynas a barhaodd i dyfu am weddill ein blynyddoedd gyda'n gilydd. Gwnaethon ni ddysgu, waeth pa mor fawr, beichus neu dabŵ roedd ein cyfrinachau, y gallen ni ymddiried yn ein gilydd i ddal gafael ynddyn nhw a pheidio â barnu ein gilydd. Yn lle hynny, gallen ni gefnogi'n gilydd a meithrin nerth gwydn yn sgil ein cyfrinachau. Dinistriodd yr atgofion hyn, y straeon hyn, y cyfnod hwn, ein perthynas fel ag yr oedd hi a chaniatáu i ni ei hailadeiladu hi ar sylfaen fwy sicr, cryfach a mwy gonest. Cywilydd yn sgil cam-drin, o fod yn fenyw, o ddweud y gwir, o feddu ar ddyheadau, o chwalu ffiniau a bennwyd gan hynafiaid o'r gorffennol pell i'n gorfodi i gadw pethau'n gudd rhag y byd a rhag ein gilydd – dyma ddaeth yn gadarnle i ni.

Yr unig beth roeddwn i'n methu cael gwared arno oedd sut roedd fy newisiadau wedi effeithio ar Mam, ac roeddwn i'n dyheu am ffordd i ad-dalu fy nyled iddi am ei chefnogaeth pan oeddwn i ar fy isaf, ar fy ngwannaf ac ar fy mwyaf annerbyniol. Daeth hi o hyd i le i fi a fy mab. Roedd ei chariad hi'n drech na fy nghywilydd i.

PENNOD PUMP

Pwy rwyt ti'n ei galw'n 'racy lady'?

Roedd Asha Gulati yn rheoli wrth reddf.

Dydw i ddim yn golygu hynny mewn ffordd sarhaus, ond er mwyn deall Mam, mae angen i chi wybod bod ganddi ysfa lwyr a digyfaddawd i reoli pawb a phopeth, waeth pa mor fawr neu fach. Roedd hyn yn golygu, pryd bynnag y byddai'n synhwyro bod ei rheolaeth a'i phŵer yn pylu, y byddai'n datblygu rhyw fath o ymateb i'w hamddiffyn. Weithiau byddai hynny'n digwydd ar ffurf ffrae uniongyrchol, ond yn aml byddai'n ei amlygu ei hun mewn ffyrdd eraill, fel y bagiau ar fagiau o stwff a'r pentyrrau ar bentyrrau o bapurau a gronnodd yn y blynyddoedd ar ôl iddi golli ei gŵr, ac yn sgil hynny ei statws fel menyw briod o fewn y gymuned. Dechreuodd y mynyddoedd roedd hi'n eu codi rhyngddi hi a'r byd godi'n uwch ac yn uwch, gan symud yn nes ac yn nes at y nenfwd, a chan hawlio mwy a mwy o le rhyngddi hi a'r byd. Roedden nhw'n creu clawdd amddiffynnol a oedd yn ei chadw hi'n ddiogel ac yn cynnig sicrwydd. Roedden ni blant yn trio torri drwy'r muriau cynyddol hyn ac yn crefu arni:

'Beth am roi'r stwff yma mewn bocsys a chael trefn ar bopeth?'

'Efallai y byddai cael gwared ar ychydig o'r stwff yn ei gwneud hi'n haws i ti benderfynu beth i'w gadw? Neu o leia yn dy helpu i weld beth yw beth?'

Yn ei ffordd ddihafal ei hun, gwrthododd bob ymdrech yn daer. Wrth gwrs, roedd ei chelcio hi'n fanwl ac yn drefnus. Roedd yn torri'r ffenestri plastig a'r stribedi gludiog oddi ar amlenni, fel na fyddai plastig a glud yn halogi'r papur i'w ailgylchu. Roedd hen stampiau yn cael eu torri allan gydag ymyl 3mm o'u cwmpas, a'u casglu er budd elusen. Byddai'n torri hysbysebion o bapurau newydd yn daclus a'u hailgylchu, gan adael swmp y tudalennau. Roedd trefn a phroses i'r gwaith, ac roedd hi'n cadw llygad barcud i weld a oedden ni wedi ailgylchu ein hamlenni yn gywir. Roedd y rheolau caeth hyn, ei sylw cysetlyd wrth wahaniaethu rhwng pethau hanfodol a phethau a allai gael eu gwaredu, yn gwneud iddi deimlo bod ganddi fwy o reolaeth dros anhrefn ei bywyd ar ôl marwolaeth fy nhad.

Tybed a wnes i benderfynu yn fy isymwybod beidio â thalu sylw i'r arwyddion? Neu oedden nhw heb gael eu diffinio'n ddigon clir i fi fentro wynebu ei llid drwy fynd i'r afael â pham nad oedd pethau'n teimlo'n hollol iawn? Roedd Mam yn danllyd o annibynnol ac roedd hi'n reddfol ynysig mewn sawl ffordd. A dweud y gwir, byddwn i'n mynd mor bell â'i disgrifio hi fel yr un mwyaf hunangynhaliol i fi ei adnabod erioed. Roedd hi wedi gorfod bod mor eithriadol o alluog ar ôl iddi golli ei gŵr – roedd hi wedi gorfod dod o hyd i ffordd o gadw'r teulu gyda'i gilydd. Ers hynny, roedd hi bob amser wedi meddiannu ei gofod preifat ei hun, heb angen rhyw lawer o fewnbwn gan neb i'w chadw hi'n brysur a'i hysbryd yn gadarn. Roedd angen cyn lleied o'r byd a'r bobl o'i chwmpas arni hi, i'r graddau y gallech chi dreulio amser yn ei chwmni a theimlo nad oedd eich angen chi arni hi o gwbl.

Byddai'n eistedd yno yn gwisgo dwy gardigan M&S (o leiaf). Roedd Mam, fel ei ffrindiau i gyd, bob amser wedi meddwl y byd o ddillad label St Michael, y brand 'Seisnig' clasurol roedd pawb yn ei ddeisyfu (er mai'r ffoadur o Wlad Pwyl, Michael Marks, sefydlodd y cwmni yn 1884). Byddai'n eu gwisgo dros ei dillad llac ac yn eistedd ar erchwyn ei gwely, â'i chefn yn erbyn y rheiddiadur, yn grwgnach wrth iddi edrych drwy'r ffenest ar yr awyr lwyd, a dweud, '**Yr unig beth poeth am y wlad yma ydy'r mwstard.**' O'i chwmpas roedd croeseiriau anorffenedig, wedi'u torri'n daclus allan o'r papur, ei sbectol a chopi o *Roget's Thesaurus* o fewn cyrraedd. Ei hynys, yr un roedd hi'n byw arni ar ei phen ei hun, oedd ffynhonnell ei phŵer ac roedden ni blant wedi dod yn gyfarwydd â'r arwahanrwydd hwnnw.

Roedd Mam yn ymfalchïo yn ei chroeseiriau a'i harchifau papur, a'r casgliad mwyaf helaeth a manwl o'i heiddo yn ddi-os oedd y toriadau o'r wasg oedd yn cyfeirio ata i. Ers pan oeddwn i'n ddawnswraig ifanc ac wedi cael sylw yn y papurau lleol, roedd hi wedi torri allan a chadw pob pwt perthnasol. Wrth i fi ddechrau fy ngyrfa, cynyddodd y toriadau, a byddai pobl ar draws y gymuned yn anfon ati doriadau o unrhyw beth roedden nhw wedi'i weld – ambell ddarn yn dda, ambell ddarn ddim cystal – a chadwodd hi'r cyfan fel pe bai'n geidwad cofnodion fy mywyd. Cofleidiodd y dasg o gasglu gwybodaeth a threfnu stori Shobna Gulati gydag ymroddiad archifydd proffesiynol bron iawn.

Y peth mwyaf od oedd ei bod hi'n cadw'r cyfan o'r neilltu. Doedd gen i ddim syniad pa mor fawr roedd y llyfrgell bapur newydd hon oherwydd mai anaml y byddai'n sôn amdani, nac yn gwneud sylw am unrhyw beth a ysgrifennwyd amdana i. Yr eithriad oedd pan fyddai rhywun yn ymosod arna i – bryd hynny, byddai'n fy amddiffyn i'r carn. Dwi'n cofio i rywun anfon darn ati yn cyfeirio at sioe theatr roeddwn i ynddi, ar ddechrau fy ngyrfa broffesiynol. Llun ohona i yn *Moti Roti, Puttli Chunni*, yn dawnsio yn y glaw, fy ngwisg yn glynu wrth fy nghorff, gyda nodyn bach yn cyd-fynd â'r toriad yn nodi'n glir nad oedd yr anfonwr yn cymeradwyo. Dwi'n dal i allu gweld gwên smala Mam, gan wybod pa mor swil roeddwn i ynglŷn â fy nghorff. **'Cariad,** *if you've got it, flaunt it,*' meddai. Doedd hi ddim yn fodlon i neb y tu allan i'r teulu fynegi barn amdana i. Nid eu lle nhw oedd hynny. *Hi* oedd ceidwad y cofnodion a hi oedd yn cael dweud beth oedd yn dderbyniol.

Y tro cyntaf a'r olaf i Mam sôn am ei gwaith tawel ond ysol oedd pan wnes i ymddangos ar gloriau'r holl gylchgronau teledu ac operâu sebon. Roedd honno wedi bod yn frwydr go iawn – doedd y cylchgronau yma erioed wedi cael 'menyw o Dde Asia', nac unrhyw fenyw o liw a dweud y gwir, fel y prif lun ar eu cloriau o'r blaen. Wrth i stori ar ôl stori gael ei chyfyngu i'r isbenawdau, roeddwn i wedi rhoi fy nhroed i lawr gyda swyddfa'r wasg *Coronation Street* a dweud na fyddwn i'n rhoi mwy o gyfweliadau nes iddyn nhw fy rhoi i, Keith Duffy a Jimmi Harkishin (y ddau yn gariadon i fy nghymeriad, Sunita) ar y clawr.

Er mawr syndod i fi, pan gyrhaeddais i'r clawr blaen ymhen hir a hwyr, datgelodd Mam ei bod hi wedi mynd i siopa yn Asda ac wedi cyffroi i'r fath raddau nes iddi ruthro adref i nôl ei chamera Instamatic. Yna aeth yn ei hôl ar unwaith i'r archfarchnad i dynnu llun y silffoedd gyda fy wyneb i ar glawr pob cylchgrawn. Doedd hyn erioed wedi digwydd o'r blaen, ac fel ffeminist ddirgel, roedd Mam eisiau cofnodi a dathlu'r tro cyntaf i gloriau'r cylchgronau teledu â chynrychiolaeth ddiwylliannol ymddangos ar silffoedd yr archfarchnad. Roedd yn fuddugoliaeth ar bob math o lefel. Roeddwn i ar flaen y gad yn y chwyldro diwylliannol hwn ym myd cloriau'r cylchgronau teledu. Synnais ei chlywed hi'n cyfaddef – prin y gallwn i gredu iddi gyffroi cymaint am rywbeth i'w wneud hefo fi.

Ar ddechrau'r ganrif hon, roedd *Coronation Street* ar y brig – roedden ni weithiau'n cael dros 15 miliwn yn gwylio – ac fel un o'r sêr, roeddwn i'n destun sylw gan y papurau tabloid ar unwaith. Doedd hi ddim fel heddiw, pan mae ffrydio mor boblogaidd a chymaint o ddewis o ran beth i'w wylio. Bryd hynny, roedden ni yn ystafelloedd ffrynt pobl bron iawn bob nos ar yr un amser, ac roedd lefel agosatrwydd pobl atoch chi yn hynod ddwys, a hynny'n peri iddyn nhw fod eisiau gwybod popeth amdanoch chi.

Roedd hi'n debyg mai'r unig stori bwysig i'r wasg oedd fy mywyd carwriaethol ofnadwy oddi ar y sgrin. Roedd newyddiadurwyr wedi darganfod fy mod i wedi cael Akshay y tu allan i briodas. Yn ôl eu penawdau nhw, roeddwn i wedi cadw'r rhan honno o fy mywyd i'n gudd ac roedd y papurau tabloid wrth eu bodd yn datgelu'r sgerbwd yn fy nghwpwrdd. Erbyn hyn, roeddwn i'n enwog fel menyw a oedd wedi'i chywilyddio, ond doedd hynny ddim yn ddigon i'r papurau. Roedden nhw wedi cael gafael ar fy nghyn-ŵr, wedi tynnu lluniau ohono, ac yna dyfynnu 'ffynhonnell yn agos at y teulu' yn helaeth yn dweud llawer o bethau digon annymunol amdana i. Pwysleisiodd yr erthyglau hyn fy mod i'n briod pan wnes i feichiogi gyda dyn (dirgel) arall, a oedd yn wir, ond doedden nhw ddim yn sôn fy mod i'n amlwg iawn wedi gwahanu oddi wrth fy ngŵr ar y pryd.

Ar ôl darllen y pennawd am fy 'mhriodas gyfrinachol' honedig â fy ngŵr cyntaf, plygodd Mam y papur **'i ddod yn ôl ato rywbryd eto,'** gan ddweud, **'Wel, dwn i'm pam wyt ti wedi ypsetio cymaint, rwyt ti'n edrych yn eitha' da yn y llun.'** Roedd hi'n pwyso yn erbyn y rheiddiadur yn yr ystafell flaen, pentwr o bapurau o'i blaen, a thynnodd ei sbectol i ddatgelu bod y wên gyfarwydd ar ei gwefusau wedi cyrraedd ei llygaid hefyd. Y diwrnod ar ôl i Loegr ennill Cwpan Rygbi'r Byd oedd hi, ac roedd fy llun i gyferbyn â llun o Jonny Wilkinson yn gafael yng Nghwpan Webb Ellis. **'Dydy o ddim yn ddrwg i gyd, Shobna. Efallai y bydd o'n sylwi arnat ti'** – gan bwyntio at Jonny – **'gallai fod yn waeth.'**

Unwaith eto, gorfodwyd Mam i ddelio â galwadau ffôn gan y gymuned 'bryderus' o fodrybedd estynedig. 'Priododd Shobna yn dawel bach a wnest ti mo'n gwahodd ni, Asha?' medden nhw. Ar ôl i Mam esbonio mai'r unig dro i fi briodi oedd gyda fy nghyn-ŵr, a'u bod nhw yno, byddai yna saib byr o du'r modrybedd cyn iddyn nhw ddweud, 'O, y briodas honno,' cyn rhoi'r ffôn i lawr.

Bob yn ail wythnos, roedd o'n teimlo fel pe bai stori arall amdana i, straeon nad oeddwn i'n deall sut roedd y newyddiadurwyr wedi llwyddo i gael gafael arnyn nhw. Bues i'n mynd allan gydag actor ar opera sebon arall, *Emmerdale*, am bedair blynedd. Roedden ni'n cael ein dilyn, byddai lluniau ohonon ni yn cael eu tynnu byth a beunydd ac roedden ni'n destun dyfalu cyson. Pan ddaeth y berthynas honno i ben, byddai damcaniaethu am unrhyw ffrind neu gydnabod gwrywaidd oedd gen i.

Yn ddiweddarach yn fy nghyfnod ar *Coronation Street*, roeddwn i'n mynd allan gyda DJ adnabyddus o Fanceinion. Roedd y papurau fel pe baen nhw'n dod o hyd i bob manylyn amdanon ni, i ble roedden ni'n mynd, beth roedden ni'n ei wneud, dadleuon – nid dim ond y ffaith ein bod ni'n ffraeo, ond manylion penodol na fyddai neb ond y ni'n dau yn ymwybodol ohonyn nhw. Doedd y peth ddim yn gwneud unrhyw synnwyr.

Yn amlwg, roedd llawer iawn wedi digwydd yn fy mywyd, ac roedd llawer iawn o bethau roeddwn i heb eu prosesu'n iawn. Cafodd hynny effaith ar fy ymddygiad, a byddai wedi bod yn anodd i fi gynnal perthynas mewn unrhyw gyd-destun. Ond gyda'r straeon hyn yn ymddangos yn gyson, pethau y byddwn i wedi hoffi eu cadw rhag fy nheulu, heb sôn am y wlad gyfan, ac yn dod yn wybodaeth gyhoeddus, mi wnes i ei cholli hi. Doeddwn i ddim yn ymddiried yn fy nghariadon na fy ffrindiau. A doedden nhw ddim yn ymddiried ynof i, wrth i fi eu cyhuddo nhw o werthu straeon amdana i a nhw yn fy nghyhuddo i o wyntyllu ein bywyd personol o flaen y byd a'r betws. Byddai'n flynyddoedd wedyn cyn i fi sylweddoli bod y Trinity Mirror Group wedi hacio fy ffôn. Doedd neb wedi fy mradychu i, y cyfan roedd y newyddiadurwyr yn ei wneud oedd gwrando ar fy negeseuon llais a throsglwyddo fy ngeiriau i lenwi eu colofnau er 'budd' honedig y cyhoedd.

Roedd fy iechyd meddwl yn rhacs. Roeddwn i hefyd yn poeni am effaith hyn i gyd ar fy mab ifanc. Mewn tref fach, roedd fy enw da yn cael ei barddu fwy a mwy wrth i ni borthi'r felin glecs. Ar ôl wythnos hir ar y set, roeddwn i'n dechrau arswydo rhag cael galwad ffôn yn hwyr ar brynhawn Gwener gan swyddfa'r wasg *Coronation Street* wrth i'r tîm roi gwybod i'r actorion a oedd y papurau Sul yn cario stori am unrhyw un o aelodau'r cast. Os nad oeddech chi'n gallu gwadu'r erthygl yn llwyr, byddai'r papurau yn ei chyhoeddi heb boeni am unrhyw gelwyddau neu orliwio ychwanegol. Dyna sy'n gwerthu papurau, wedi'r cyfan. Byddwn i wedyn yn cael nosweithiau di-gwsg yn poeni am y penawdau, yr isbenawdau, beth byddai Mam yn ei weld, beth byddai fy mab ifanc yn ei feddwl, beth byddai fy nheulu, fy ffrindiau neu'r gymuned yn ei ddweud... byddai gan bawb ryw ymateb.

Os oeddwn i'n cael galwad o'r fath, byddwn i'n deffro cyn y wawr ar y dydd Sul ac yn rhuthro yn fy nghar i orsaf Victoria ym Manceinion i edrych ar y sypiau papur newydd, er mwyn i fi allu fy mharatoi fy hun drwy ddarllen y penawdau. Dyma'r unig beth roeddwn i'n gallu ei wneud: gwybod beth byddai pobl yn ei wybod ac yn meddwl amdana i yn ddiweddarach y diwrnod hwnnw.

Ond drwy hyn i gyd, wnaeth Mam ddim cyffroi o gwbl. Fyddai hi ddim yn ymateb i'r lluniau beiddgar lle byddwn i'n gwisgo nicer les neu ddillad isaf, a doedd y penawdau anllad ddim yn poeni rhyw lawer arni chwaith. **'Mwy o mirch i'r masala,'** oedd yr ymateb: mwy o tsili yn y gymysgedd sbeis. A thrwy'r amser, roedd hi'n cadw toriadau ar y slei, yn casglu a chelcio'r straeon a'r lluniau aflan hyn, i gadw golwg ar yr hyn roedd hi'n methu ei reoli. Weithiau, byddai'n gwneud i fy chwaer Sushma brynu copi ychwanegol o gylchgrawn neu bapur os oedd hi wedi colli rhyw hanesyn neu lun.

Os oedd fy ymddygiad fy hun yn destun cywilydd i mi, byddwn

i'n trio cuddio straeon oddi wrth Mam a gweddill y teulu. Doeddwn i ddim yn berffaith o bell ffordd, a doeddwn i ddim yn gwneud y dewisiadau gorau o ran creu cyhoeddusrwydd i fi fy hun bob tro. Ond beth bynnag oedd y cynnwys, byddai Mam yn casglu'r cyfan. Yno roeddwn i, wedi fy nghadw'n ddigon taclus ymhlith erthyglau a ffotograffau o'r Frenhines, Audrey Hepburn, David Beckham, Posh Spice a'u teulu cynyddol, a'r Fonesig Diana hefyd, a oedd yn dal i gael sylw yn y wasg flynyddoedd ar ôl ei marwolaeth. Roedd Mam yn eu caru nhw i gyd, **'eneidiau hoff cytûn'** y byddai'n eu galw nhw, **'heblaw'r Camilla 'na.'**

Roedd awydd Mam i gadw gafael tyn ar awenau fy mywyd weithiau'n tanseilio ein perthynas, er fy mod i erbyn hyn, wrth gwrs, wedi ystyried faint ohono oedd yn gynhenid i'w phersonoliaeth a faint oedd yn arwydd o feddwl a oedd eisoes yn dechrau diffygio. Un o'r pethau mwyaf creulon y byddai'n ei wneud oedd fy mychanu i o flaen y teulu ehangach. Dwi'n cofio un gwyliau yng Nghanada pan es i, fy mam a fy mab, a oedd bellach yn ei arddegau, i briodas deuluol arall. **'Beth mae hi'n ei wybod?'** oedd pob dim. Dydw i ddim yn siŵr ai trio gwneud yn glir i bawb arall ei bod hi'n dal i fy nghosbi i am fy nghamweddau roedd hi, neu a oedd hi'n dal dig, ond roedd hyn yn anhygoel o letchwith ac yn amlwg yn dân ar fy nghroen i.

Bues i'n ystyried a oedd hi eisiau fy atgoffa mai hi oedd y fatriarch, gan fynnu ei goruchafiaeth a'i rheolaeth drosta i wrth i lwyddiant fy ngyrfa ddod yn fwy sefydlog. Fydden ni byth yn gallu bod yn ddwy fenyw gyfartal – byddai hi'n fam i fi uwchlaw pob dim. Roeddwn i bellach yng nghanol fy mhedwardegau, gyda gyrfa lewyrchus, felly roedd hi'n anodd iddi gysoni hynny â'r hen Shobna a oedd wedi dwyn gwarth ar ei theulu. Ar ôl yr ymosodiadau geiriol hyn, byddwn i'n mynd i chwilio am gornel dawel ac yn crio. Cywilydd am yr holl flynyddoedd yn ôl oedd yn pigo, ond hefyd y cywilydd a'r loes newydd wrth i'r geiriau ddod allan o geg fy mam.

Ar ddiwedd 2011, aeth Mam a minnau ar daith i India. Roedd yn gyfle i'w sbwylio hi go iawn, gan fod gen i ychydig bach o arian sbâr ers i fi fod yn gweithio'n gyson, ac roeddwn i rhwng dwy swydd a oedd yn talu'n dda. Dim ond ni'n dwy, weithiau'n rhannu gwely gan ein bod ni'n aros gyda pherthnasau. Cawson ni gyfnodau gwych ar y daith honno. Wrth hedfan i Mumbai a chlywed y cyhoeddiad i gau ein gwregysau diogelwch cyn i ni lanio, roedd Mam wedi cyffrôi i'r fath raddau nes iddi ddechrau canu, **'Aye dil hai mushkil, jeena yahan, zara hat ke, zara bach ke, yeh hai Bombay meri jaan.'** Ystyr hynny'n fras yw, 'O fy nghalon, mae bywyd yn frwydr, bydd effro, bydd ymwybodol, dyma Bombay, fy nghariad'. Yna dyma hi'n dynwared actor o'r ffilm *C.I.D.* (1956), **'Aha ha ho hoo hee aa hmm hmm'**, gan ysgwyd ei phen fel arwres Bollywood go iawn, yna morio chwerthin yn dawel wrth feddwl am ei chanu amhersain. Gyda gwên enfawr ar ei hwyneb wrth edrych allan drwy'r ffenest ar 'ddinas y breuddwydion' drwy'r tarth, roedd hi wrth ei bodd yn dychwelyd i fro ei mebyd a'r man lle syrthiodd mewn cariad.

Ar gymal arall o'n taith, yn Gurgaon, dwi'n cofio gwneud iddi chwerthin lond ei bol gyda jôcs o dan y *razai* (blanced gwiltiog draddodiadol) yn cyfeirio at olwg mor flêr oedd arna i weithiau. Roedd Mam yn ymfalchïo yn ei gwallt perffaith, gyda phob blewyn yn ei le, felly byddai'n gwisgo hen *salwar kameez* yn y gwely. Roedd gwisgo hwn hefyd yn golygu nad oedd ei chroen yn y golwg i fosgitos wledda arno, ac roedd yn ei chadw'n glyd os oedd y peiriant aerdymheru ar waith. Bydden ni'n chwerthin, a minnau'n tynnu lluniau ohoni a'i phen wedi'i lapio yn y *dupatta* (sgarff) i gadw ei gwallt yn 'llyfn'. Dros frecwast, byddai'r un sgarff yn cael ei defnyddio i 'guddio ei gwyleidd-dra', a hynny'n raslon a syber bob tro.

Ond roedd ambell adeg erchyll hefyd. Roedd llawer ohonyn nhw'n ymwneud â gwneud cynlluniau. Byddai'n rhaid i Mam ddweud ei dweud am bob cymal o'r daith. Os oeddwn i'n meiddio mynegi barn, byddai hi'n dweud, **'Beth sydd ganddi hi i'w ddweud?'**

fel taswn i'n mynd i darfu ar beth bynnag roedden ni'n ei gynllunio neu drafod. Bron nad oedd yn teimlo fel pe bai hi wedi anghofio fy mod i'n oedolyn a'n bod ni wedi pasio'r math yna o ddeinameg yn ein perthynas.

Un noson, roeddwn i wedi mynd allan am baned hwyr o goffi ym Mumbai gyda gwraig fy nghefnder, ddim ond er mwyn dianc o'r fflat a chael ychydig o amser i ni'n hunain oddi wrth ein rhieni. Pan ddaethon ni'n ôl toc cyn hanner nos, roedd y lle'n ferw gwyllt. Roedd Mam yn cerdded i fyny ac i lawr, a fy ewythr (brawd Dad) yn cerdded yn ôl ac ymlaen. Pawb yn gwgu. **'Yr holl amser yma yn yfed coffi? Pam mynd allan am goffi pan allwch chi wneud paned fan hyn?'** Roedden nhw wedi bod yn poeni'n lân ein bod ni wedi cael ein dal wrth i ryw ddathliad crefyddol neu'i gilydd droi'n chwerw. Y cyfan oedd ar fy meddwl i oedd, dwi bron yn 50... ac yn ferch fawr!

Un noson ar yr un daith, sylwais ar farc llosgi ar gefn Mam. Anaml iawn y byddwn i'n ei gweld hi mewn dillad heb lewys, na gweld fawr ddim o'i chroen. Petaen ni heb fod yn rhannu ystafell, fyddwn i byth wedi'i weld o. Gofynnais i beth ddigwyddodd a dywedodd ei bod wedi eistedd o flaen y rheiddiadur yn trio cynhesu ac nad oedd wedi sylwi ei bod hi'n llosgi. Roedd hynny'n dipyn o bryder i mi. Does bosib na fyddai dim byd ar y teledu yn ddigon diddorol i fethu â sylwi bod y rheiddiadur yn llosgi eich cefn? Ond roedd popeth arall yn ymddangos yn hollol normal, felly mi wnes i ei ddiystyru gan feddwl ei fod yn ddigwyddiad unigol. Wnaethon ni ddim mynd ar ôl y peth, dim ond ei dderbyn fel un o'r pethau yna, a rhwbiais ychydig o eli ar y briw i'w helpu i wella.

Canlyniad y daith honno oedd teimlad bod bron yr holl gynnydd roedden ni wedi'i wneud gyda'n perthynas dros yr holl flynyddoedd wedi cymryd camau breision am yn ôl. Roedd fel pe baen ni wedi troi'r cloc yn ôl, ac roedd yr holl ddicter a'r drwgdeimlad a oedd ganddi hi tuag ata i ddegawd ynghynt wedi dychwelyd, cyn gryfed ag erioed. Roedd yn union fel pe bai'r blynyddoedd ers hynny heb ddigwydd, fel pe baen nhw wedi'u dileu o'i chof. Beth gallwn i ei ddweud? Roedd fy newisiadau i wedi cael canlyniadau enfawr ar fywyd Mam, a doedd dim modd i fi newid hynny.

Daeth y gwrthdaro i benllanw ar ôl i ni gyrraedd adref. Un noson, es i â Mam allan i noson agoriadol bwyty newydd: Asha's. Roedd hwn yn eiddo i'r gantores Bollywood enwog, a rhywun oedd yn rhannu enw â Mam: Asha Bhosle. Roedd y seren ei hun yn mynd i fod yno, felly roeddwn i wedi mynd â Mam i gael gwneud ei gwallt a'i hewinedd, rhywbeth roeddwn i wastad yn mwynhau ei wneud yn ei chwmni. Roedd y bwyd yn wych, ac roedd Mam wrth ei bodd. Cafodd dynnu ei llun a chael llofnod Asha. Y bwriad oedd mynd â hi adref cyn mynd 'nôl allan i'r dref i gyfarfod â ffrindiau mewn bar jazz. Erbyn hyn, roedd Mam yn methu symud yn rhy dda, ac roedd y grisiau niferus i lawr i'r bar dan sylw yn golygu nad fyddai'n ymarferol iddi ddod gyda fi. Doedd o ddim yn gynllun anarferol o gwbl, nac yn rhywbeth y byddai Mam erioed wedi'i gwestiynu. Ond yn gwbl ddirybudd, collodd ei limpyn yn llwyr. Roeddwn i erioed wedi'i gweld hi wedi'i gwylltio gymaint, a daliodd ei gafael ar ei chynddaredd am wythnosau wedyn. Gwrthododd siarad â fi ar y ffôn, doedd hi ddim eisiau fy ngweld i. Doedd hi ddim yn fodlon dweud beth wnes i o'i le. Roeddwn i y tu hwnt i bob cysur.

Roedd ei dicter yn fy atgoffa, o'r eiliad y ces i fy ngeni, ei bod hi yn flin tuag ata i am nad oeddwn i'r hyn roedd hi wedi'i obeithio amdano. Roeddwn i wedi dysgu goddef hyn. Ond y tro hwn, roedd yn ymddangos mor eithafol a di-alw-amdano. Beth gallwn i fod wedi'i wneud i achosi'r fath ofid iddi? Ai oherwydd fy mod i'n mynd allan i fwynhau fy hun? Oedd hi'n ddig oherwydd fy mod i'n mynd i gwrdd â ffrindiau? Agwedd fy mrawd a fy chwiorydd oedd, 'Beth wyt ti wedi'i wneud y tro hwn?' ond wyddwn i ddim beth i'w ddweud wrthyn nhw. Iddyn nhw, doedd hyn yn ddim byd anghyffredin oherwydd ein dadleuon ni yn y gorffennol. Ond gan fod ei hymateb mor elyniaethus, a ninnau wedi bod yn cael amser mor braf i bob golwg, roedd fy mhen i'n troi.

Dyma ni, yn ôl i India eto.

Yn ôl i'r adeg pan oeddwn i'n feichiog.

Yn ôl i fod yn wraig wedi'i hysgaru.

Yn ôl i fod yn esgymun.

Yn ôl i fod yn blentyn.

Yn ôl i fod yn 'Little Miss Controversy'.

Yn ôl i'r holl adegau ofnadwy a oedd yn perthyn i'r gorffennol, yn fy nhyb i.

Ac yn sydyn, meddyliais, ydy hi'n fy nghasáu i? Ydy hi'n fy nghasáu i ers i fi gael fy ngeni?

Oedd hi'n dal yn fy nghasáu i oherwydd nad oeddwn i'n fachgen, neu am fy mod i'n cyd-dynnu mor dda â Dad? Oedd o'n fwy na'r ffaith fy mod i wedi geni plentyn dyn oedd ddim yn ŵr i fi?

Roeddwn i'n methu dod o hyd i'r atebion, ac roedd fy meddyliau ar chwâl. Mi wnes i ystyried ei hymddygiad hi a phalu drwy fy atgofion i drio deall yr union foment roedd hi wedi troi yn fy erbyn i.

Ces i fy ngharïo i lefydd yn fy nghof a oedd wedi mynd yn angof, 'nôl i gyfnod pan oeddwn i'n blentyn a Mam a Dad yn bendant bod angen i fi weld 'rhywun' am fod rhywbeth 'yn bod' arna i – roeddwn i'n rhy 'anarferol'; doeddwn i ddim yn cydymffurfio. Daeth y cymorth ar ffurf arbenigwr seicoleg plant, un o'r 'yncls'. (Dwi'n cofio meddwl ei bod hi'n beth od bod Yncl yn arbenigwr ar blant ac yntau heb blant. Ond gwae fi pe bawn i wedi rhannu'r farn honno.) Roedd Mam a Dad wedi bod yn trafod eu damcaniaeth am 'syndrom y trydydd plentyn' ac yna wedi fy ngyrru ato am sgwrs.

Dyma oedd ei gasgliad: 'Mae Shobna yn gweld colli sylw gan ei rhieni, ei thad yn arbennig – mae hyn yn achosi poen bol seicosomatig iddi' (ond roeddwn i wedi cael diagnosis o glefyd coeliag pan oeddwn i'n oedolyn, ac yn sydyn roedd y cyfan yn gwneud synnwyr). 'Mae hyn yn gwneud iddi dynnu'n groes. Mae'n amlwg ei bod hi'n teimlo bod ei brawd wedi'i disodli a dyma'i ffordd hi o ddangos hynny i chi.' Wyddwn i ddim a oedd hynny'n wir; y cyfan wyddwn i oedd fy mod i'n cael poen bol weithiau ac roeddwn i'n cael trafferth bwyta. Byddwn i'n cuddio neu'n storio bwyd ac yna'n cael fy ngheryddu gan Mam am beidio â bwyta.

Roedd ei dicter hi mor danbaid ar ôl y noson honno yn y bwyty. Dwi'n cofio credu'n glir nad oedd Mam yn hoffi'r person roeddwn i – a doeddwn i ddim yn dychmygu hyn, roedd hi'n dweud hyn wrtha i'n aml. Roeddwn i'n meddwl am y diffyg canmol i unrhyw beth y byddwn i'n ei gyflawni, hyd yn oed pan oedd yn ei phlesio, a'r ffyrdd y byddai hi bob amser yn fy nghymharu i'n anffafriol â merched eraill, boed hynny wrth nofio neu ddawnsio, neu ddim ond ymhlith merched yn fy nghymuned. Fy nghorff, fy nhrwyn, fy wyneb, fy nisgyblaeth, fy ngraddau, fy ymddygiad. Roedd y cyfan yn siom iddi hi.

O gilfachau fy atgofion cynharaf daeth hanesion a oedd wedi'u hanghofio'n bwrpasol. Mam yn dweud wrtha i nad oeddwn i'n haeddu cael pethau neis oherwydd nad oedd hi'n gallu ymddiried ynof i. Doeddwn i ddim yn cadw pethau fel roedd hi am i fi wneud. Fi oedd y ffŵl, merch y dylluan, yn anghyfrifol, yn benchwiban, yn flêr, ddim yn malio botwm corn. Os oeddwn i'n cael marc isel am fy ngwaith cartref, roedd hynny am fy mod i'n ddifeddwl. Os nad oeddwn i'n nofio'n dda yn fy ngwersi, roedd hynny oherwydd nad oeddwn i'n talu sylw. Os oeddwn i wedi gadael fy mocs Tupperware yn rhywle, neu'n methu dod o hyd i'r 'bocs cinio' o hen dwb hufen iâ, roedd hynny oherwydd fy mod i'n ddiofal. Roedd yn union fel pe bai hi'n cadw cofnod, rhestr o farciau du yn fy erbyn, pob cam gwag neu gamgymeriad a oedd yn profi dro ar ôl tro sut roeddwn i wedi'i siomi fel merch. Pan oeddech chi'n cyferbynnu fy mhrofiadau i â phrofiadau fy mrawd, gyda phob anadl yn haeddu cymeradwyaeth, roedd ei chariad tuag ata i yn teimlo'n beth prin iawn.

Daeth atgof arall i'r fei, o Mam yn esbonio bod fy ewythr wedi edrych ar fy horosgop yn India a chanfod mai fy nhynged oedd bod yn anlwcus. Roedd yn union fel pe bai holl siom fy mam ynof wedi tyrchu mor ddwfn i fy ymwybyddiaeth i, daeth yn rhan o fy DNA. Doedd dim modd iddo newid. Roeddwn i heb sylwi cymaint roedd hynny wedi ymwreiddio yn ein perthynas, ond doedd y dicter newydd yma ddim yn 'newydd' o gwbl, ond hen ddicter roedd Mam wedi'i deimlo tuag ata i gydol fy oes. Fyddai o byth yn diflannu a doedd o byth yn mynd i gael ei ddatrys na'i faddau. Roedd wedi bod yn gysgod cyson dros ein perthynas ers i fi ddod i'r byd.

Roeddwn innau hefyd wedi troi tua'r gorffennol er mwyn trio gwneud synnwyr o fy mam.

O hydref 2009 ymlaen, er ein bod ni'n mynd i ymweld â Mam gartref, doedd neb byth yn aros dros nos, nac yn treulio unrhyw amser estynedig yn ei chwmni. Roedd ei holl blant a'i hwyrion wedi gadael y nyth, a doedd neb yn cadw golwg fanwl arni hi, felly roedd yn haws i Mam gadw ei chyfrinachau a chuddio cryn dipyn oddi wrthon ni. Yr unig eithriad oedd pan oedd hi wedi bod mewn iechyd corfforol gwael. Roedd Mam wedi cael trawiad ar y galon yng nghanol ei phedwardegau, cyn i fy nhad farw, ac wedi cael diagnosis o gyflwr gorlenwad y galon yn ddiweddarach. Yn 2003 cafodd lawdriniaeth ar y galon, ac yna yn 2014 cafodd ddiagnosis o ganser y coluddyn.

Am beth amser cyn ei diagnosis o ganser, roedd Mam yn gwybod bod rhywbeth o'i le, ond soniodd hi'r un gair am y peth. Roedd gwaed yn ei charthion, ond roedd ei meddyg teulu wedi gofyn a oedd hi erioed wedi dioddef o glwy'r marchogion. Dywedodd Mam nad oedd hi, er ei bod wedi cael pedwar o blant. Roedden ni i gyd wedi sylwi ei bod hi ychydig yn deneuach, ond feddyliodd neb fod dim byd mawr o'i le, yn enwedig gan mai dim ond coginio iddi hi'i hun roedd hi bellach. Beth bynnag, roedden ni wedi cael gwybod y byddai'n gwneud lles iddi gario llai o bwysau, gan fod hynny'n golygu llai o straen ar ei chalon.

A hithau'n rhwystredig oherwydd ymateb ei meddyg teulu,

anfonodd Mam sampl i gael rhagor o brofion, a ddangosodd fod ganddi diwmor yn ei cholon. Cafodd ei llorio gan y diagnosis – hyn ar ben y llawdriniaeth ar ei chalon. Ond roedd gwaeth i ddod. Un noson, roedd hi i fod i ddod i theatr y Royal Exchange ym Manceinion gyda fy mrawd i fy ngweld i'n perfformio mewn cyfres o ddramâu byrion. Yn lle hynny, ces i alwad ffôn ofidus gan Raj, a oedd yn sownd mewn traffig ar draffordd yr M60. Roedd Mam wedi'i ffonio i ddweud bod rhywbeth mawr o'i le arni a bod poen wedi dechrau yn ei choes.

Diolch byth, cyrhaeddodd Raj ati mewn pryd. Roedd Mam wedi gwneud popeth o fewn ei gallu i reoli ei sefyllfa, gan gynnwys defnyddio un o hen sanau pêl-droed glas a melyn rhesog fy mab i gywasgu ei choes. Rhoddodd fy mrawd ddiagnosis o thrombosis iddi ar unwaith. Oherwydd newid yn ei meddyginiaeth cyn ei llawdriniaeth, roedd ceulad gwaed wedi datblygu. Cafodd ei rhuthro i adran frys yr ysbyty, gyda Raj yn fy ffonio i ddweud wrtha i am beidio â phoeni, ei bod hi'n gyfforddus, ac i orffen fy ngwaith cyn dod i'r ysbyty. Erbyn hynny, bydden nhw'n barod ar gyfer y llawdriniaeth.

Llwyddais i berfformio drwy storm o emosiynau. Mae gwaith wedi bod yn lle diogel i fi erioed, y lle i fynd iddo pan oeddwn i'n dioddef trawma. Wn i ddim sut wnes i ddod i ben â pherfformio'r ddrama, darn geiriog iawn i ddim ond dau actor. Cyn gynted ag y caeodd y llenni, roeddwn i ar fy ffordd i Ysbyty Oldham.

Hyd at y foment honno, prin y byddwn i a fy mrawd yn siarad â'n gilydd. Roedden ni wedi cael clamp o ffrae ac roedd Mam wedi gorfod ymyrryd. Roedd y ffaith fod Mam wedi rhoi'r bai i gyd arna i yn goron ar y cyfan. Roedden ni'n gwrtais tuag at ein gilydd, ond doedden ni ddim yn agos o bell ffordd. Ond yr eiliad honno, roedden ni gyda'n gilydd wrth ymyl gwely Mam, heb wybod yn iawn i ble roedd y ceulad gwaed wedi teithio yn ei chorff. Roedd Mam i'w gweld mewn hwyliau da, ac yn tynnu coes am sut roedd byw'n gynnil yn gallu cadw angau draw. **'*Beta*, dwyt ti byth yn gwybod pryd bydd**

hen bâr o sanau pêl-droed yn ddefnyddiol,' meddai dan chwerthin. Helpais y nyrsys i gael gwared ar y lliw ewinedd ffansi oddi ar ei dwylo, fy nghalon yn curo fel gordd. Dywedodd ei bod wedi gofyn am gael aros nes ei bod hi wedi fy ngweld i cyn mynd i'r theatr. Y cyfan ddywedais i oedd, 'Mi wela i di eto mewn ychydig oriau, Mam.' Wnes i ddim ffarwelio.

Ar ôl iddyn nhw fynd â hi oddi yno, mi wnes i droi at Raj a dweud y byddwn i yno ar ei gyfer. Roedd mor alluog fel meddyg, ond eto mor ofidus fel mab, ac roeddwn i'n teimlo tosturi chwaer at ei brawd. Ar ôl hynny, ffoniais fy chwiorydd i dawelu eu meddyliau. Rywle y tu mewn i fi, roeddwn i'n teimlo nad oedd Mam yn barod i'n gadael ni, ond beth bynnag oedd yn mynd i ddigwydd, byddwn i yno ar gyfer pawb. Roeddwn i mor anarferol o dawel fy meddwl. Roeddwn i wedi ymlâdd, efallai am fy mod i wedi defnyddio fy holl adrenalin yn ystod y perfformiad yn gynharach y noson honno.

Trodd y munudau'n oriau, ac yna'n fwy fyth o oriau. Yn y pen draw, cawsom wybod bod y llawdriniaeth wedi bod yn llwyddiannus, ac nad oedd y ceulad gwaed yn berygl bellach. Ychydig ddyddiau yn ddiweddarach, roedd Mam gartref. Ond nid dyna ddiwedd y stori o bell ffordd.

Dechreuon ni'r siwrnai nesaf gyda'n gilydd: siwrnai'r canser.

Dros y misoedd nesaf, byddai Sushma, Raj a minnau yn ein tro yn mynd â Mam i gael triniaeth radiotherapi. Tor calon oedd gweld y fenyw dal a phraff yn mynd yn llai a llai bob dydd. Roedd hi wedi blino ac wedi cael llond bol ar y cyfan, ond Mam oedd hi o hyd, yn llygadu'r radiotherapydd, dyn ifanc golygus.

Lloriodd y profiad ni i gyd. Roeddwn i rhwng swyddi, ond roedd yn rhaid i Sushma a Raj jyglo'r apwyntiadau gyda'u bywydau bob dydd, eu teulu a'u gwaith. Wrth weld ei dirywiad, roedd ei blinder yn sgil y radiotherapi a'i diffyg archwaeth yn teimlo fel cyllell drwy'r galon. Yr hyn fethon ni â thalu sylw iddyn nhw o gwbl oedd y straeon byw o orffennol Mam a ddechreuodd fyrlymu i'r wyneb yn sydyn. Roedd rhai o'r straeon yn hiraethus ac yn dwymgalon, eraill yn rhai o drawma dirdynnol – trawma yr oedd wedi'i gadw ynghudd ers degawdau. Doedden ni ddim yn eu gweld nhw fel dotiau i'w cysylltu; roedd chwalfa ei meddwl yn amlwg o ganlyniad i'w phroblemau corfforol, nid meddyliol.

Aeth tipyn o amser heibio cyn i Mam wella o ddwy lawdriniaeth o fewn ychydig fisoedd i'w gilydd ac roedd wedi blino'n lân. Bu ffrindiau yn ei gweld hi yn yr ysbyty, ond doedd hi ddim yn arbennig o eglur ac roedd y radio ymlaen yn ei hystafell yn gyson. Gan nad oedd hi eisiau bwyta bwyd yr ysbyty, dechreuais i fynd â'i hoff fwyd i mewn iddi i drio gwella'r sefyllfa. Roedd hi eisiau pryd i'w chysuro: *kadhi* Pwnjabaidd a reis. Roedden ni'n cyfeirio ato fel 'cyri melyn' gan ei fod yn cynnwys tyrmerig, y sbeis iachusol sy'n creu'r lliw euraidd dwfn. *Kadhi* a *chawal*, cyfuniad chwerw ond lliniarol o sbeis iachusol, halen, iogwrt naturiol a blawd ffacbys gyda hadau mwstard a dail cyri. Yn fuan iawn, roedd y cyfuniad hudolus wedi gwneud ei waith a daeth ei harchwaeth yn ôl. Roedd hi'n dod adref.

Roedd Mam wedi ymdopi â chymaint o stormydd corfforol a daeth yn ail natur iddi esbonio ambell achos o gamgofio neu o ymddygiad anarferol. Roedd y meddygon hyd yn oed wedi ein rhybuddio y gallai ei thriniaeth ar gyfer canser a thrawma'r llawdriniaeth arwain at ddryswch, felly dyna gafodd y bai, mae'n amlwg. Ar ôl ei llawdriniaeth, roedd angen gofal 24 awr yn y cartref ar Mam. Yn ffodus, roedd gwaith yn brin, felly roeddwn i ar gael. (Yn anffodus, cododd y disgwyliad fy mod i'n mynd i fod ar gael drwy'r dydd bob dydd ei ben hefyd. Roedd rhai o'r teulu yn aml yn meddwl mai 'ychydig o hwyl' oedd fy ngwaith i.)

Yn y pen draw, er mawr ryddhad i bawb, clywodd Mam ei bod yn glir o arwyddion a symptomau canser. Roedd ei hiechyd corfforol yn parhau'n gadarn ac aeth y pryderon dwys yn angof, efallai am ein bod ni eisiau meddwl amdani fel rhywun cryf a galluog, ac angen gwneud. Roedd hi wedi addasu'n wych i heriau'r stoma, a gafodd o ganlyniad i'w llawdriniaeth ar gyfer canser y coluddyn, a rhoddodd hynny sicrwydd i bob un ohonom. Ei bwriad oedd cryfhau er mwyn cael gwared ar y stoma a mynd yn ôl i fod yn hi ei hun. Unwaith eto, daeth o hyd i'r penderfyniad a oedd wedi ein cynnal ni drwy gymaint ac ailafaelodd yn ei rôl fel asgwrn cefn y teulu.

Wrth edrych yn ôl, dwi'n credu ei bod hi eisoes wedi dechrau gofyn i fi am help, ond roeddwn i wedi methu dehongli ei negeseuon. Pryd bynnag byddwn i'n galw heibio'r tŷ, byddwn i'n mynd â bwyd gyda fi oherwydd nad oedd hi'n or-hoff o neb yn coginio yn ei chegin. Roedd Mam bob amser yn goruchwylio, a gallwch chi ddychmygu cymaint o straen oedd hynny. Y cyfan roedd yn rhaid i chi ei wneud oedd dechrau torri nionyn ac roedd hi yno'n gwylio gyda llygad barcud. Roedd yn union fel pe bai hi'n eistedd yn yr ystafell arall yn gwneud dim byd ond aros i glywed y llestri'n tincian neu'r cyllyll a'r ffyrc yn atseinio. Byddai hi'n gweiddi, **'Beth sydd wedi cwympo? Beth sydd wedi torri? Beth wyt ti'n ei wneud? Bydda'n ofalus!'** Wrth gwrs, roedd ganddi ffordd benodol o lwytho'r peiriant golchi llestri neu o ddefnyddio'r popty, ac roedd hi bob amser yn dweud ein bod ni'n torri pethau neu'n gwneud llanast bob tro bydden ni'n meiddio coginio yno. Roedd hyd yn oed y ffwrn yn sensitif i'w chyffyrddiad. Felly dyma fi'n penderfynu paratoi'r bwyd gartref ac osgoi gorfod brwydro i ddefnyddio ei chegin.

Ond un noson, wrth y drws ffrynt, dyma hi'n dweud yn dawel, **'Mae'n wirion dy fod ti'n gwneud bwyd i ti, a fi'n gwneud bwyd fan hyn, dylen ni rannu ein bwyd.'** Wnes i ddim meddwl rhyw lawer amdani'n gadael i fi baratoi bwyd yn ei chegin – a wnes i ddim sylwi ar ddiflaniad ei natur bedantig a'i pherchnogaeth o'i chegin. Wnes i ddim ystyried ei bod hi eisiau i fi ei helpu hi chwaith. Neu yn wir, ei bod hi'n gofyn am help yn ei ffordd gynnil ei hun. Dwi'n meddwl am hynny drosodd a throsodd hyd yn oed nawr.

Fodd bynnag, dechreuais i sylwi bod gyrru Mam yn mynd yn afreolus. A bod yn onest, doedd hi erioed wedi bod yn un dda am yrru. Roedd y car wedi bod yn debyg i soffa therapydd erioed, gyda Mam yn chwarae rôl y therapydd a'r claf yn eistedd yn sedd y teithiwr. Byddai'n eich cornelu ac yn holi'ch perfedd chi am bethau na fyddai'n gallu cyfeirio atyn nhw fel arall, wedyn yn rhoi gair o gyngor a disgwyl i chi ei ddilyn. Roedd rhan ohona i yn mwynhau pan oedden ni'n gyrru gyda'n gilydd, oherwydd yr ymdeimlad o ddidwylledd nad oedd yno ar adegau eraill, ond byddai rhan arall ohona i yn arswydo wrth gau'r gwregys diogelwch, oherwydd doedd dim dal pa wirioneddau fyddai'n cael eu traethu ar ôl i'r car danio.

Ers ychydig fisoedd bellach, roedd hi'n gyrru'n gyflymach nag arfer. Gwnaethon ni droi'r peth yn dipyn o jôc deuluol, bod troed dde Mam yn mynd yn drymach wrth i'w gwallt hi fritho. Y flwyddyn honno, cafodd hi gerdyn pen blwydd yn dweud 'Racy Lady' oherwydd iddi gael ei dal yn goryrru gymaint o weithiau. Ond yna dechreuodd fynd ar goll ar strydoedd a oedd yn gwbl gyfarwydd iddi.

Yn 2015, roedd Mam yn sâl eto, gyda haint ar y frest, ac wedi colli cryn dipyn o bwysau. Sylweddolon ni ei bod hi heb fwyta'n iawn ers tro byd. Roedd hi'n ddigon trefnus i fwyta brecwast bob dydd, ond yna roedd hi'n anghofio am fwyd oni bai bod rhywun yn galw i'w gweld. Roedd hi'n dal i siopa bwyd ac yn dod â'r un hen bethau ag erioed yn ôl o'r archfarchnad, ond roedden nhw'n cael eu gadael yn yr oergell heb eu coginio. Byddai'n bwyta ychydig o dost a jam yma ac acw, ond doedd hi ddim yn coginio go iawn, yn paratoi llysiau neu *roti* ffres, nac yn cael y proteinau angenrheidiol. Ychydig fisoedd ar ôl iddi wella o'r canser, dechreuon ni gyfeirio at 'sefyllfa' Mam wrth i'r sefyllfa honno fynd yn fwy aneglur. Roedd cwmwl du a fu'n ein hosgoi ni, a ninnau'n gobeithio y byddai'n cilio, erbyn hyn yn nesáu ac yn mynd yn dywyllach bob dydd. Byddai ei gynnwys yn newid cwrs ein bywydau.

Roedd fy mrawd Raja, y meddyg, yn amau bod rhywbeth o'i le,

a dywedodd y dylai Mam fynd am brofion. Cafodd Mam ffit biws pan wnaeth Raja awgrymu hynny, ond yn y pen draw cytunodd hi a phasio pob un o'r profion, gan sgorio'n uchel yn y profion mathemateg, tablau lluosi a dyddiadau. Dwi'n cofio chwerthin, gan feddwl bod Raja wedi gorymateb fel mae meddygon yn gallu'i wneud yn rhinwedd eu swyddi, heb sôn am wrth feddwl am eu mamau. Byddai hi'n dweud, '**Dydw i ddim yn colli arni, mae o'n union fel ei dad**' (o ran poeni'n ddiangen).

Ond yna dechreuodd sawl edau ymddatod o flaen ein llygaid. Newidiadau yn Mam a oedd yn anodd eu hesbonio na'u hesgusodi. Newidiadau a oedd yn dangos diffyg nodweddion penodol a fu'n rhan ganolog o'i chymeriad. Dyna'r tro cyntaf i unrhyw un sôn gair amdani hi'n colli pethau.

Roedd Asha Gulati wastad wedi bod yn ofalus iawn, iawn o'i heiddo. Roedd trugareddau ac arteffactau yn bwysig iawn iddi. Roedd hi wastad yn dweud ei bod hi a Dad wedi gweithio'n galed i gael y pethau a oedd ganddyn nhw, felly byddai colli rhywbeth yn cael ei ystyried yn rhywbeth ofnadwy, fel staen ar eu haberth a'u brwydrau nhw er lles pawb. Yn ei barn hi, os oeddech chi'n colli rhywbeth, eich bai chi a neb arall oedd hynny ac roeddech chi'n haeddu dioddef am y golled. Unwaith, pan oeddwn i'n blentyn, collais i ymbarél. Doedd gen i ddim gobaith. Roedd o'n beth hyfryd, tlws a Mam yn gwirioni arno fo, ac roeddwn innau wedi'i adael ar y bws. Roedd yr ymdeimlad o arswyd wrth feddwl am ddweud wrthi yn gwasgu mor drwm arna i, oherwydd roeddwn i'n gwybod beth fyddai'n digwydd. Byddai'n bell y tu hwnt i'r siom a'r loes arferol – yn hytrach, roeddwn i'n gwybod y byddai'n tanlinellu naratif Mam bob tro byddwn i'n gwneud dim byd o'i le, sef y stori bod 'Shobna yn esgeulus'. Roeddwn i'n gwybod y byddai'n anodd cael benthyg dim byd byth eto.

Felly pan oeddwn i draw yn ei thŷ ryw ddiwrnod, tua hydref 2016 mae'n debyg, yn chwilio am feiro i ysgrifennu nodyn iddi, mi wnes i agor drôr a gweld darn o bapur wedi'i blygu'n ofalus â'i llawysgrifen daclus mewn pensel ar y ddwy ochr. Agorais y darn papur a gweld nodyn bach at Sant Anthony, nawddsant pethau coll, yn erfyn am ei gymorth i ddod o hyd i bâr o glustdlysau aur a mwclis.

> **Plis Sant Anthony, rwyt ti wedi fy helpu yn y gorffennol.**
> **Dwi angen dod o hyd i fy *walis* a mwclis amethyst porffor.**
> **Plis helpa fi. Diolch o galon am dy help, Asha.**

Wedyn, ar ochr arall y papur:

> **Gwyrth.** (Yn ogystal â rhestr o bethau eraill roedd hi wedi'u colli).
> **Diolch, Sant Anthony am fy *walis*, y clustdlysau, yr allweddi a'r mwclis.**

Wrth gwrs, roedd hi heb sôn wrth yr un ohonom ni ei bod hi wedi colli dim byd o werth. Yn ystod y misoedd nesaf, wrth i fi dreulio mwy o amser yn y tŷ, des i o hyd i nodiadau wedi'u cuddio ym mhobman – mewn tuniau bach, yng nghanol ei phentwr gwnïo a mân betheuach, ym mhocedi ei chardigan. Daeth yn amlwg ei bod hi wedi bod yn colli pethau ers tro byd ac wedi bod yn trio bargeinio'n dawel gyda Sant Anthony i'w cael nhw 'nôl, a hynny yn nhafodiaith Mumbai. Byddai Sant Anthony yn rhugl yn y dafodiaith honno gan iddo fod yn gymaint rhan o'i haddysg Gatholig ym Mumbai.

Roedd gafael Mam ar ei heiddo yn llacio, ac nid oedd ganddi'r un syniad sut roedden nhw'n mynd ar goll. Byddai byth a hefyd yn cael ei dal yn ôl pan fyddai'n paratoi i fynd allan. Os oeddwn i'n dod i'w nôl hi, roedden ni'n aml yn treulio oriau yn chwilio am gefn rhyw glustdlws neu'i gilydd roedd hi eisiau ei wisgo. Yr un stori byddai Sushma yn ei chlywed pan fyddai hi'n ymweld o'r de – byddai'n treulio'i hamser yn helpu Mam i lanhau a gwagio'r peiriant sugno llwch yn chwilio am gefn y clustdlws bondigrybwyll. Roedd y perchnogi a'r rheoli a fu'n gymaint rhan o'i bywyd yn dechrau mynd ar chwâl a gwasgaru fel croen marw. Yn raddol, daeth yn amlwg ei bod hi wedi treulio amser hir yn trio dod o hyd i'r darnau coll o'i chof, a oedd yn ymdebygu i'r pentyrrau o bapurau newydd tyllog o gwmpas ei thŷ – papurau nad oedd neb arall yn gallu eu deall, ddim ond hi, gyda'r tyllau dirgel y byddai wedi torri allan ohonyn nhw.

Ar y dechrau, roedd y llithriadau'n ymddangos yn ddibwys. Roedden nhw'n debyg i'r pethau 'normal' hynny sy'n digwydd wrth i chi heneiddio, felly wnaethon ni ddim trio chwilota y tu ôl i'r llenni roedd hi'n amlwg am eu cadw ynghau. Pam bydden ni'n ystyried mentro gwneud hynny hyd yn oed? Roedd hi wedi bod yn deyrn, yn arweinydd ac yn rym yn ein bywydau, ac roedden ni wedi dysgu gofyn am yr hyn byddai hi'n ei ganiatáu i ni a dim mwy. Doedd hynny ddim yn rhoi rhwydd hynt i ni dynnu sylw at y gwendidau newydd hyn, nac i'w harchwilio. Pam clwyfo ei balchder ac amau ei hannibyniaeth? Yn yr un modd, roedden ni'n ofni beth fyddai'n digwydd petaen ni'n dechrau datgelu'r hyn roedd hi'n ei guddio, a ninnau'n gwybod ym mêr ein hesgyrn y byddai hynny'n rhoi'r farwol i'r hyn roedden ni wedi brwydro'n galed i'w amddiffyn.

Y peth yw, roedd hi'n dal i fod yn hi ei hun yn aml, yn llawn jôcs a'i ffraethineb sych arferol. Byddai'n dal i wneud yn siŵr mai ei ffordd hi oedd yr unig ffordd – doedd dim tir canol o gwbl. Ond roedd pob dim yn ei gwneud hi'n biwis fodd bynnag, a phan dwi'n dweud pob dim, roedd ei hwyliau hi'n wael hyd yn oed adeg Dolig. Bob Dolig. Ond wedyn, roedd ganddi hanes o fod â chroen ei thîn ar ei thalcen – dyna hi yn union – felly sylwodd neb ar ei hamynedd yn prinhau. Mynd yn fwy piwis yn ei henaint – dyna'n hargraff ni. Mewn partïon teuluol ac wrth i bobl ymgasglu yn y tŷ, roedden ni'n amau mai'r ffaith ein bod ni i gyd yno yn un giwed fawr yn tarfu ar ei heddwch oedd i gyfri am ei hanniddigrwydd. Neu fod y plant yn rhy swnllyd ac yn torri ar draws ei hoperâu sebon, neu ei bod hi'n gandryll am ein bod ni wedi defnyddio ei chegin ac wedi torri rhywbeth. Roedd yna esboniadau cyson.

Roedd Mam wedi dod i arfer â'i chwmni ei hun ac roedd hi'n hoffi llonydd yn ei chartref. Ond daeth yn amhosib peidio â sylwi pa mor dynn roedd hi'n dal ei gafael ar y pethau oedd yn ei hypsetio hi, yn enwedig tuag ata i – fel noson agoriadol y bwyty. Doedd hi ddim yn rhoi pethau o'r neilltu ac yn symud ymlaen, byddai fel ci ag asgwrn ac roedd y cyfan yn mynd yn drech na ni.

Parhaodd hyn am fisoedd. Nid oedd neb ohonon ni'n gallu rhagweld cyfeiriad na llinell amser datblygiad y sefyllfa. Roedden nhw'n ddyddiau brawychus i bob un ohonom oherwydd mai ei llaw hi oedd ar lyw y llong deuluol erioed. Ac yn sydyn, doedd hynny ddim yn wir.

Mae'n anodd bod yn hollol sicr, ond dwi'n credu ei bod hi'n amau bod ei meddwl yn pylu. Dechreuodd fod yn fwy cyfrinachgar gan ddewis a dethol yr hyn y byddai'n ei ddweud wrthym. Pethau eraill oedd yn cael y bai am unrhyw anawsterau gyda'i chof, fel canser y coluddyn, cyflwr ei chalon, neu broblemau gyda'i stoma, a byddai'n taeru mai dyma oedd yn cymylu ei hymennydd. Roedd Mam yn ddigon parod i feio pethau corfforol, gan eu bod nhw'n 'real' ac yn ddiriaethol iddi. Ond gwrthododd gydnabod ar lafar, hyd yn oed am eiliad, y gallai fod yn cael trafferthion meddyliol.

Yn araf, fesul darn, roedd ein delwedd ni o Mam yn dechrau edrych yn llai ac yn llai cyflawn, fel pe bai rhywun yn chwalu jig-so yn raddol. Doedd y darnau eu hunain ddim yn teimlo'n fawr o beth, ond fel cyfanwaith, roedden nhw'n dechrau datgelu person gwahanol iawn.

Roedd Asha Gulati yn hynod o ddarbodus. Roedd ganddi ffordd benodol o wneud te, ac yn glynu'n gaeth at y rheol o ddau fag te i dri chwpan. Byddai'n rhaid i chi gynhesu'r tebot yn gyntaf drwy swilio dŵr poeth ynddo, a'i wagio cyn ei lenwi â dŵr berw i'r twll uchaf (Duw â'ch helpo os nad oeddech chi'n gwneud hynny). Ar ôl i'r te fwydo, byddai'n tynnu'r bagiau te ar ôl gwasgu pob diferyn ohonyn nhw, a'u pentyrru wrth y sinc. Yn nes ymlaen, byddai'n eu torri ar agor ac yn gwasgaru'r dail te yn yr ardd, fel compost ac i gadw cathod draw. Roedd bod yn ddarbodus yn rhan annatod ohoni.

Wrth goginio gydag unrhyw beth a oedd yn dod o dun, fel tomatos neu gawl, byddai Mam yn ein gorfodi i olchi'r tun gyda dŵr i wneud yn siŵr bod pob diferyn wedi dod ohono. Wedyn ychwanegu'r dŵr hwnnw at y sosban er mwyn defnyddio pob diferyn. Roedd unrhyw gyri y byddai Mam yn ei baratoi bob amser yn eitha' gwlyb, ond allai neb ei chyhuddo o fod yn wastraffus. A phan oedd hi'n amser bwyta, roedd yn rhaid bwyta pob tamaid nes bod eich plât gwag chi yn debyg i'w phlât hi. I'w hwyrion, cael plât mor lân ag un Nani oedd yr anrhydedd mwyaf.

Y tu allan i'r gegin, yr un oedd yr athroniaeth. Cyn y Nadolig, byddai'n ymestyn am daflenni di-ri o bapur lapio wedi'u smwddio'n fflat (roedd hi'n angerddol am smwddio) wedi'u hailgylchu o'r flwyddyn flaenorol, ynghyd â basgedi o rubanau wedi'u casglu ers mis Ionawr. Roedd yn rhaid i chi agor eich anrhegion yn ofalus iawn, iawn a thynnu'r Sellotape yn araf bach. Byddai hi'n flin os oeddech chi'n rhwygo'r papur. Byddai'r holl gardiau yn cael eu rhoi ar y naill ochr, gan dorri o gwmpas unrhyw ysgrifen y tu mewn i wneud tagiau anrhegion ar gyfer y flwyddyn ganlynol. Byddai unrhyw linyn neu wlân dros ben yn cael ei ddefnyddio eto, a chan ei bod hi'n un tan gamp am wnïo, byddai hen ddefnyddiau'n cael eu troi'n gwilt clytwaith i ffoaduriaid neu i orchuddio twll mewn hen ddillad brau. Doedd dim byd o gwbl yn cael ei wastraffu.

Un diwrnod, gwelais Mam yn rhoi bag te yn syth i mewn i fŵg oer – te mŵg bydden ni'n galw hynny – ac roedd fel pe bai rhywun wedi rhoi cyllell yn fy nghalon. Gallwn glywed ei llais yn dweud drosodd a throsodd,

'Dau fag te mewn tebot cynnes, llenwi'r dŵr i'r twll uchaf.'
'Dau fag te mewn tebot cynnes, llenwi'r dŵr i'r twll uchaf.'
'Dau fag te mewn tebot cynnes, llenwi'r dŵr i'r twll uchaf.'
'Dau fag te mewn tebot cynnes, llenwi'r dŵr i'r twll uchaf.'
'Dau fag te mewn tebot cynnes, llenwi'r dŵr i'r twll uchaf.'
'Dau fag te mewn tebot cynnes, llenwi'r dŵr i'r twll uchaf.'
'Dau fag te mewn tebot cynnes, llenwi'r dŵr i'r twll uchaf.'
'Dau fag te mewn tebot cynnes, llenwi'r dŵr i'r twll uchaf.'

Doedd Mam erioed wedi yfed te mŵg yn ei bywyd. Roedd hyn yn wastraffus. Pan oedden ni'n iau, byddai hi weithiau'n gwneud i ni gario'r tebot drwodd i'r lolfa i ddangos iddi ein bod ni wedi dilyn y cyfarwyddiadau. Ond dyma hi, yn gwneud te i'w hun mewn mŵg.

Dechreuodd arferion eraill fynd yn angof, ond weithiau byddai wythnosau'n mynd heibio cyn i ni sylweddoli. Dydy'r rhai sy'n colli eu cof ddim yn rhoi gwybod i chi eu bod nhw wedi anghofio rhywbeth mor reddfol, oherwydd dydyn nhw ddim yn cofio'u bod nhw wedi anghofio yn y lle cyntaf.

Dechreuodd mwy a mwy ohoni fynd ar goll.

Roedd Asha Gulati bob amser yn iawn. Os nad oeddech chi'n meddwl rhyw lawer o'i barn, ar y cyfan, roedd hynny'n golygu eich bod chi'n anghywir. Doedd meddu ar safbwynt gwahanol ddim yn bosib. Ac roedden ni i gyd yn gwrando. Byddai pob brawddeg yn dechrau gyda **'Na, ond.'**

Wrth i fi wrando arni'n lleisio ei barn ar rywbeth neu'i gilydd, ar gefn ei cheffyl fel arfer, sylwais i y byddai'n ailadrodd yr un straeon i rywun oedd yn dod i mewn i'r stafell unwaith, ddwywaith, hyd yn oed dair gwaith. Bron nad oedd hyn yn ddoniol. I ddechrau, roeddwn i'n meddwl ei bod hi'n gwneud hynny fel jôc. Ond byddai'n dal ati i sôn am yr un pethau dro ar ôl tro, heb ddangos unrhyw arwydd ei bod hi eisoes wedi dweud y stori. Byddai'n dweud, **'Dwyt ti ddim yn gwrando!'** Un diwrnod, es i allan i gael seibiant o'r tensiwn yn y tŷ a dyma Mam yn fy ffonio eiliadau yn unig ar ôl i fi gau'r drws. Sylweddolais nad dyma'r tro cyntaf i hynny ddigwydd – roedd hi wedi dechrau fy ffonio yn aml i ofyn cwestiynau bach di-nod i fi, cwestiynau y dylai hi wybod yr atebion iddyn nhw.

Roedden ni ar dir simsan, ond dwi'n cofio teimlo yr eiliad honno, mai dim ond fi oedd wedi sylwi ar ryw wahaniaeth bach anarferol arall. Wedi'r cyfan, roeddwn i wrth law bob amser, felly doedd hi fawr o syndod mai fi fyddai'r cyntaf i sylwi ar yr arwyddion.

Dechreuodd mwy o ddarnau o'r jig-so ddiflannu a dechreuodd Mam droi'n ffigwr mwy a mwy haniaethol. Roedd y newidiadau yn rhai graddol ac anghyson. Byddai rhai o weithredoedd arferol Mam yn diflannu ond yna'n dychwelyd yn gryfach nag erioed ychydig wythnosau'n ddiweddarach. Yn sydyn, byddai hi yno, wrth eich ysgwydd, yn gwylio sut roeddech chi'n gwneud y te. Yn yr un modd, gallai misoedd fynd heibio heb i ni sylwi ar ychwanegiad newydd i'r pentwr o ddarnau coll.

Roeddwn i wedi aros gyda Mam ar ôl y diagnosis o ganser ac wrth iddi wella o'r llawdriniaeth, yna yn 2015 a dechrau 2016, roeddwn i ar daith ryngwladol gyda *Mamma Mia!* – a hynny'n golygu fy mod oddi cartref am gyfnodau hirach, gan dreulio un cyfnod o chwe wythnos yn Ne Affrica. Yn ystod y cyfnod hwn, daliodd Mam ryw haint ofnadwy ar ei system anadlu. Roedd hi mor sâl bu'n rhaid iddi fynd i'r ysbyty. Pan gyrhaeddais yn ôl, dechreuais aros gyda hi i wneud yn siŵr ei bod hi'n bwyta'n iawn a'i helpu i gryfhau.

Doeddwn i ddim yn sylweddoli hynny ar y pryd, ond roedd fy ngyrfa newydd fel gofalwraig i Asha Gulati wedi dechrau.

Gwaethygodd ei phroblemau gyrru. Un diwrnod mi wnes i grio gydol taith hanner awr gyda Mam am ei bod hi'n gyrru mor gyflym. Roeddwn i'n meddwl ein bod ni'n mynd i farw – cael damwain a marw – neu ladd rhywun arall. Mam bach, roedd hi mor ddig pan ddywedais i gymaint o ofn oedd arna i, er i fi drio dal pen rheswm â hi ac egluro y byddai'r heddlu yn ei hatal rhag gyrru os oedd hi'n mynnu mynd mor gyflym. **'Cer allan o'r blydi car os mai dyna sut wyt ti'n teimlo, y dwpsan. Fi sy'n gyrru.** *Dafa ho* [Cer o 'ngolwg i]. *Jao* [Cer]. ***Dafa ho, jao!'***

Byddai cynhesrwydd annodweddiadol yn dilyn y ffrwydradau hyn o dymer ddrwg. Yn fuan ar ôl y daith frawychus honno, gyrrais ei char hi i nôl defnydd ar gyfer rhywbeth roedd hi'n ei wnïo, a tharo'r cefn yn ddamweiniol. Roeddwn i'n disgwyl cerydd ganddi, ond yn lle hynny dywedodd, **'Paid â phoeni,** *beta* **annwyl, mae'n digwydd i bawb'**, cyn rhannu straeon am yr adeg roedd hi'n dysgu gyrru am y tro cyntaf a sut roedd hi wedi trwsio pob math o grafiadau a tholciau heb i Dad wybod.

Roedd yn deimlad chwithig iawn.

O'r diwrnod hynny ymlaen, dechreuon ni ei gyrru hi i bobman. Yn lle sbarduno ymrafael a fyddai'n para am ddyddiau, dechreuon ni drio ei hamddiffyn heb fynd i'r afael â'r mater dan sylw yn uniongyrchol. Bydden ni'n dweud, 'O Mam, does dim angen i ti drafferthu gyrru, mi ddo' i gyda ti... dwi angen rhywbeth o'r siop yna hefyd.' Roedd yn rhaid i ni sicrhau ei fod yn teimlo fel syniad Mam, oherwydd byddai hi wedyn yn teimlo mai hi oedd yn rheoli'r sefyllfa a fyddai hi ddim yn colli ei thymer. Fodd bynnag, ar ôl ffrae am yrru gyda fy mab, yr unig ddewis oedd datgysylltu batri ei char.

Ac eto, roedd llawer o ddyddiau'n cynnig eiliadau pan fyddai'r llenni'n codi a ninnau'n gallu gweld yn glir drwy stêm gwydr ffenestri allanol ei bywyd. Os oeddwn i'n gwasgu fy wyneb yn erbyn y gwydr clir, gallwn weld popeth y tu mewn. Dryswch ac ofn oedd yn teyrnasu.

Ar ddiwrnod y daith wallgof yn y car, es i ar Google yn syth ar ôl cyrraedd adref i wirio holl symptomau Mam. Gwnes i deipio cymaint o eiriau ag y gallwn i i ddisgrifio ei hymddygiad ymosodol ac oriog.

Hen bobl a gyrru anghyson.

Hen bobl a hwyliau oriog.
Ymddygiad ymosodol.
Beth sy'n bod ar fy mam?
Pam mae hen bobl yn mynd yn dreisgar?
Ydy hynny'n normal?
Beth yw symptomau gwendid meddyliol?
Ailadrodd yr un stori.

Straeon o'i phlentyndod byddai hi'n eu rhannu dro ar ôl tro. Yr eiliadau o dynerwch yn cael eu chwalu'n sydyn gan rym pwerus dicter. Ei malais afresymol a'i gyrru brawychus. Doedd dim modd i mi osgoi'r sefyllfa mwyach.

Roedd canlyniadau'r chwiliadau yn eithaf pendant. Roedd Mam yn arddangos arwyddion clasurol o ddirywiad meddyliol, sef dementia.

PENNOD CHWECH

Wyt ti'n meddwl 'mod i'n wallgo?

Mae'r cof fel cabinet ffeilio o hynodion – manylion mympwyol o'n profiadau synhwyrus wedi'u stwffio i ddroriau sy'n gwrthod agor, dyddiadau calendr rydyn ni'n gorfod pori drwyddyn nhw ar hap bob blwyddyn. Mae hierarchaeth ar waith yma, gyda rhai o'r ffolderi emosiynol pwysicach ar gael o fewn cyrraedd hawdd, ond dydy hynny ddim yn golygu nad yw'r digwyddiadau anecdotaidd neu ddigwyddiadau sy'n ymddangos yn ddibwys yn cael eu cofnodi a'u storio hefyd. Ac mae llawer o'n ffeiliau yn gymysgedd o bleser a phoen.

Byddai Mam yn dychwelyd i'w phlentyndod dro ar ôl tro, weithiau'n dod o hyd i lawenydd ond hefyd yn profi poen enbyd yn ei hiraeth. Roedd hi wedi tyfu'n oedolyn bellach. Beth rydyn ni heb ein cof? Pan fethwn ni gyrchu ein dychymyg na'n hanes personol, na dod o hyd i'n gwreiddiau yn y pileri sylfaenol hynny, ydyn ni'n peidio â bod yn ddynol? Ydyn ni'n troi'n gyflwr yn lle bod yn unigolyn?

Mae'r gallu i osod ffolderi yn eu trefn yn ein meddwl a sicrhau eu bod nhw ar gael ar fyr rybudd, yn ddawn nad ydyn ni'n gwybod ei bod yn ein meddiant ni. Mae'n debyg i'r aer rydyn ni'n ei anadlu; rydyn ni'n disgwyl i'r wybodaeth fod yno oherwydd mae'r wybodaeth wedi bod yno erioed. Ond wrth i fi ddechrau gofalu am fy mam, ces i olwg newydd ar gof a threfniadaeth amser, ac mae fy nghanfyddiad o sut mae'n gweithio ac yn gweithredu yn newid. Doedd cloc Mam ddim yn tician o gwmpas yn y dull trefnus arferol; yn hytrach, dechreuodd neidio o gwmpas a tharo'r awr ar hap. Dim patrwm, dim trefn, dim ond symud ohono'i hun. Weithiau fel lladd nadredd, weithiau fel malwen o araf.

Roedd dawn Mam i gofio penblwyddi pawb yn un o'i grymoedd mwyaf, ond erbyn diwedd ei hoes roedd hi'n methu cofio oed dim un o'i phlant, na pha mor hen roedd hi. Roedd Sushma yn falch ei bod wedi colli 20 mlynedd oddi ar ei hoed ers ei phen blwydd diwethaf... hyd yn oed os oedd yn golygu bod ei hanrheg £20 yn brin (byddai Mam bob amser yn rhoi'r arian yn ein cardiau, gan arbed arian papur a darnau punt sgleiniog yn ofalus yn barod ar gyfer gwahanol benblwyddi). Ond heb system fewnol, heb dennyn i'w glymu at rywbeth, roedd cronoleg wedi diflannu. Roedd dyddiau'n gwrthdaro, blynyddoedd yn llithro ymaith a digwyddiadau o ddegawdau ynghynt yn neidio i'r presennol. Roeddwn i'n teimlo fel Chuck Noland yn *Cast Away* – wyddwn i byth beth fyddai'n dod gyda'r llanw, a phryd byddai Mam, fel Wilson yn y ffilm, yn peidio â bod.

Mae ein dealltwriaeth ni o amser yn dibynnu ar ddilyniant cyson a chadarn o'r gorffennol i'r presennol i'r dyfodol. Does dim modd i ni ei ddychmygu'n gweithredu mewn unrhyw gyfeiriad arall. Ond mewn traddodiadau eraill, mae'r agwedd linol hon ar amser heb ei gwreiddio mor ddwfn. Roedd gan y Maiaid a phobl Groeg yr henfyd eu syniadau eu hunain am amser yn digwydd drosodd a throsodd;

mae Bwdhyddion a Hindŵiaid yn seilio eu cred mewn *karma* ar bethau'n mynd a dod. Mae Hindŵaeth yn ein dysgu bod amser yn gylchol, y *samsara*, gyda phob oes yn symud ar ffurf chwyrligwgan wrth i ni droedio olwyn amser rhwng genedigaeth, bywyd a difodiant. Diffiniad Nirfana yw rhyddid o'r cylch tragwyddol hwnnw, rhywle i ddod o hyd i heddwch o'r diwedd. Ond does gan rai ohonom mo'r cyd-destun diwylliannol i werthfawrogi bod modd profi amser yn rhesymol, neu ein cof ohono, y tu hwnt i'r cloc 24 awr. Rydyn ni newydd ffarwelio â Rhagfyr ac mae bellach yn fis Ionawr. Mae ein bywydau i fod yn brofiad dilyniannol sy'n cadw rhythm cyson cloc sy'n tician, a dyna sut rydyn ni'n eu trefnu.

Ond wrth ofalu am Mam, ces gipolwg ar drefn amser wahanol, un lle mae'r daith yn anwastad ac yn ailadroddus, a lle mae'r llanw o atgofion yn ymddangos nid yn ôl y calendr ond yn hytrach yn cyflwyno eu hunain ar hap.

Wrth eistedd o flaen y teledu, yn gwrando ar Mam yn siarad, byddwn bob amser yn arfer meddwl am beiriannau gwehyddu ei chof ar waith, a minnau'n archwilio'r edau rydd a fyddai'n ymddatod fel rhan o'r broses. Dechreuodd llun newydd ei amlygu ei hun. Roedd Mam yn datgloi rhannau o'i bywyd roedd hi ar un adeg wedi'u cadw ynghudd oddi wrth ei theulu agosaf hyd yn oed, a chododd hanes arall o'r anhrefn.

Yn y blynyddoedd cynharaf un, cyn y diagnosis, pan oedd dim byd mwy na ryw syniad bychan bach bod rhywbeth yn bod, byddai hi hanner ffordd drwy sgwrs ac yn sydyn byddai'n dechrau sôn am ryw stori o'r adeg pan oedd hi newydd gael ei phlentyn cyntaf. Roedd y sgwrs yn troi'n ddi-drefn, ond heb fod yn gyfan gwbl groes i'w chymeriad – mae rhieni bob amser yn sôn am ba mor lwcus rydych chi o gymharu â pha mor anodd roedd pethau iddyn nhw, ac maen nhw bob amser yn defnyddio eu straeon i danlinellu'r neges honno. Ond pan ddaeth arwyddion dechreuol Mam o atgasedd ac anghofrwydd i'r amlwg, datblygodd perthynas newydd â'r presennol hefyd. Hi oedd yr unig bwynt cyson, felly er mwyn sefydlogi'r anhrefn, gosododd ei hun yng nghanol corwynt ei chof. Fel rhywun o'r tu allan, yr unig ffordd y galla i ei ddisgrifio yw gweld rhywun yn cael ei gau allan o'r byd a'i gloi yn ei atgofion, fel pe bai'n disgyn i mewn iddi hi ei hun. Roedd hi'n byw mewn breuddwyd a oedd ar un adeg yn realiti, a doedd hi ddim yn bosib ei thynnu hi'n rhydd ohoni. Doedd hi ddim eisiau deffro ohoni.

Nid y wraig roeddwn i'n arfer ei hadnabod oedd Mam bellach. Roedd gwrthdaro cyson am ei meddyginiaeth, ei gyrru gwyllt, straeon yn cael eu gadael ar eu hanner yn gyson, yr oergell yn llawn o'r bwyd roedd hi'n ei brynu am yr wythnos ond ddim yn ei fwyta. Ac yna roedd pethau'n mynd ar goll, yn eiddo a gwirioneddau. Roedd hi bob amser wedi bod yn berson hynod ddiffuant, â chod moesol diwyro, ond roedd hi wedi dechrau ystumio'r ffeithiau am yr hyn oedd yn digwydd iddi.

Nid dim ond ei balchder na'i hobsesiwn am fod mewn rheolaeth lwyr oedd wrth wraidd y cyfrinachedd newydd hwn. Yn hytrach, ei harswyd llwyr wrth i air newydd ddechrau cael ei sibrwd, gan fy mrawd i ddechrau, ond yna gan feddygon eraill hefyd. Yn ddiwylliannol ac yn ieithyddol, roedd llawer o bethau yn achosi dryswch i Mam – ac i lawer o bobl o'r cenedlaethau hŷn – ynghylch iaith iechyd meddwl a dirywiad. Roedd mynd yn fwy dryslyd yn gwbl dderbyniol, ac yn cael ei ystyried yn rhan annatod o'r broses o heneiddio. Byddai pawb yn y pen draw yn mynd ychydig yn anghofus ac yn ffwndrus, cylch bywyd oedd hynny, a byddai Mam yn aml yn sôn yn ysgafn am sut roedd hi'n anghofio straeon ac enwau pobl, **'fel hen wreigan'**. Ond doedd hi ddim yn sôn yn ysgafn am anghofio bwyta. Neu'r holl bethau coll oedd yn diflannu am byth. I Mam, roedd ei chyflwr yn naturiol, nid yn destun diagnosis. A phan ddaeth yn amser i fwrw golwg fanylach ar ei hymddygiad anarferol, byddai'n cau i lawr yn llwyr. Byddai'r llenni'n cau'n dynn. Y drws yn cau'n glep. A byddai ei phen yn ôl mewn hen bapur newydd.

Fy mrawd oedd y cyntaf i seinio'r rhybudd mewn ffordd fwy meddygol. Fel meddyg a mab i feddyg, mae'r awydd i ddatrys ac adfer bywydau pobl i normalrwydd ac iechyd da yn rhan o'i anian. Felly roedd cael diagnosis o'r hyn oedd yn bod ar Mam yn flaenllaw yn ei feddwl. Dwi'n credu ei fod yn teimlo'n gyfrifol hefyd, gan mai fo oedd ei mab, fo oedd dyn y teulu, ac roedd hi wastad wedi dibynnu arno ers i Dad farw. Edrychodd fy chwiorydd a minnau tuag ato wrth i ni ymdrin â'r 'sefyllfa', ond doedd yr un ohonom ni eisiau gwybod yn iawn beth oedd yn bod, na'i ddweud yn uchel. Yn aml, doeddwn i ddim yn sôn am y pethau bach byddwn i'n eu gweld o ddydd i ddydd.

A dweud y gwir, doeddwn i ddim yn ddigon dewr i roi fy marn. Ac yn y pen draw, dim ond gan fy mrawd roedd Mam yn fodlon cymryd cyngor meddygol. Fo oedd y meddyg proffesiynol, ganddo fo oedd y dewrder proffesiynol. Ac eto, er mai fo oedd cannwyll llygad Mam, roedd hi'n gandryll tuag ato:

'Mae fy mab yn meddwl 'mod i'n lloerig.'

'Dydw i ddim yn ei cholli hi.'

'Mae o'n dweud wrthych chi i gyd.'

'Rydych chi i gyd yn meddwl 'mod i'n mynd yn dw-lal.'

Roedd Mam yn iawn, doedd hi ddim yn wallgo'. A fyddai hi byth. Ond roedd ei meddwl yn dioddef oherwydd bod colledion yn cronni bob dydd.

O 2015, fel teulu, roedden ni wedi dechrau trafod y posibilrwydd nad ei chyflyrau corfforol oedd wrth wraidd ymddygiad Mam. Dechreuodd y cyfan yn ddigon ysgafn, gyda'r sylwadau bach a'r edrychiadau rhyfedd, ond yn weddol fuan roedden ni'n rhannu pryderon mwy dwys â'n gilydd, gan gasglu'r cyfan ynghyd ac edrych ar y darlun cyflawn gyda mwy o ffocws. Erbyn diwedd y flwyddyn, doedd dim dianc rhag y gwir – waeth a oeddech chi'n clywed yr un stori am y seithfed tro neu yn ei gwylio yn yfed llawer o de wedi'i wneud yn ei mŵg mawr – roedd y craciau'n dechrau lledu a ninnau'n poeni pa ddifrod strwythurol oedd yn eu hachosi ac yn achosi iddyn nhw wegian.

Fodd bynnag, o ran ei meddygon, doedd dim rheswm i bryderu. Roedd Raj wedi gwneud yn siŵr bod Mam yn cael llu o brofion gyda'r bwriad o gael y gwir. Trafodwyd y posibilrwydd ei bod yn dioddef mân strociau neu'n ymateb yn wael i feddyginiaeth, a bod hynny yn ei tharo oddi ar ei hechel. Wrth gwrs, roedd ofn hefyd y gallai fod yn rhywbeth arall, ond gan fod Mam mor gyndyn o wynebu'r broblem, roedden ni'n cael trafferth dweud y geiriau, hyd yn oed yn breifat.

Ers blynyddoedd, roedd Mam wedi cynnal y teulu yn gadarn drwy argyfyngau iechyd a theuluol niferus. Pan gollodd ei gŵr, a hithau'n 45 oed, roedd llawer o sôn am ei chyflwr meddyliol, fel sy'n digwydd yn aml gyda gwragedd gweddw. Byddai geiriau fel manig, pryderus a gwyllt yn cael eu taflu o gwmpas. 'Mae'n rhaid bod Asha mewn cyflwr ofnadwy,' oedd y sibrwd cyson gan berthnasau a'r gymuned ehangach. Dwi'n cofio'n glir y meddygon o gwmpas Mam ar ôl y newyddion syfrdanol am farwolaeth Dad, pob un yn trio rhoi tawelyddion iddi.

Yn dilyn hynny, roedd yn hollbwysig i Mam fod pawb yn gweld pa mor sefydlog roedd hi, pa mor gadarn roedd hi'n rheoli'r holl sefyllfa. Doedd hi ddim yn fodlon derbyn unrhyw wendidau yn ei tharian feddyliol. Yn ddiweddarach, bu'n rhaid i Mam ymdopi â'r cywilydd a ddaeth o fy achos i – ei merch – a ddaeth â gwarth i enw'r teulu. Oherwydd ei bod hi, fel mam, wedi dewis peidio â throi ei chefn arna i ond yn hytrach fy helpu i fagu fy mhlentyn siawns, daeth yn esgymun drwy gysylltiad, a chafodd ei chrebwyll a'i chyflwr meddyliol eu hamau unwaith eto. Efallai ei bod yn teimlo nad ei phenderfyniad hi oedd yr un call. Wrth gwrs, y cyfan roedd amwysedd o'r fath yn ei wneud oedd achosi iddi fod yn fwy penderfynol fyth i ddangos ei bod hi'n rheoli'r sefyllfa. Drwy gydol ei hoes, roedd Mam wedi brwydro i gadw draw o'r disgrifiad 'ansefydlog', ac roedd popeth roedd hi'n ei werthfawrogi amdani hi ei hun ac eraill – gallu, hunanreolaeth, disgyblaeth a gweddusrwydd – i gyd yn rhan o'r frwydr honno.

Roedd dementia yn gwbl anghydnaws â golwg fy mam ar y byd a'i lle hi ynddo.

Fel rhywun a oedd yn siarad Saesneg, Pwnjabeg a Hindi, roedd cyfieithiad llythrennol 'dementia' yn ei mamiaith yn golygu ei bod hi'n orffwyll. Lloerig, o'i chof, o'i phwyll, gwyllt. Mewn geiriau eraill: gwallgof. Roedd y geiriau trwmlwythog sy'n disgrifio dementia yn yr ieithoedd roedd hi'n eu deall hefyd yn gwaethygu atgasedd Mam. Iddi hi, roedd dementia yn golygu colli rheolaeth yn llwyr, y gwrthwyneb i bob agwedd ar ei hunaniaeth. Roedd hyd yn oed cyfeirio yn y ffordd fwyaf cynnil at ei chyflwr posib yn gwneud i losgfynydd Asha Gulati ffrwydro i'w eithaf.

Roedd hyn, wrth gwrs, i gyd yn rhan o'r cyflyru roedd wedi'i brofi drwy ei theulu a'i chymuned. Mae unrhyw fath o ddirywiad meddyliol, y tu hwnt i henaint cyffredinol, yn dabŵ enfawr yng nghymunedau De Asia, lle mae trafferthion iechyd meddwl o bob math yn cael eu hysgubo o'r golwg a'u cadw'n dawel o fewn teuluoedd. Mae dementia yn glefyd corfforol, ond hyd yn oed yn ein cymuned ni heddiw, mae cymaint o stigma ynglŷn â'r cyflwr – i'r rhai sydd â'r clefyd ac i'r rhai sy'n gofalu am bobl sy'n byw gyda'r clefyd – gall diagnosis fod yn hynod o anodd. Dydy dementia ddim yn cael ei ystyried yn glefyd neu'n syndrom corfforol sy'n achosi dirywiad meddyliol. Yn hytrach, mae'n cael ei ystyried yn nam meddyliol ac yn rhywbeth i fod â chywilydd ohono.

I ni, roedd 2016 yn flwyddyn anodd iawn, yn bennaf oherwydd bod ein hamheuon yn cael eu diystyru dro ar ôl tro. Daliodd Raj ati'n ddygn i fynd â Mam i weld meddygon, ond bob tro roedd hi'n cael prawf, byddai Mam yn pasio'n ddidrafferth. Does dim un profiad o ddementia. A dweud y gwir, mae cymaint o fersiynau o ddementia ag y mae o feddyliau sy'n dioddef o'r cyflwr. Mae ystod eang o symptomau, ac mae'n osgoi patrwm clir neu brognosis, sy'n aml yn ei gwneud hi'n anodd iawn gwneud diagnosis.

Yn achos Mam, mater o gysylltu un cliw bach â'r nesaf oedd popeth. Un ohonyn nhw oedd y ffordd y byddai hi'n glynu'n ddigyfaddawd at unrhyw sarhad teuluol a dadleuon o'r gorffennol, nid dim ond y rhai oedd yn ymwneud â fi. Roedd fy nith, wyres gyntaf Mam, merch hynaf Hema, wedi priodi mewn seremoni dawel, i'r teulu agos iawn yn unig, felly roedd Mam heb ei chynnwys. Roedd hi mor flin pan glywodd hi. Bu'n rhaid i Sushma a minnau ddelio â'r canlyniadau am wythnosau wedyn. Allwn i ddim esbonio'r briodas gudd – roedd yn sioc i fi hefyd fod fy nith heb wahodd Mam i'w phriodas, ond aeth Mam â phethau i'r lefel nesaf, ac ymddwyn fel ci ag asgwrn. Teimlai fod ei hwyres wedi taflu sen arni, a hithau wedi bod yno i'w hwyres erioed.

Roedd mynd drwy'r cyfan gyda Mam drosodd a throsodd yn fy mlino, ac roeddwn i'n teimlo'n ddig fy mod i'n cael fy ngadael i ddelio â'r cyfan. Roedd hi'n teimlo fel drama ychwanegol ar ben popeth arall, ac roedd y *popeth arall* yn ddigon anodd. Roedd yr ymddygiad ymosodol a oedd yn gysylltiedig â'r tabledi roedd hi'n eu cymryd, er enghraifft, yn waeth nag erioed. Bydden ni'n ffraeo'n ddyddiol ynghylch a oedd hi wedi cymryd ei meddyginiaeth ai peidio; hanfod y broblem oedd bod Mam yn aml yn anghofio'r hyn roedd hi wedi'i wneud a'r hyn roedd hi heb ei wneud. Roedd yn boen meddwl mawr i ni, gan ein bod yn gwybod bod y tabledi hyn yn atal dirywiad ei hiechyd corfforol – byddai methu cymryd y dosau cywir yn arwain at fwy o broblemau iechyd a dyna'r peth olaf roedd ei angen arni hi, ac arnom ni. Byddai Mam yn mynnu fy mod i'n gwirio'r holl fanylion gyda'r fferyllydd, oherwydd beth wyddwn i am ei thabledi hi? Fel hyn byddai hi: '**Beth wyt ti'n ei wybod? Dwyt ti ddim yn ddoctor. Dwi'n gwybod beth i'w gymryd, fy nhabledi i ydyn nhw.**' Felly byddai'n rhaid i fi decstio fy mrawd a gofyn iddo'i ffonio hi a dwyn perswâd arni hi, oherwydd roedd hi'n fodlon gwrando ar Raj. Roedd pawb ar binnau, ac roedd hi'n anodd ymdopi â'r sefyllfa.

Byddai Mam yn dal i fy ffonio i'n aml, fwy neu lai yn syth bin os oedd rhyw syniad wedi dod i'w phen. Roedd hi'n methu aros i gael ateb i gwestiwn, roedd angen delio â'r peth yn y fan a'r lle. Roeddwn i'n dechrau teimlo wedi fy llethu. Un diwrnod, es i adref i nôl rhywbeth. Yr eiliad i fi gyrraedd, ffoniodd Mam, felly gadewais i ar ras, efallai heb gau'r ffenest yn dynn. O fewn deng munud, roedd fy nghymdogion yn ffonio i ddweud eu bod wedi nhw wedi trio stopio lladron yn fy nhŷ. Patrwm fy mywyd oedd rhedeg yn ôl ac ymlaen i dŷ Mam, ac roedd y cyfan yn creu teimladau o banig.

Cefais fy mhen blwydd yn 50 yr haf hwnnw yn 2016 ac roedd Mam yn rhan fawr iawn o'r dathliadau gyda'r teulu cyfan. Trefnais dri digwyddiad i'r teulu ac roedd Mam yn ei helfen yn y te parti ar gyfer fy holl ffrindiau, gan eu bod nhw i gyd yn ei hadnabod hi. Yn fenyw ffraeth a doniol a chyfareddol, roedd Mam yn ei helfen. Roedd hi'n falch ac yn hapus i gael bwyta cacennau hyfryd a brechdanau twt wrth yfed prosecco a phaneidiau di-ri o de. Ond gwelais i hi'n edrych ar y balŵns gyda golwg bell yn ei llygaid a llawenydd plentynnaidd ar ei hwyneb. Roedd hi yno beth o'r amser, ond dro arall, gallwn ddweud bod ei meddwl yn rhywle arall, yn crwydro yn ei gorffennol ei hun.

Yn y pen draw, cynhaliodd fy nith barti i ddathlu ei phriodas ym mis Tachwedd 2016 (diolch i Dduw), felly aeth popeth yn angof a chafwyd maddeuant, fwy neu lai. Ond hanner ffordd drwy'r dathliad, roedd Mam wedi mynd yn beryglus o wael, wrth i'r haint ar ei brest godi ei ben unwaith eto. Cafodd ei chludo i'r ysbyty, ac unwaith eto, roedden ni yn ei chanol hi. Yn ffodus, roedd fy chwaer, Hema, yn ymweld o India ar y pryd, ac roedd Sushma yn Oldham hefyd, felly roedd modd iddyn nhw setlo Mam.

Dim ond ym mis Ionawr 2017, pan gafodd sgan MRI a oedd yn dangos mân strociau yn y gorffennol, y cafodd Mam ddiagnosis swyddogol o ddementia cymysg, gan gynnwys dementia fasgwlar.

Eglurodd fy mrawd a fy nith (sydd hefyd yn feddyg) fod Mam yn dioddef o gnawdnychiad cronig (ardaloedd o feinwe'r ymennydd yn marw o ganlyniad i rwystrau neu gulni yn y rhydwelïau – dyna yw cnawdnychiad cerebrol) mewn rhannau o'r ymennydd sy'n gysylltiedig ag ymwybyddiaeth ofodol, iaith a phrosesu meddyliau, ac yn y rhan o'r ymennydd sy'n trosglwyddo gwybodaeth i'r cerebelwm (cydbwysedd, cerdded, cydsymud ac ati). Dangosodd y sgan nad oedd tystiolaeth o newidiadau helaeth yn sgil dementia, a bod problemau cof Mam yn tarddu o hen strociau lle roedd tolchenni bach wedi atal y cyflenwad gwaed i rannau o'i hymennydd, gan eu hamddifadu o ocsigen. Yr enw meddygol am hyn yw ischaemia. Y broses hon a oedd wedi arwain at ddementia fasgwlar, a hynny'n effeithio'n weddol ysgafn ar Mam ar y pwynt hwn, er bod ei meddygon yn dweud nad oedd ei chyflwr yn rhy anarferol.

Ychydig cyn pen blwydd Mam, daeth Sushma â hi a Hema i Gaerlŷr i fy ngweld i mewn cynhyrchiad o *Grease* yn y Curve Theatre. Roedd yn daith gythryblus, fel arfer, oherwydd roedd yn rhaid cadw llygad barcud ar Mam. Roedd y teulu a oedd wedi fy nghymryd o dan eu hadain pan fu Dad farw, bellach yn byw yng Nghaerlŷr ac roeddwn i'n aros gyda nhw, felly roedd Mam wedi gallu ymlacio ar y daith a dal i fyny gyda hen ffrindiau. Ar ddiwedd yr wythnos, dathlodd Mam ei phen blwydd yn 77 oed gyda fy mrawd, fy chwiorydd, a fy mab. Roeddwn i'n methu bod yno oherwydd fy mod i bellach yn ymarfer ar gyfer *Anita and Me* yn Birmingham. Yn ystod y daith, roeddwn i'n gallu teithio'n ôl ac ymlaen i ofalu am Mam, ond pan oedd hynny'n amhosib, roedd sgwrs WhatsApp y teulu yn cynnwys trafodaethau cynyddol ofidus am flwch tabledi newydd Mam a pha mor anodd oedd ymdopi â'i hamserlen gofal.

Roedd Mam wastad wedi defnyddio poteli bach brown i wahanu ei hamryfal dabledi. Daeth popeth hyd yn oed yn fwy dryslyd iddi pan gyflwynwyd y blwch tabledi, ond dyma'r unig ffordd i ni allu gwirio ei bod hi'n cael y feddyginiaeth gywir. Cafodd Raj y dasg o ad-drefnu'r meddyginiaethau, a gwnaethon ni lunio cynllun gofal ar gyfer yr adegau pan oeddwn i'n gweithio oddi cartref. Fi fyddai'r gofalwr ar y penwythnos, yn dibynnu ar fy amserlen waith a pherfformio, gyda Sushma yn gwneud dyddiau Llun, Mawrth a Mercher, yna Raj fyddai wrthi nos Fercher i ddydd Iau, a byddai Akshay yn dod i fyny o'r de i fod yno ddydd Iau a dydd Gwener. Roedd gan bawb ei ran.

Roedd Sushma yn wych pan oeddwn i'n gweithio a byddai'n tacluso ac yn glanhau'r tŷ o'r top i'r gwaelod ac yn sicrhau bod yr holl siopa a'r coginio yn cael ei wneud. Byddai Raj yn cadw llygad ar iechyd Mam ac yn gofalu am y gwaith papur, a byddai Akshay yn treulio amser yn ei chwmni ac yn paratoi ei hoff bryd, ffa *masala* ar dost (ffa Heinz, gyda nionyn wedi'i ffrio a phinsied o *garam masala*, gyda chaws wedi'i doddi ar ben y cyfan). Byddai hefyd yn cerdded i Greggs neu'r siop sglodion i gael gafael ar ragor o'i ffefrynnau. Byddwn innau'n siopa a choginio pan oedd modd i mi wneud hynny, ond roeddwn i'n aml mor flinedig ar ôl perfformio a theithio, mwynhau eistedd gyda hi yn y lolfa byddwn i: yn gwrando ar ei straeon; yn trefnu cael gwneud ei gwallt, ei hewinedd a'i haeliau, er mwyn ei chadw i edrych yn dda ac i deimlo fel hi ei hun; ac, wrth gwrs, byddwn yn gwylio'r teledu yn ei chwmni. Roedden ni i gyd yn gwylio'r teledu gyda hi a daeth hynny'n borth iddi gael cip ar fywyd y tu allan i'w bywyd ei hun. Bydden ni'n gwylio'r un rhaglenni dro ar ôl tro. Hyd yn oed nawr, wrth i fi ysgrifennu yn ystod cyfnod clo Covid-19, mae Sushma a minnau'n gwylio'r ffilmiau prynhawn ar Channel 5 yn ystod yr wythnos ac yn hel atgofion am y seibiant hyfryd roedden nhw'n ei gynnig o'r holl ailddarllediadau o raglenni llofruddiaethau a dirgelwch ar ITV.

Felly, er bod Mam wedi cael diagnosis swyddogol, llwyddodd i sgorio 70 y cant yn y profion rhesymu a oedd wedi'u cynllunio i helpu i adnabod dementia. Mae problemau pwysedd gwaed yn achos cyffredin o'r ffurf fasgwlar ar ddementia, ac roedd hynny wedi achosi trafferth i Mam ers iddi gael y trawiad ar y galon yn ei phedwardegau. Gall ei math hi o ddementia effeithio ar resymu, cynllunio, crebwyll a chof. Gall ddigwydd yn syth ar ôl strôc, neu ddatblygu'n araf dros gyfnod o nifer o flynyddoedd, fel clefyd Alzheimer.

Mae'n sobor o greulon bod modd i'r dolchen fach leiaf lwgu pibellau gwaed eich ymennydd am un noson tra byddwch chi'n cysgu, a dwyn eich atgofion mwyaf gwerthfawr. A dyna oedd wedi bod yn digwydd ers misoedd, os nad blynyddoedd, i Mam. Does dim gwella ohono; yr unig gwestiwn yw pa mor gyflym y bydd yn datblygu.

Er ein bod ni i gyd yn amlwg wedi ein dryllio wrth i'n hamheuon gwaethaf gael eu cadarnhau, roedd hefyd yn drobwynt o ran bod modd i ni nawr egluro i ni ein hunain beth roedden ni wedi bod yn ei brofi. Ond i Mam, hyd yn oed ar ôl y diagnosis – a oedd mor ddu a gwyn â'r papurau newydd a oedd mewn tomenni o gwmpas y tŷ – newidiodd dim byd. Gwrthododd yn lân â'i dderbyn.

Doeddwn i ddim yn gweithio cymaint ym misoedd Mawrth ac Ebrill 2017, felly treuliais i bron bob dydd gyda Mam, gan roi cyfle i Sushma a Raj fwynhau gwyliau Pasg haeddiannol gyda'u teuluoedd. Gwnaethon ni osod camerâu yn y cyntedd ac yn y gegin i weld a oedd hi'n ddiogel os oedd rhywun yn methu bod yno, ond roeddwn i'n rhydd i aros ar y cyfan, a Mam a fi gyda'n gilydd oedd trefn arferol pethau.

Yn ystod y cyfnod hwn, fyddai hi ddim yn gwbl wir dweud nad oedd y presennol yn bodoli iddi. Ond fwyfwy, ysgogiad oedd o i'r olwynion bach droi a rhyddhau darn arall o hanes a oedd wedi'i gloi o'r golwg yng nghabinet ffeilio ei meddwl, fel pe bai hi newydd ddod o hyd i allwedd ar gyfer drôr arall a oedd wedi bod dan glo. Roedd yn sicr yn wir dweud ei bod hi'n dechrau byw yn ei byd ei hun, byd a oedd yn gyfochrog â'r un roedd y gweddill ohonom ni'n byw ynddo.

Mewn ambell ddrôr, roedd cyfrinachau na chafodd eu rhannu

erioed, hanes colledion a dieithrio, ond weithiau byddai'r byd mawr y tu allan yn sbarduno atgofion a fyddai'n ei gwylltio oherwydd eu bod yn ei hatgoffa am drawma a gafodd ei gladdu'n fwriadol. Roedd hi wedi ymddieithrio oddi wrth ei brawd bach ers degawdau, ar ôl iddo briodi yn ystod cyfnod o alaru am eu tad. Roedd hynny'n amharchus yn llygaid Mam, ac i wneud pethau'n waeth, aeth y briodas yn ei blaen cyn i'w mam allu dod i'r Deyrnas Unedig. Roedd hi'n troi'r cloc yn ôl i'r amser anodd hwnnw yn aml yn ystod y cyfnod hwn.

Bydden ni'n gwylio rhywbeth ar y teledu dros baned a bisgedi ac yn sydyn, byddai cymeriad yn dweud rhywbeth a fyddai'n ei hanfon i lawr lonydd amser. Pan fyddai'n dychwelyd, byddai yng nghanol ffrae arall gyda'i brawd. **'Dwi ddim yn gwybod pam mae o wedi mynd,'** byddai'n dweud. **'Dwi ddim yn gwybod ble mae o. Pam mae o wedi gwneud hyn?'** Byddai hi'n pori drwy eu cwerylon dro ar ôl tro. Weithiau, byddai'r stori ei hun yn diflannu, a hithau'n profi'r emosiynau ynghlwm wrth golli ei brawd yn unig. Weithiau, byddai hi'n ddryslyd ac yn gofyn ble roedd o, fel pe bai'r cyfan wedi digwydd y bore hwnnw a hithau'n ei brofi am y tro cyntaf un. Gallai fynd yn ofidus ac yn ffwndrus iawn, fel pe bai'n symud rhwng lefelau gwahanol o ymwybyddiaeth.

Dros amser, roedd hi'n troi at atgofion fwyfwy cyfyng, gan ddychwelyd i'w phlentyndod dro ar ôl tro. O ystyried mai Dad oedd angor ei bywyd, a hithau'n adnabod ei hun yn gadarn ac yn gyson drwy ei rôl fel gwraig iddo, diflannodd o'i hatgofion yn gynnar iawn yn ei salwch. Peidiodd â bodoli ar ei chyfer, heblaw ar y cyrion. O bryd i'w gilydd, roedden ni'n ôl yn y cyfnod pan oedden ni yn ein harddegau a Mam yn trio'n cael ni'n pedwar yn barod i fynd i'r ysgol, gan ein trin ni fel y plant roedden ni yn ei meddwl hi. Ond anaml iawn y byddai'n sôn am Dad. Daeth y dyn a fu'n golygu cymaint iddi yn rhith yn ei hatgofion. Llithrodd allan o'r ffrâm. Cafodd ddegawdau o fywyd yn ei gwmni, ei ffrind gorau, ei hunig gariad, eu dwyn oddi arni heb iddi sylwi.

Bellach, roedd Mam yn cysgu'n hwyr bob bore. Roedd hi wedi troi'n aderyn y nos, ac yn berson hynod o biwis yn y bore. Am wyth o'r gloch, pan oeddwn i'n arllwys fy mhaned gyntaf o de, byddwn i'n gwenu ac yn meddwl faint roedd pethau wedi newid: Mam yn dal i fod yn y gwely, yn cysgu'n hwyr fel merch yn ei harddegau, a minnau wrth y tegell, yn barod i wneud paned, ar ôl noson ddi-gwsg yn poeni amdani. Byddwn i'n codi'n aml yng nghanol nos ac yn mynd i weld a oedd hi'n iawn, yn poeni nad oedd ei bag stoma yn ei le yn iawn neu i droi'r sŵn i lawr ar y teledu, a oedd ymlaen rownd y ril. (Mewn rhai ffyrdd, roedd hi'n gallu bod yn siarp iawn – dydy diagnosis o ddementia ddim yn golygu eich bod chi'n mynd yn araf eich meddwl yn sydyn. Roedd Mam wedi deall ein bod ni wedi rhoi'r teledu ar amserydd, ac wedi llwyddo i oresgyn hynny, felly byddai'r teledu ymlaen drwy'r nos. *Hi* oedd meistres y teclyn rheoli o bell.) Roedd Mam yn cyfeirio ata i'n rheolaidd fel *sariboothi* (y gair Pwnjabeg am wyneb sur) ac yn disgrifio fy ymddygiad fel *zidi* (y gair Wrdw am styfnig). Iddi hi, roeddwn i wedi troi'n rhiant diflas, ymwthgar a styfnig, rhywun surbwch a oedd yn gwneud yn siŵr nad oedd hi'n cael hwyl. Rhaid oedd chwerthin ar y newid byd hwn.

Ar wahân i wylio ailddarllediadau rhaglenni llofruddiaethau a dirgelwch, byddwn i'n treulio fy amser yn ei thŷ yn crwydro o gwmpas y gegin, yn meddwl beth i'w wneud i ginio a swper. Byddwn i bob amser yn dechrau gyda nionyn – sail unrhyw fwyd da o Ogledd India. Roedd yr atgofion yn fyw am fy amser gyda fy *naniji*, a'i harfer o goginio prif bryd bwyd y dydd yn y bore i'w weini yn ddiweddarach, ac roeddwn i'n teimlo fy mod i'n mynd drwy'r holl broses a threfn â Mam pan oedd hithau'n coginio ein prydau bwyd i ni. Byddwn yn cofio'n hiraethus am ei chamau trefnus wrth baratoi prydau bwyd, ac yn meddwl sut roedden ni wedi cyrraedd y man lle roedden ni bellach. Byddwn hefyd yn meddwl pa mor debyg i nionyn roedd personoliaeth Mam. Ar ôl ei diagnosis, roedd yn teimlo fel pe baen ni'n tynnu haen yn rhydd ac yn darganfod cymaint mwy amdani wrth wneud hynny. Wrth i'r haenau allanol gael eu taflu, byddai rhannau newydd o'i bywyd yn dod i'r amlwg; roedd yr hi iau, y craidd mewnol, yn cael ei ddatgelu.

Pan fyddai'n sôn am ei phlentyndod, sylwais sut roedd hi'n ymgorffori hithau'n ifanc. Byddai ei hwyneb yn newid a byddai'n disgleirio rywsut wrth i'w hieuenctid newydd dywynnu. Roedd fel pe bai'r cof yn byw ynddi ac yn deillio ohoni, a hithau'n gwylio'r digwyddiadau yn digwydd o flaen ei llygaid. Roedd hi wedi teithio am yn ôl drwy ei hanes, ond doedd dim ymdeimlad o fynd yn ôl iddi hi. Yn hytrach roedd hi'n gweld pethau fel pe baen nhw'n digwydd am y tro cyntaf.

Ganwyd fy mam ar 19 Ionawr 1940 yn Southport, Lloegr, ond symudodd ei rhieni i Bombay pan oedd hi'n ryw flwydd oed. Un o'r pethau cyntaf a ddysgais am Mam yn ystod nosweithiau hir haf 2017, yn eistedd yn ei hystafell pan fyddai'r llif operâu sebon yn oedi a ninnau'n mwynhau eiliad o dawelwch, oedd nad oedd fy *naniji* wedi bod yn arbennig o hoff o'i merch, neu o leiaf dyna oedd teimlad Mam. Roedd ei mam, dywedodd wrtha i, yn ysu am i'w phlentyn cyntaf fod yn fachgen, felly pan ddaeth Asha i'r byd, cafodd ei siomi'n fawr. Roedd yn brofiad rhyfedd gweld fy nheimladau i fy hun yn cael eu hadlewyrchu yn ôl ata i gan fy mam, y fenyw a oedd wedi gwneud i *fi* deimlo fel testun siom gydol fy oes, a dysgu bod hon yn nodwedd roedd hi wedi'i hetifeddu gan ei mam hithau.

Yn ddiwylliannol, roedd ein teulu yn nodweddiadol o deuluoedd Gogledd India, ac mae lladd babanod sy'n ferched yn dal i fod yn gyffredin ymhlith rhai cymunedau yno. Mae'n debyg bod merched yn cymryd yn hytrach na rhoi, ac maen nhw'n dal i gael eu hystyried yn faich ar y teulu mewn rhai ardaloedd. Wrth gwrs, nid mamau a merched yn unig oedd â phroblemau – roedd pob perthynas fenywaidd yn cael ei diffinio yn unol â chyfyngiadau'r batriarchaeth. Un o straeon Mam oedd yr un am ei chyfnither fach yn dod i fyw gyda nhw ar ôl y Rhaniad. Cyrhaeddodd merch brawd ei thad fel plentyn amddifad, ar ôl i'w rhieni gael eu lladd yn y trais erchyll yn dilyn rhaniad y Pwnjab yn 1947. Mae'n rhaid ei bod hi'n gyfnod ofnadwy i Modryb Thoshi, ond o glywed Mam yn adrodd yr hanes, gallech ddweud nad oedd hi wedi hoffi ei chydymaith newydd am ei bod yn gorfod rhannu popeth â merch arall. Ei lle fel yr unig ferch ar yr aelwyd oedd yr unig rym a roddwyd iddi, er nad oedd hynny'n fawr o rym, ac yn sydyn, collodd hi hwnnw hyd yn oed.

Roedd Mam hefyd yn aml yn sôn am sut roedd ei mam hithau'n ffafrio ei brodyr, yn enwedig yr ieuengaf, yr un y byddai hi'n ffraeo ag o mewn ffordd mor ddramatig. Chafodd ei brawd bach mo'i anfon i'r ysgol breswyl fel ei brodyr eraill, ac erbyn iddi gyrraedd ei harddegau cynnar roedd llygaid Mam wedi'u hagor i'r anghydraddoldeb a oedd yn digwydd a sut roedd bechgyn a merched yn cael eu trin mor wahanol. Roedd pawb yn buddsoddi eu holl obeithion a'u breuddwydion yn y plentyn gwryw, neu o leiaf dyna roedd hi'n teimlo roedd ei mam wedi gwneud.

Arweiniodd yr ôl-olwg hwn ar hanes i fi edrych ar fy nain mewn goleuni gwahanol. I fi, roedd hi wastad wedi bod yn gariadus ac yn ofalgar, er fymryn yn gysetlyd o ran sut roedd gwneud pethau. Cyn iddi gael dementia, dim ond sylwadau annelwig a gafwyd gan Mam wrth sôn am eu perthynas, ond wrth i'w hatgofion o'r cyfnod ddechrau ffrwtian i'r wyneb, roedd poen cael ei gwrthod yn brifo o'r newydd, a Mam yn gallu rhannu ei gwir deimladau o'r diwedd.

Gwnaeth hyn i fi gofio, hyd yn oed ar ôl i *Naniji* farw, cymaint y cefais fy synnu gan nerth ei hewyllys. Er i'w hasedau, y prif bethau ariannol, gael eu rhannu'n gyfartal rhwng Mam a'i brodyr, mater gwahanol iawn oedd ei heiddo personol. Gwaith Mam wrth ddarllen yr ewyllys oedd agor y cyfarwyddiadau ar gyfer y cymynroddion a threfnu eu bod nhw'n cael eu rhannu, ond prin y cafodd hi unrhyw eiddo personol fy *naniji*.

Roeddwn i'n arfer meddwl bod hynny'n beth rhyfedd, ond doeddwn i erioed wedi talu llawer o sylw i fympwyon eu perthynas, nac yn wir pam oedden nhw'n dal yno hyd yn oed adeg marwolaeth ei mam. Roeddwn i heb sylweddoli bod y cyfan yn seiliedig ar hollt ddofn a hirhoedlog yn eu perthynas. Wnaeth o erioed fy nharo i cymaint o aberth a wnaeth y ddwy ohonyn nhw: Mam wrth ddod i Loegr eto i greu bywyd newydd gyda'i gŵr, a'i mam hithau yn gadael iddi fynd i fyw filoedd o filltiroedd oddi wrthi. Roedd y pellter rhyngddyn nhw yn llythrennol ac yn drosiadol.

I raddau, bu hyn yn help i fi ddeall Mam yn well, a deall yr anawsterau yn ein perthynas dros y blynyddoedd. Mae'n anodd torri cylch; mae'r ffordd rydych chi'n profi cariad gan riant yn cael effaith enfawr ar sut rydych chi'n mynegi cariad pan fyddwch chi'n rhiant eich hun. Hyd yn oed os ydych chi wedi teimlo brathiad yr anghyfiawnder wrth gael eich gwrthod, mae'n od sut mae'r ymddygiad hwnnw yn dal i allu cael ei drosglwyddo i'r genhedlaeth nesaf. Mae hanes yn ailadrodd ei hun. Er enghraifft, mae'r wyresau yn fy nheulu i'n credu bod ei nain wedi sbwylio Akshay, ac i ryw raddau, byddwn i'n cytuno â hynny. Roedd yn well gan Mam fechgyn, ond dydw i ddim yn meddwl ei bod hi wedi trin ei hwyresau'n annheg. Ond ei ffafriaeth naturiol hi oedd ar waith, y ffafriaeth a gafodd ei phwnio i'w phen, y ffafriaeth y cafodd ei chyflyru i'w harddel drwy ddiwylliant a magwraeth, nes ei bod yn beth digyfnewid, yn sylfaen i'w chariad.

Weithiau, byddai Mam yn disgrifio sut olwg oedd arni, a'i gwisg fel y ferch fach oedd yn real yn ei dychymyg. Byddai'n ymffrostio ei bod hi fel pìn mewn papur o hyd, yn ei gwisg ysgol gyda gwregys coch, esgidiau du sgleiniog, sanau gwyn cwbl daclus a rhubanau coch yn ei gwallt. Yna byddai'n disgrifio ei breichiau a'i choesau hir, heglog, a lliw almon ei chroen yn yr haf. Hanesion am Ysgol St Peter yn Kandala, a hwiangerdd a ddysgodd yno: *'Pip pip pip pip tara rara rum, naney muney senek hum'* – 'Dyma sut mae'r milwyr yn cerdded yn gynnar yn y bore' – dyna fyddai hi'n ganu wrth ei hun wrth sgipio i'r ysgol 'nôl yn 1948. Byddwn yn cael clywed am ysgol cwfaint y Santes Anne a'i theithiau yno ac yn ôl, yn dal trên o Thakurli i Bombay ar ei phen ei hun, er mor ifanc roedd hi. Byddai'n adrodd tair gweddi Henffych Fair yn berffaith ac yn rhannu hanes am un o'i hathrawesau, y Fam Sekoro, yn ei dillad lleian, bob amser yn barod gyda siswrn i ollwng godre unrhyw sgert a oedd yn rhy fyr. Dywedodd Mam ei bod hi wastad yn poeni am yr archwiliad boreol, nid oherwydd ei bod hi byth yn dangos ei choesau ond oherwydd ei bod hi ar ei phrifiant a'i mam, mor ddarbodus ag erioed, yn gwrthod prynu sgert newydd iddi.

Byddai Mam yn rhestru enwau ei ffrindiau bore oes, gan ddweud wrtha i pwy oedd y rhai drygionus a phwy oedd y rhai annwyl. Roedd hi'n cofio enwau pob un o'r lleianod. Byddai'n sôn am Anti Vatsala, merch o Dde India a oedd o hyd mewn helynt yn yr ysgol oherwydd ei gwallt hir tonnog a blêr. Dau o'i hoff themâu oedd pa mor llym roedd ei rhieni a'u hagwedd at fod yn ddarbodus ac yn ochelgar – rhinweddau roedd hi wedi'u hetifeddu a'u meithrin yn ei chymeriad ei hun. Wrth wraidd llawer o'i straeon roedd cyllidebu, casáu unrhyw fath o wastraffu a llawenhau mewn ffyrdd dyfeisgar i arbed arian neu ailddefnyddio pethau, a byddwn i'n gwrando arni am oriau.

Un munud, byddwn i'n eistedd wrth ymyl fy mam wyth oed, yn mynd ar y trên i'r cwfaint yn cnoi Rowntree's Fruit Gums. Yna byddai alaw rhaglen deledu yn torri ar ei thraws a'r olwynion yn dechrau troi, gan ein llusgo i bresennol arall a oedd yn digwydd ar yr un pryd â phob gorffennol a phresennol arall roedd hi'n byw ynddyn nhw. Y cyfan ar yr un pryd. Byddai'n cofio cân gan y Beatles pan fydden ni'n gwylio *Heartbeat* ac yna'n dechrau ailadrodd y llinellau fel pe baen nhw'n cael eu darlledu drwyddi hi, cyn dechrau disgrifio Blackpool yn hynod o fanwl oherwydd iddi fod yno i weld y Beatles gyda Dad. Yna Blackpool fyddai'n cael y sylw i gyd, sut roedd Hema wrth ei bodd yno pan oedd hi'n fabi, pan oedd hi'n blentyn bach... dyna pam oedden nhw yno, dyna pam oedden nhw'n mynd. Gan ddynwared Hema, byddai'n gofyn, **'Ydyn ni'n mynd i Blackpool?'**, yn llygadrwth a llawn cyffro. Byddai wedyn yn treulio oriau yn y Blackpool yn ei meddwl, yn profi'r lle o'r newydd unwaith eto. Yn mwynhau picnic ar y traeth. Y dyddiau heulog yng ngwynt y môr. Gallai hyn wneud iddi feddwl am Anti Stella ac Yncl Bill, a oedd wedi rhoi llety iddi y tro cyntaf iddi ddychwelyd i Loegr.

Roedd hi wrth ei bodd yn adrodd unrhyw stori oedd yn sôn am India yn gwneud yn well na Lloegr. Byddai'n dechrau drwy sôn sut roedd hi'n hoffi bisgedi pan oedd hi gartref (India), ac er bod ei rhieni'n ddarbodus, byddai hi'n cael bwyta faint fynnai o'r danteithion melys hynny. Ond pan ddaeth hi i aros gydag Yncl Bill ac Anti Stella, roedd bisgedi'n cael eu dogni. Roedd Mam yn bendant o'r farn fod gwahaniaeth rhwng lletygarwch 'Prydeinig' a lletygarwch 'Indiaidd'. Anghofiodd hi fyth mo'r ffaith bod ei bisgedi yn cael eu cyfri ac y byddai Anti Stella yn dweud, 'Faint o fisgedi wyt ti wedi'u cael? Mae rhywun yn farus heddiw, Asha.' Byddai Mam yn sôn sut roedd hi'n gorfod brathu ei thafod, oherwydd doedd hi ddim yn gwrtais herio'r bobl a oedd yn cynnig llety i chi. Yn hytrach, byddai'n cofio cuddio yn ei hystafell yn bwyta ei chelc gudd o fisgedi Rich Tea.

Dro arall, byddai'n sôn am y tŷ lle cafodd ei magu (fe wnes i ymweld â'r lle unwaith fel rhan o raglen ddogfen o'r enw *Empire's Children*, er mai cragen o'r hyn a fu oedd y lle erbyn hynny). Roedd Mam yn ei gofio fel bynglo hardd iawn yn yr arddull wladychol, gyda feranda gwych o'i gwmpas. Roedd baddonau unigol a thai bach wedi'u plymio, byd gwahanol i'r penty y tu allan i'n cartref teuluol cyntaf. Byddai'n sôn mai ei llysenw yn y cartref oedd 'Baby'. Gan fod ei rhieni'n ddigon cefnog i gael help yn y tŷ, gan gynnwys *ayah* (morwyn plant), y drefn oedd, **'Baby, beth wyt ti eisiau i yfed? Baby, dyma dy ddillad di at heddiw.'** Doedd hi ddim yn gorfod helpu gyda'r gwaith tŷ wrth dyfu i fyny, a byddai'n sibrwd bod ei theulu yn bobl grand. Yna'n sydyn roedden ni'n neidio ymlaen i hoff dafarndai fy nhaid o gwmpas Bolton, a'r Beehive, lle y cafodd ei ddiod alcoholaidd gyntaf. Wedyn byddai'n symud ymlaen eto ac yn dweud mai'r unig reswm roedd ei rhieni yn gallu yfed te yn Lloegr pan gafodd ei geni oedd am eu bod nhw'n cael dognau llaeth gan ei bod hi'n fabi.

Gallai trio cadw golwg ar ble roedd Mam – neu a bod yn fanwl gywir, pa fersiwn o Mam oedd hi ar unrhyw adeg – yn flinedig. Roedd yn union fel pe bai ei chof hi fel cadwyn a'r dolenni wedi dod yn rhydd, eu rhoi mewn sach a'u hysgwyd, yna'u gosod yn ôl at ei gilydd mewn trefn gwbl ddisynnwyr i bawb.

Gan amlaf, doedd Mam ddim yn fy ngweld i fel menyw yn sefyll o'i blaen – yn lle hynny, roedd hi'n fy ngweld i fel roeddwn i yn fy arddegau, y ferch roedd angen ei disgyblu, y drydedd siom yn olynol a'r un oedd wastad yn flêr. **'Does bosib dy fod ti wedi mynd at y fferyllydd a dy wallt yn edrych fel 'na, Shobna?'**, byddai hi'n dweud yn gegrwth, gan gwestiynu sut ar y ddaear y gallwn i fod wedi mynd allan â'r fath olwg arna i. Doedd hi ddim yn canolbwyntio ar ein presennol ni o gwbl; roedd hi wedi peidio â byw yn yr ennyd.

Roedd hi wastad wedi bod yn llawn cyngor a cherydd, ond bellach doedd hi ddim yn sylwi ar y pethau oedd yn digwydd o'i chwmpas. Y peth rhyfedd yw bod y gorffennol ar gael iddi mor sydyn ac mor eglur. Yn ddi-os, roedd hi'n teimlo'r holl brofiadau i'r byw, yn y fan a'r lle, o'ch blaen chi.

Rydyn ni'n meddwl am ddementia fel cyflwr sy'n anghydnaws â'r presennol, ac mae hynny'n wir, i'r graddau ein bod ni'n sôn am ein canfyddiad cyffredin o'r presennol. Doedd Mam ddim yn gwybod ei bod hi'n tyrchu drwy ei hanes – roedd hi'n byw beth bynnag oedd yn chwarae yn ei phen ar y pryd, heb lyffetheiriau amser. Roedd hi mor syfrdanol o agos at ei holl atgofion – roedd yn union fel pe baen nhw i gyd yn chwarae ar unwaith fel darn cymhleth o jazz, a byddai'n rhaid i fi ganolbwyntio ar y stori unigol fel y byddwn i'n gorfod canolbwyntio ar un offeryn. Mae'r cyfan yn fater o bersbectif. Roedd hi wedi troi'n rhywun a oedd yn gweld popeth, yn gweld heibio i gyfyngiadau ein dimensiynau. Roedd hi'n gallu gweld ymhell y tu hwnt i'n terfynau. Wrth gwrs, roedd darnau tywyll wedi tyfu yn ei chof hefyd, a oedd yn golygu bod pethau wedi'u dileu o'i meddwl am byth. Roedd fel pe bai rhywun wedi mynd i mewn i'w chabinet ffeilio a rhoi cyfnodau a rhai pobl a digwyddiadau cyfredol dan glo, a fyddai hi byth eto yn dod o hyd i'r allweddi. Ond efallai fod pwy ydych chi go iawn yn fwy na dim ond yr hyn rydych chi'n ei anghofio, ond yr hyn rydych chi'n ei gofio. Wrth i Mam golli gafael ar rai o fanylion hanfodol ei bywyd, roedd hi'n rhydd i deithio'n ddyfnach fyth i'w hanian, ar ei phen ei hun a heb neb i'w hatal.

PENNOD SAITH

Am beth rwyt ti'n aros?

Ym mhob perthynas dwi wedi'i chael erioed, dwi wedi cael trafferth gosod ffiniau a'u cynnal. Dwi'n tybio bod hynny'n tarddu o'r angen cynnar am ddilysrwydd. Roeddwn i'n barod i anghofio fy anghenion a fy nymuniadau, i gael gwared arna i fy hun er mwyn bod yr un fath â phawb arall. Dysgais i'n gynnar iawn sut i ddod yn gwbl newidiol, i addasu pob agwedd arna i fy hun er mwyn pwy bynnag oedd yn gwmni i fi; gyda fy mam a fy nhad i ddechrau, gyda fy mrawd a fy chwiorydd, ac yna gyda fy nghyfoedion. Pwy bynnag y byddwn i yn eu cwmni nhw, fyddwn i byth yn creu gofod i fi fy hun nad oedd yn eu cynnwys nhw er mwyn trio dod o hyd i gydbwysedd yn fy mywyd fy hun. Dwi bob amser wedi caniatáu i anghenion pobl eraill gynnwys a thraflyncu fy anghenion i.

Wrth i'r misoedd o ofalu droi'n flynyddoedd, gwnes i'r un peth ag y gwnes i erioed, a symud pob agwedd arna i fel eu bod nhw'n gweddu i Mam ac yn canolbwyntio arni. Roedd popeth yn ymwneud ag Asha Gulati, ar draul popeth arall yn fy mywyd i bob pwrpas. A dweud y gwir, wnes i ddim meddwl o gwbl pryd byddwn i'n canolbwyntio ar fy mywyd fy hun neu'n ailystyried fy anghenion fy hun.

Roedd y cyfan yn amhenodol. Saib amhenodol.

Byddwn i'n rhuthro drwy weinyddiaeth fy mywyd, gan wneud smonach o bob dim, oherwydd fy mod i'n trio gwasgu popeth i mewn i amserlen rhywun arall. Roeddwn i'n hwyr yn ymateb i negeseuon e-bost, gan gynnwys cyfleoedd gwaith. Doeddwn i ddim yn ateb negeseuon a galwadau gan fy asiant a fy ffrindiau. Doeddwn i byth yn talu biliau'n brydlon, ac felly byddai'n rhaid i mi dalu ffioedd ychwanegol yn gyson. Rhoddais y gorau i agor y post oherwydd gallai aros, felly pan fyddwn i'n llwyddo i fynd yn ôl i fy nhŷ ar nos Fercher, byddai pentwr o amlenni yn disgwyl amdana i. Roedd fy mywyd fel pe bai'n pentyrru ar fat drws fy meddwl, a byth yn symud oddi yno, wastad ar y cyrion, neu ar ei waethaf yn ffynhonnell o lid gweinyddol a fyddai'n cael ei wthio i gefn fy meddwl tan y funud olaf un.

Trodd straen byw tan y funud olaf yn llethol. Roedd gen i gyfrifoldebau i elusennau a sefydliadau, a llaciais fy ngafael ar y rhwymedigaethau hyn fesul tipyn hefyd. Roeddwn i'n methu gosod y gwaith o ofalu am fy mam yn daclus mewn bocs – a doeddwn i byth yn teimlo 'mod i'n gallu dod â fy mywyd fy hun i'w thŷ hi a cheisio cael trefn arno yno.

Heb i mi sylweddoli hynny, roeddwn i wedi dewis aberthu'r byd y tu allan. Dyna sut roeddwn i'n ymdopi. Roedd cau'r byd o'n cwmpas ni allan a chanolbwyntio ar Mam yn golygu fy mod i'n gallu osgoi straen bywyd bob dydd, ac roedd hynny'n cadw draw yr ymdeimlad o gael fy llethu. Roedd yn union fel pe bawn innau hefyd wedi dechrau defnyddio marciwr parhaol i ddileu a sensro rhannau o fy nghof nad oedden i'n gallu dal gafael arnyn nhw mwyach. Byddai unrhyw beth roeddwn i'n methu delio ag o yn cael ei chwalu.

Doedd codi'r ffôn ddim yn gweithio chwaith – doedd gen i ddim byd i'w ddweud wrth neb. 'Ydw, dwi'n dal yma gyda Mam, does dim byd wedi newid.' Dim byd am fisoedd, yn llythrennol. Dim byd am flynyddoedd, yn llythrennol. Collais y gallu i ddeall sut i siarad gyda ffrindiau. Siarad â fi fy hun, gofalu amdana i fy hun. Aeth popeth heblaw Mam ar goll.

I unrhyw ofalwr mewn sefyllfa debyg, mae dod o hyd i le i bartner neu gynnal cyfeillgarwch fwy neu lai yn amhosib. Os nad oeddwn i'n gweithio, roeddwn i'n eistedd yn gwylio'r teledu gyda Mam. Roeddwn i'n methu mynd am ddêt na mwynhau gwyliau hir i orffwys o'r gwaith, na chyfarfod â ffrindiau yn rheolaidd. Doeddwn i ddim yn creu bywyd mwyach.

Yn ystod dyddiau cynnar gofalu am Mam, roed gen i ryw lun o berthynas â dyn, a minnau'n dechrau meddwl y gallwn i rannu gweddill fy mywyd ag o. Roedd ei fam yntau wedi bod yn sâl hefyd – yn anffodus, bu hi farw tra oedden ni gyda'n gilydd. Ond wnaeth hynny ddim gweithio. Daeth pethau i ben yn chwerw, heb ddiwedd taclus, ac roeddwn i'n ddig ac yn drist. Roeddwn i heb fod yn ddigon presennol i sylwi ar arwyddion rhybudd y berthynas ac, wrth adael, dywedodd yn greulon, 'Cer i edrych ar ôl dy fam.' Fel mai hi oedd y rheswm drosto'n hel ei bac. O fewn dim, roedd o wedi dechrau perthynas newydd sbon.

Roeddwn i'n methu amgyffred dim byd, doedd gen i ddim lle nac amser i brosesu fy nheimladau, ond roeddwn i'n methu stopio crio. Byddai Mam yn edrych arna i drwy'r amser, ond ddywedodd hi ddim byd. Yna yn sydyn gofynnodd, **'Be sy'n bod, Shobna?'** Dwi'n cofio dweud bod rhaglen drist ar y teledu, ond roedd hi'n mynnu procio eto ac eto, **'Na, na, na, na, na. Mae rhywbeth yn bod. Be sy? Rwyt ti'n crio.'** Yn yr eiliad honno, roedd yn gysur i mi ei bod hi'n dal i 'wybod' bod rhywbeth o'i le, ond yn wewyr meddwl fy mod i'n methu egluro wrthi'n iawn beth oedd yn bod. Ei bod hi heb y gallu gwybyddol a fu ganddi unwaith i wneud pethau'n well. Yn lle hynny, llwyddais i newid y pwnc ac yna, yn anochel, anghofiodd hi bopeth.

Roeddwn i'n torri fy mol eisiau iddi allu fy helpu i, fel roedd hi wedi'i wneud droeon yn ystod ein bywyd gyda'n gilydd, ond roeddwn i'n gwybod ei bod hi'n methu bellach. Roedd y cyfan mor drist ac mor anodd. Dwi wedi cael perthnasoedd rhamantus trychinebus erioed, ac roedd hi yno yn gyson i roi cyngor i fi, fel arfer yn y car. Yn ddieithriad, roeddwn i wedi gwneud pwynt o'i chyflwyno hi iddyn nhw er mwyn cael ei chymeradwyaeth, ac roedd hi wedi bod yn llygad ei lle wrth fynegi ei barn am bob un ohonyn nhw. Roedd hi hefyd yn llawn o'i chyngor cariadus ond di-flewyn-ar-dafod. Fyddai hi ddim yn malu awyr nac yn treulio oriau yn gwrando arna i ar y ffôn; byddai ei hasesiadau bob amser yn fyr, yn gryno ac yn ddoeth.

Dwi'n cofio hi'n gofyn i fi unwaith pam oeddwn i'n crïo ar ôl i berthynas arall chwalu: **'Pam wyt ti wedi ypsetio cymaint, Shobna? Mae'r dyn yna'n byw mewn ystafell mewn tŷ. Cariad, rwyt ti'n berchen ar dŷ.'**

Unwaith i fi gyrraedd fy mhedwardegau, yn ei meddwl hi, roeddwn i'n hen ferch ac roedd unrhyw obaith am fywyd hapus byth mwy wedi hen ddiflannu. Nid nad oedd hi eisiau cyfarfod â fy nghariadon a dweud ei dweud, ond roedd hi bellach yn teimlo fy mod i wedi cael fy nghyfle ac y dylwn i ddod o hyd i hapusrwydd ar fy mhen fy hun, yn union fel y bu'n rhaid iddi hithau. Ond roedden ni'n wahanol yn hynny o beth: roeddwn i'n dal i obeithio y byddwn i'n cyfarfod â rhywun i rannu fy mywyd ag o. A nawr, a minnau'n eistedd wrth ymyl Mam, yn colli dagrau dros y dyn y rhoddais i bob owns o fy egni sbâr iddo pan nad oeddwn i'n gofalu am Mam, roeddwn i'n ysu am ei chyngor. Ond roeddwn i'n gwybod erbyn hynny na fyddwn i'n gallu egluro iddi beth oedd wedi digwydd. O hyn ymlaen, byddwn i'n gorfod wynebu unrhyw brofiad emosiynol ar fy mhen fy hun yn llwyr. Yn nhrefn fawr pethau o ofalu am Mam a bod yn ei chwmni, doedd hynny ddim o bwys rhyfeddol, a phylodd y loes yn y pen draw.

Ond roedd yr unigrwydd yn dal i gnoi wrth i'r atgofion ddianc o feddwl Mam yn araf bach.

Dechreuais fodoli mewn swigen fach rhwng tŷ Mam ac Asda, Tesco, M&S ar gyfer gwledd ffansi, a'r Worldwide Cash and Carry.
Ar y ffordd i'r gwaith,
yn y gwaith,
ar y ffordd yn ôl at Mam.
Yr hyn roedd ei angen arna i oedd i'r cyfan stopio, treulio wythnos yn fy nhŷ fy hun yn cael trefn ar bethau ac amser i gael rhywfaint o bersbectif. Ond wnes i erioed lwyddo i ddod o hyd i'r gofod personol hwnnw, a suddais yn ddyfnach ac yn ddyfnach i gors gofalu amdani heb feddwl am ofalu amdana i fy hun.

Rhoddais y gorau i frwsio fy ngwallt a brwsio fy nannedd. Byddai Mam yn chwerthin ar fy mhen ac yn dweud, '**Shobna, edrych ar dy wallt di, rwyt ti heb ei frwsio!**' a byddwn innau'n meddwl, wel, dwi wedi brwsio dy wallt di, Mam, ac wedi rhoi minlliw arnat ti ac wedi trefnu i fy ffrind Becky alw i wneud dy ewinedd di. Doeddwn i ddim yn cael meddwl amdana i fy hun. Y gwir amdani yw fy mod i wedi dechrau colli fy hun yn llwyr wrth fod yn ofalwr. Doeddwn i ddim yn poeni amdana i fy hun, doedd gen i ddim amser na hyd yn oed awydd i wneud hynny. Wrth i gof Mam ddileu ei bywyd hi, roedd fy mywyd bob dydd innau hefyd yn cael ei golli.

Daeth yn anodd diffinio amser wrth i fi ofalu amdani. Roedden ni'n bodoli mewn rhyw fath o ddisymudrwydd, wrth i'r dyddiau a'r misoedd doddi i'w gilydd. Roedd y ffaith ein bod ni dan do gymaint, yn ei hystafell fyw, lle roedd hi hefyd yn cysgu, yn gwaethygu'r teimlad o fod mewn carchar – ymdeimlad ein bod ni wedi stopio byw ein bywydau wrth i garnifal bywyd forio'r tu allan. Er mwyn ceisio adfer synnwyr o amser, dechreuais i gadw nodiadau o'r manylion bach dyddiol; cofnodion o apwyntiadau neu grynhoi'r teithiau prin i'r byd mawr y tu allan. Hefyd dechreuais i gofnodi'r straeon roedd hi'n dechrau eu rhannu.

Cyn i Mam ddeffro, byddwn yn nodi'r gwahanol bethau oedd ar fy meddwl yn fy ffôn. Byddwn i'n mynd i lawr y grisiau yn dawel, yn sleifio i'r ystafell ffrynt fach lle roedd hi'n cysgu ac yn diffodd y teledu. Yna byddwn i'n mynd yn ôl i fyny'r grisiau i ystafell wely fy mhlentyndod, yn eistedd yn y gwely ac yn teipio'r holl bethau roedd hi wedi'u datgelu am ei bywyd, y pethau roedd hi wedi'u cofio neu eisiau eu dweud wrtha i, popeth oedd wedi codi'r diwrnod cynt. Pob manylyn y gallwn ei gofio, yn un llif ymwybyddol di-dor.

Roeddwn i'n trio gwneud synnwyr o bethau; byddwn i'n ad-drefnu ein profiadau. Byddwn i'n ysgrifennu cerddi ac yna'n trio eu haddasu i lwybr llinol, oherwydd fel arall byddai popeth yn un gybolfa o brydau bwyd, apwyntiadau meddygol, digwyddiadau cymdeithasol neu grefyddol. Roedd hi'n anodd cysylltu'r drefn ailadroddus ag unrhyw ffordd o nodi treigl amser. Doedd dim postyn ar gael i glymu cronoleg ei meddyliau wrtho, felly roeddwn i'n trio cael trefn arnyn nhw, bob un bore.

Byddwn i'n rhoi neges ar grŵp WhatsApp 'Team Mum Care' (fy mrawd, fy nwy chwaer a fy mab) i roi gwybod iddyn nhw sut roedd hi wedi cysgu, beth roedd hi wedi'i fwyta, sut hwyliau oedd arni hi – 'pigog' neu 'mewn hwyliau da' – a oedd hi'n weddol yn gorfforol neu a oedd unrhyw newid o ran ei hanadlu neu chwyddo yn ei thraed, ei fferau, ei bysedd neu ei choesau. Roeddwn i'n mwynhau rhannu disgrifiadau hir o'r bwyd y byddwn i wedi'i goginio â chriw'r grŵp, gyda'r prydau'n swnio fel rhywbeth o fwydlen bwyty gyda seren Michelin.

Byddai'r rhan fwyaf o wythnosau'n pasio heb lanw na thrai – roedd bywyd yn ddigyfnewid. Mam yn eistedd ar ei gwely, gyda'r clustogau amrywiol yn ei chynnal hi, fi yn y gadair freichiau orweddog fawr ddu, yn gwylio'r un rhaglen lofruddiaeth a dirgelwch a oedd yn cael ei hailddangos eto fyth... Yn union fel negeseuon Mam i Sant Anthony a oedd yn llawn dyhead am ddal gafael ar ei heiddo, roedd y nodiadau a'r meddyliau ar fy ffôn yn help i mi ddal gafael ar dreigl amser. Ac yn union fel y bu hi'n dawel bach yn cadw trefn ar doriadau papur newydd fy mywyd, dechreuais i wneud yr un peth ar ei chyfer hi.

Heblaw am fy nyddiadur, yr unig ffordd o olrhain ei dirywiad oedd drwy gadw llygad ar yr ystafelloedd lle roedden ni'n cysgu. Pan ddechreuais i aros y nos, yn 2015, roeddwn i'n cysgu mewn gwely sengl yn yr ystafell lle roedd Akshay yn cysgu yn ystod y blynyddoedd pan oedd Mam wedi gofalu amdano. Roedd hynny'n boen, yn llythrennol, oherwydd bod y gwely i blant yn chwarae'r diawl â fy nghefn i. Roedd y gwely'n teimlo fel crair hynafol erbyn hyn, ond bu'n rhaid iddo wneud y tro. Wnes i erioed sôn am y peth wrth Mam, gan fy mod i'n gwybod y byddai ganddi rywbeth i'w ddweud pe bawn i'n prynu gwely newydd pan oedd yr hen un yn dal mewn un darn. Yna, wrth i fi aros dros nos yn fwy rheolaidd, a chyfaddef bod fy rôl fel gofalwr i Mam yn dod yn fwy parhaol, symudais i'r llofft oedd gen i pan oeddwn i'n blentyn. Roedd Sushma wedi'i hailaddurno a'i hailddodrefnu pan oedd hi'n byw ac yn gweithio yn Oldham cyn iddi briodi. Er gwaethaf prynu matres newydd ar gyfer y gwely yn fy nghartref fy hun, prin y cysgais yno am ryw bum mlynedd.

Rai blynyddoedd ynghynt, yn 2013, cyn ei diagnosis o ganser y coluddyn, roedd Mam wedi dweud ei bod eisiau symud ei gwely i'r llawr gwaelod. Doedd hynny ddim yn syndod, oherwydd roedd dringo'r grisiau wedi mynd yn dreth arni. Byddai'n anadlu'n drwm ac yn sigledig ar ei thraed ar ôl i'w gallu i symud ddioddef. Ond roedd troi cefn ar ei llofft briodasol a'r gwely dwbl yn teimlo fel pe bai'n gwahanu oddi wrth yr un y bu am y rhan fwyaf o'i bywyd, yn wraig cyn i fy nhad farw, ac yna yn wraig weddw ar ôl iddo farw. Ei phriodas oedd conglfaen ei hunaniaeth *hi*, ac roedd symud i lawr y grisiau, er mor agos oedd hynny, wedi creu gagendor helaeth. Wrth wynebu'r cyfnod pontio hwnnw, torrwyd cwlwm â'i gorffennol mewn rhyw ffordd, a dechreuodd golygfeydd o'i hieuenctid ddisodli ei hatgofion ohoni fel oedolyn.

Roedden ni wedi trefnu bod ganddi glustogau mawr y tu ôl i'w chefn, o flaen ei hannwyl deledu, gan nad oedd hi'n hoffi eistedd ar gadeiriau, ac wedi rhoi ei gwely wrth ymyl y rheiddiadur i'w chadw'n glyd. Yn fuan, prin iawn y byddai'n mentro i fyny'r grisiau, heblaw i gael cawod. Ar adegau, byddai'n mynd i fyny i chwilio am fag o bapurau neu'n dod 'nôl i lawr a dweud ei bod hi'n methu cofio pam oedd hi wedi mynd yno yn y lle cyntaf. Teimlai megis ddoe pan oedd hi'n mwynhau golchi dillad a smwddio – roedd yr ystafell amlbwrpas i fyny'r grisiau, a'r bwrdd smwddio a'r haearn smwddio wedi'u gosod yn fwriadol o flaen teledu sgrin lydan arall yn ei llofft. Dyna oedd y drefn erioed, smwddio wrth wylio ei theledu ac wedyn plygu popeth yn ofalus a'u cadw'n daclus. Ond erbyn hyn roedd hynny wedi dod i ben. Roedd dillad budr wedi pentyrru. Pwysai'r haearn smwddio a'r bwrdd smwddio yn erbyn y wal, fel creiriau mewn amgueddfa. A chan nad oedd hi'n un i fynd am dro, pedair wal ei hystafell wely ar y llawr gwaelod oedd ffiniau ei byd mewn dim o dro.

Roedden ni i gyd wedi ein magu i gredu bod gennym gyfrifoldeb a dyletswydd ddiwylliannol i'n teulu tan y diwedd un, doed a ddêl. Mae'r rhan fwyaf o deuluoedd yn ein cymuned ni yn beirniadu'n hallt y ffaith bod cymaint o bobl oedrannus mewn cartrefi ym Mhrydain. Dyma'r rheswm pam eich bod chi'n llai tebygol o ddod o hyd i bobl o'n cefndir ni mewn cartrefi preswyl neu gartrefi gofal. Doedd anfon Mam i gartref ddim yn ystyriaeth i ni. Mae gofalu am ein gilydd o fewn ffiniau'r teulu estynedig mor bwysig. Roedd dyletswydd ar y genhedlaeth iau i ofalu am y genhedlaeth hŷn.

Yn nyddiau fy rhieni, pan na fyddai llawer o fenywod yn gweithio y tu allan i'r cartref, byddai byddin fechan o fenywod yn y cartref neu yn y cyffiniau agos ar gael i ofalu am berthnasau hŷn. Wrth rannu'r baich rhwng merched, merched yng nghyfraith, wyresau di-ri a'r cymorth cartref cyflogedig rheolaidd sydd gan rai teuluoedd dosbarth canol, gall yr arfer hwn o ofalu weithio. Ond bellach, mae disgwyl i fenywod o fy nghymuned sy'n gweithio gynnal yr un lefelau o ofal mewn sefyllfaoedd sydd erbyn heddiw yn llawer mwy cymhleth.

A bod yn fanwl gywir, o fewn ein patriarchaeth ddiwylliannol, cyfrifoldeb y mab hynaf a'i wraig yw gofalu am rieni oedrannus – dim ond un o'r rhesymau pam mae cymaint o werth yn cael ei roi ar feibion. Gan mai fy nhad oedd y plentyn hynaf, roedd disgwyl y byddai Mam, yr holl flynyddoedd yn ôl yn Mumbai, yn gofalu am ei rhieni yng nghyfraith yn eu henaint. Fodd bynnag, disgynnodd y cyfrifoldeb ar fy ewythr a fy modryb – y brawd iau a'i wraig – oherwydd y pellter daearyddol a'r ffaith bod gan Mam deulu i'w fagu yma. Gallai hynny fod wedi cael ei ystyried yn esgeuluso dyletswydd, waeth beth oedd yr amgylchiadau. Mae'r agweddau hyn yn dal i gael eu harddel ac mae'r cyfrifoldeb yn dal i bwyso'n annheg ar y menywod – y merched a'r merched yng nghyfraith yn y teulu – er bod cymaint ohonom ni'n gweithio ac yn ennill cyflogau da. Hyd yn oed os ydyn nhw'n byw filoedd o filltiroedd i ffwrdd, arnyn nhw mae baich y cyfrifoldeb. Waeth sut mae cymdeithas wedi newid, arnyn nhw mae'r cyfrifoldeb.

Ymhlith fy ffrindiau agos o India, Bangladesh, Pacistan a Sri Lanka, y rhan fwyaf ohonyn nhw wedi'u geni yma, roedd bron pob un ohonom yn ofalwyr. Yn breifat, ymysg ein gilydd, roedden ni'n gallu mynegi ein teimladau, bod y cyfan yn ormod, a thrafod yr euogrwydd a fyddai'n dod yn sgil hynny. Yn gyhoeddus, roedden ni'n bwrw iddi – roedden ni i gyd yn rhan o'r twyll, ac yn deall a derbyn y disgwyliadau. Mae'n siŵr ei bod hi'n debyg ar un ystyr i'r disgwyliad bod merched sy'n gweithio'n llawn amser 'gael y cyfan' a gofalu am eu plant hefyd. Gallech chi deimlo'n euog iawn os nad ydych chi'n bodloni'r disgwyliadau hynny. Rywbryd, mae'n rhaid i chi ddewis.

Roeddwn i'n gwybod yn iawn mai fi oedd yr aelod o'r teulu oedd â'r ddyled i'w thalu, a thybiwyd y byddwn i'n gofalu am Mam pan nad oeddwn i'n gweithio. Yn y dyddiau cynnar hynny, yr unig amser rhydd y byddwn i'n ei gael, os nad oeddwn i'n gweithio, oedd pan fyddai Raj yn gofalu am Mam bob nos Fercher a bore Iau. Roedd hynny'n rhoi ychydig oriau o seibiant i fi, a dyma'r unig gyfle i fi fynd adref i gysgu yn fy ngwely fy hun. Roeddwn i wedi dod â fy *duvet* a fy ngobennydd fy hun draw i dŷ Mam, felly ar ddydd Mercher, bydden i'n eu stwffio i fag bin ac yn mynd â nhw adref. Byddwn i'n edrych ymlaen gymaint am yr un noson honno yn fy ngwely fy hun. Yn ystod y blynyddoedd hynny, prin y byddwn i'n eistedd. Roeddwn i naill ai'n tendio Mam o fore gwyn tan nos, yn gyrru i fyny ac i lawr y draffordd yn trio gwneud amser i weithio, yn teithio i ochr arall y wlad, neu'n rhuthro'n ôl i fod yno ar ei chyfer hi.

Un o feini tramgwydd mwyaf fy ngyrfa, a rhywbeth y bydd llawer o weithwyr llawrydd yn ei ddeall, yw natur anghyson gwaith. Weithiau, byddwch chi'n cael cyfnod da ac yn ennill cyflog da, a dro arall gall y gwaith fod yn brin iawn. Roedd cyfuno hynny â bod yn ofalwr yn amhosib yn y bôn. Mae gofalu yn swydd llawn amser, allwch chi ddim taro i mewn ac allan ohoni, felly roedd trio ennill unrhyw arian cyson yn anodd. Byddwn i'n trio trefnu sawl clyweliad ar unwaith, fel y gallwn i fynd i Lundain am y diwrnod cyn teithio'n ôl at Mam. Roedd trio gwneud unrhyw beth yn ei thŷ hi yn anodd iawn – doedd dim pwynt trio dysgu llinellau neu hyd yn oed trio mynd i'r afael ag ymarferoldeb ffilmio fy hun i greu clyweliad ar fideo. O fore gwyn tan nos, byddwn i 'nôl a mlaen byth a hefyd, bob tro y byddai'n galw amdana i. Doedd dim posib ei gadael hi, ond doedd dim seibiant. O'r eiliad y byddai Mam yn deffro i'r eiliad y byddai'n mynd i gysgu, doeddech chi byth yn gwybod beth fyddai'n digwydd nesaf.

Doedd dim math o drefn arferol, ond byddai diwrnod nodweddiadol rywbeth yn debyg i hyn: Mam yn deffro'n hwyr ac yna'n mynd i'r tŷ bach. Tra oedd hi yno, byddwn i'n cael trefn ar ei hystafell – yn gwneud ei gwely, paratoi brecwast, hwfro'n sydyn a glanhau'r arwynebau yn drwyadl. Byddwn i'n taflu unrhyw ddŵr oedd heb ei yfed ac yn arllwys dŵr ffres i'w chwpan. Yn y bôn, roedd Mam yn dal yn gwbl argyhoeddedig yn ei gallu ac yn ei balchder domestig hefyd. Doeddwn i ddim eisiau mentro creu ffrae am sut roeddwn i'n glanhau, ond roeddwn i hefyd eisiau iddi feddwl ei bod hi wedi gwneud y cyfan ei hun. Roedd Asha yn dal i fod yn rym aruthrol ac yn cadw ei thŷ yn daclus ac yn gwneud bwyd i bawb, diolch yn fawr iawn.

Byddai Mam yn dod i'r golwg o'r ystafell ymolchi, weithiau'n sionc ei cham (os oedd hi wedi cysgu digon). **'Dwi wedi cael fy beauty sleep'**, byddai'n dweud yn ddireidus, wedyn byddwn innau'n ymateb gyda gwên, 'Paned?' Wrth glywed y gair hud, byddai ei hwyneb yn goleuo a byddai'n dweud, **'Plis, dwi wedi brwsio fy nannedd,'** cyn rhoi fflach o wên i ddangos pa mor lân a llachar roedden nhw. 'Mam, mae hi'n glyd braf yma, eistedda di ac mi ddo' i â phaned i ti,' byddwn i'n dweud, ac yn mynd gyda hi yn ôl i'w gwely, lle roeddwn i wedi rhoi bag gwenith cynnes ar ei chlustogau, i wneud yn siŵr na fyddai'n eistedd wrth ymyl y rheiddiadur. 'O, dyna braf,' byddai hi'n dweud.

Ond allwn i ddim dweud, 'Dwi'n dysgu llinellau, mae gen i bethau i'w gwneud' wrth rywun a oedd yn byw gyda dementia. Does dim modd i chi ddweud, 'Alli di frysio fel 'mod i'n gallu bwrw iddi?' Pa synnwyr fyddai i hynny pan nad yw'n byw yn yr un byd mwyach? A bod yn deg, mae'n ddigon anodd esbonio natur bywyd actor i neb y tu allan i'r diwydiant, heb sôn am rywun sy'n cael trafferth cofio ei le yn y byd.

Roeddwn i'n gorfod talu sylw i lawer o bethau, i sicrhau bod popeth yn cael ei wneud yn iawn. Ond roedd llawer o aros hefyd. Un o'r pethau y byddwn i'n aros amdanyn nhw oedd yr ysbeidiau o eglurder. Wyddech chi byth pryd byddai stori yn byrlymu i'r wyneb ac yn dod yn rhan o'ch sgwrs. Os oeddwn i'n llwyddo i dynnu sgwrs am ei bywyd, ac eistedd yno yn ei hannog drwy ofyn cwestiynau, byddai weithiau'n dechrau adrodd straeon nad oeddwn i erioed wedi'u clywed o'r blaen, ac roedd hynny'n hynod werthfawr. Roeddwn i wrth fy modd yn clywed enwau anarferol ei ffrindiau yn ysgol Santes Anne, enwau merched Catholig Indiaidd, fel Blossom Sanchez a Jocelyn Mascarenhas. Byddwn i'n gwneud nodyn ohonyn nhw wrth i Mam gofio'u personoliaethau. Roedd ei bywyd cynnar yn llawn o liwiau'r enfys, a'i hatgofion yn ei swyno'n llwyr, ac yn fy swyno innau; roedd y straeon yn ein diddanu a'n cyfareddu ddydd ar ôl dydd.

Roedden ni'n dwy yn gwylio *oriau bwy gilydd* o deledu. Roedd hi'n dal yn hoff o operâu sebon, y newyddion a dramâu dirgelwch. Roedd hi'n mwynhau Hercule Poirot yn arbennig, ac wrth ei bodd â syndod a rhwystredigaeth David Suchet ynglŷn ag ymddygiad Saeson. Byddai hi'n chwerthin yn uchel ac yn adrodd rhyw stori am odrwydd y diwylliant Eingl-Sacsonaidd a'i fympwyon anesboniadwy. **'Be wnei di hefo Saeson?'** byddai'n dweud, **'Sut mae hi'n bosib i rywbeth o'r enw "spotted dick" fod yn flasus?'**, a bydden ni'n chwerthin – Mam yn gwybod ei bod wedi dweud rhywbeth dadleuol a drygionus. Roedd y fflach ddireidus yn amlwg yn ei llygaid.

Weithiau, byddai rhywbeth yn ymddangos a fyddai'n gwneud i Mam fynegi barn, ac er ein bod ni wedi rhoi'r gorau i allu cael sgyrsiau cyffredin am fywyd bob dydd, roedden ni'n gallu sôn am unrhyw beth os oedd o yn ei meddwl hi yr union eiliad honno. Dechreuais weld agweddau ar Mam nad oeddwn i erioed wedi'u gweld o'r blaen. Weithiau, pan fyddwn i'n ei rhoi yn ei gwely, byddai'n gwenu mewn ffordd ddieithr, fel pe bai hi'n ferch fach, ac roedd pob cipolwg o'r fath yn gwneud pob munud o ofalu amdani yn werth chweil.

Pan fydden ni'n gwylio *Coronation Street*, byddai'n holi am fy nghymeriad Sunita pan fyddai hi'n gweld llun ohona i mewn ffrâm yn y cefndir. **'Wyt ti wedi marw?'** byddai hi'n gofyn. A byddwn i'n dweud, 'Ydw, Mam, mi rydw i, ar y rhaglen. Wyt ti'n cofio? Mi wnest ti grio pan fu fy nghymeriad i farw?' Roedd gweld llun wedi'i fframio o rywun annwyl yn arwydd diwylliannol iddi bod rhywun wedi marw. Roedd ei chartref ei hun yn llawn lluniau mewn fframˆ o berthnasau sydd wedi'n gadael ni. Byddwn i'n trio bod yn ysgafn, a dweud, 'Does dim ots 'mod i wedi marw, Mam, mae dy waddol di'n parhau', a byddwn yn ei hatgoffa bod Sunita wedi enwi ei merch, Asha, ar ei hôl hi. Roedd hi'n falch iawn o hynny. Byddai hi'n rhan o'i hannwyl Coronation Street am byth.

Ond roedd hyn yn ddryslyd, a'r unig ryddhad weithiau oedd gwagio fy meddwl o'r meddyliau chwit-chwat, da neu ddrwg, beth bynnag oedd wedi digwydd yn y dydd. Fy ffordd i o wneud hynny oedd rhoi fy meddyliau ar bapur. Roedd yn fath o ryddhad.

Roedd hi'n cysgu
amser yn mynnu
pwyso
ar ei meddwl, poenydio

Beth fyddai yno
yn ei breuddwydion?
Fyddai'r cyfan yn ystyrlon?

Meddyliau didaro
mi wnaethon ni ffraeo
bore heddiw
Ei geiriau o rybudd
yn goleuo fy nghlyw
nad oedd pethau'n iawn iddi hi
Roedd yn rhaid i fi frwydro drosti
Meddai ar bob owns o urddas
ond heb eglurder o gwmpas
Ymarferol yw fy nghymorth cyson
slei bach yw natur y trafodion

AM BETH RWYT TI'N AROS?

> Ddoe gofynnodd beth oedd 'prorogation'
> Chwerthin ysmala/dydy hi ddim yn wirion
> Mae hi yna o hyd/mor annheg yw'r byd
> Erbyn hyn, mae hi'n cysgu
> A minnau'n penderfynu
> Sut i'w helpu pan fydd hi'n deffro
> Rhoi a rhoi, y cymryd yn peidio
> A dyna yw hanes
> Treigl amser, odli dirodres

Yn y dyddiau cynnar, roedden ni'n gallu gadael Mam ar ei phen ei hun am ychydig oriau, a chadw llygad arni gyda'r camerâu roedden ni wedi'u gosod. Os oeddwn i'n gadael bwyd a chyfarwyddiadau ar bapur, a bod Raj yn gallu taro heibio i'w gweld hi bob yn hyn a hyn, byddai hi'n iawn. Roedd hi'n dal i allu ffeindio ei ffordd rhwng ei llofft, y gegin a'r ystafell ymolchi. Doedd hi byth yn gwneud dim byd peryglus nac yn mynd ar grwydr – does dim patrwm i ddementia, mae dementia pob unigolyn yn brofiad cwbl unigryw, a phrofiad Mam oedd profiad Mam. Mae hynny hefyd yn golygu na fedrwch chi, drwy ddarllen rhyw bamffled neu edrych ar-lein, baratoi eich hun ar gyfer sut bydd unigolyn yn dirywio, cyflymder chwalfa'r cof, na beth fydd yn cael ei adael ar ôl. Felly, er nad oeddwn i'n poeni y byddai Mam yn dianc o'r tŷ neu yn ei roi ar dân, a fy mod i'n dawel fy meddwl bod batri'r car wedi'i ddatgysylltu, roeddwn i'n anesmwytho wrth feddwl y gallai Mam ddirywio'n gyflym pe bawn i oddi cartref yn gweithio am gyfnodau estynedig.

A minnau bellach yn gwybod yn union beth oedd yn digwydd go iawn, roeddwn i'n teimlo'n euog, yn ofnadwy o euog, am fod oddi cartref yn gweithio yn y blynyddoedd hynny cyn iddi gael diagnosis. Pe bawn i wedi bod yno, fyddwn i wedi sylwi ar fwy o arwyddion? Fyddwn i wedi rhoi mwy o sylw i fy mhryderon? Yn amlwg, roeddwn i'n amau bod rhywbeth mwy difrifol yn bod nag roedd hi'n fodlon ei gyfaddef, ond wnes i ddim codi fy llais ddigon, a dwi'n dal i feddwl am hynny hyd heddiw. Yn raddol iawn, iawn, iawn, daeth popeth yn fwy amlwg a daeth y symptomau yn fwy clir. Roedd y cyflwr yn gwaethygu fwy a mwy, yn ddiarwybod i ni, oherwydd nad oedden ni wedi deall, reit ar y dechrau, bod y cyflwr hyd yn oed yn bodoli.

Os oedd yn rhaid i fi deithio gyda'r gwaith bryd hynny, byddai Sushma yn dod i fyny o Hertford i ofalu amdani. Yn aml, roedd fy mywyd proffesiynol yn cynnig cysur – daeth yn rhyddhad ac yn noddfa, yn ddihangfa rhag pwysau gofal, yn waredigaeth o fy nyletswyddau beunyddiol. Ond roedd yn straen mawr ar yr un pryd, oherwydd roeddwn i'n teithio ar hyd a lled y wlad er mwyn trio cynnal gyrfa broffesiynol ac ymdopi â gofalu am Mam ar yr un pryd. Os oeddwn i'n gwneud gwaith theatr, byddwn i weithiau'n dal y bws nos o ganol Llundain am hanner nos. Byddai hwn yn mynd i faes awyr Luton cyn ymgordeddu ar hyd a lled y wlad nes cyrraedd Chorlton Street, Manceinion am hanner awr wedi pump y bore. O'r fan honno, byddwn i'n mynd i dŷ Mam mewn tacsi, yn trio cael awr neu ddwy o gwsg ac yna treulio dydd Sul llawn yn gofalu amdani. Ar ryw adeg yn ystod y dydd, byddwn i'n prynu bwyd ac yn gwneud yr holl goginio ar gyfer yr wythnos i ddod, gan labelu'r cyfan mewn cynwysyddion yn yr oergell. Yna byddwn i'n pacio ac yn mynd yn syth yn ôl i Lundain am wythnos o waith, gan ddechrau gyda sioe nos Lun, heb groesi carreg drws fy nghartref fy hun.

Er bod pawb yn gwneud eu rhan i ofalu am Mam, roedd y gwahaniaethau o ran sut roedden ni'n gwneud hynny weithiau'n achosi gwrthdaro rhwng fy mrawd a fy chwiorydd a minnau. Ar ben tensiynau eraill a oedd yn bodoli eisoes, roedd hi'n anodd atal hyn i gyd rhag cronni a berwi drosodd. Roedden ni'n ofnus, roedden ni ar goll hebddi, roedden ni'n ei charu hi ac roedden ni'n ymdopi â hynny mewn ffyrdd cynyddol wahanol. Mae'r pwysau mae gofalu am riant â dementia yn gallu ei roi ar eich perthynas â'ch teulu yn aruthrol.

Mae'n un o'r rhesymau pam mae Raj, Hema a minnau bellach wedi ymddieithrio.

Mae'r straen hwn yn un o'r pethau nad oes neb yn sôn amdano – dydy gweithwyr gofal iechyd gorbrysur ddim yn cyfeirio ato, a dydy o ddim yn cael sylw ar unrhyw restr o bwyntiau bwled mewn pamffledi. Dydy tensiynau teuluol ddim cael eu trafod ar goedd. Ond mae gofyn cael trafodaethau manwl a thrylwyr pan fydd teulu'n dechrau gofalu am berthynas, ac mae'n rhaid i chi gloddio'n ddwfn i ddod yn deulu hapus ac yn dîm unedig, yn enwedig pan nad ydych chi'n hapus ac yn unedig yn y lle cyntaf.

Mae'n effeithio'n ddirfawr ar bawb. Mae eich holl fywydau, eich perthnasoedd a chynnen y gorffennol i gyd yn rhan o'r trafodaethau hynny am ofal. Allwch chi ddim eu hosgoi na'u hanwybyddu. Maen nhw'n rhan annatod o'r pwyso a mesur i benderfynu pwy fydd yn camu ymlaen ac yn darparu'r gofal sylfaenol. Mae'n llawer mwy na'r negeseuon WhatsApp diddiwedd a'r gwaith o drefnu'r calendr. Y pwy-fydd-yn-gwneud-beth, y rhannu cyfrifoldebau, y meysydd dyletswydd. Mae hefyd yn ymwneud ag anian unigolion gwahanol, a'ch ffyrdd unigol o fod yn ofalwr, a'r gwrthdaro a all godi yn sgil hynny. Yr 'O, fel hyn dwi'n gwneud hynny', a'r ymdeimlad o feirniadu rydych chi'n ei deimlo am eich dewisiadau, yn enwedig y rhai rydych chi'n eu gwneud o dan bwysau. Mae'n rhaid i chi fod yn hynod garedig â'ch gilydd ac uniaethu'n gyson â theimladau pobl eraill, neu gall agor y drws i feio ac edliw. Mae'n amhosib peidio â gorbwysleisio pa mor niweidiol y gall gofalu effeithio ar ddeinameg eich teulu. Rywsut, doeddwn i ddim yn gwybod sut i ofyn am seibiant na gwyliau ac roeddwn i'n teimlo'i bod yn rhaid i fi egluro pam oedd fy ngwaith yn bwysig, neu pam oedd angen hoe arna i. Yn gam neu'n gymwys, roeddwn i'n teimlo bod y lleill yn fy meirniadu pan fyddwn i'n cymryd unrhyw seibiant, ar ben gorfod ymdopi ag euogrwydd ofnadwy.

Yn 2017, roeddwn i'n dioddef o orbryder ar ôl blwyddyn eithaf bratiog o ran gwaith, felly cytunais i wneud sioe theatr dros y Dolig.

Roedd y swydd o natur ymylol – cynhyrchiad uchel ei barch gyda chyfarwyddwr gwych – ond roedd hynny hefyd yn golygu cyflog theatr ymylol hefyd. Dwi'n credu fy mod i'n ennill £300 yr wythnos cyn talu comísiwn. Roedd fy asiant wedi dweud na fyddai'n gwneud drwg i fi arbrofi gyda chyfeiriadau newydd. Byddai pobl yn edrych arna i mewn ffordd wahanol a byddai'n eu hatgoffa fy mod i'n gallu ymdopi ag actio theatr, nid dim ond y swyddi masnachol oedd yn talu cyflog masnachol. Dim ond cyfnod o chwe wythnos oedd o.

Ar ôl cytuno fy mod i'n mynd, roeddwn i'n teimlo bod yn rhaid i fi gyfrif faint yn union o amser y byddwn oddi cartref. Byddwn i'n dal i ddod yn ôl ar gyfer dyddiau Sul ac ambell ddydd Llun – doedden ni ddim yn perfformio ar nosweithiau Llun – ac i ofalu am siopa a choginio Mam yn ôl yr angen. Ond nid dyna'r pwynt. Roeddwn i'n teimlo bod rhai aelodau o'r teulu, yn enwedig fy mrawd, yn meddwl mai fy ngwaith i oedd bod gyda Mam waeth beth oedd cost hynny i fy ngyrfa. Roedd angen i fi wybod faint o oriau roeddwn i'n eu cymryd o fy swydd 'go iawn', a sut byddai'r oriau hynny'n effeithio arno fo a gweddill y teulu.

Oherwydd ei sgiliau meddygol, roedd Raj yn chwarae ei rôl ei hun yng ngofal Mam. Wrth helpu i gysylltu â meddygon a nyrsys i drafod gofal iechyd Mam, fo oedd yr un byddai Mam yn gwrando arno yn y pen draw pan fyddai'n rhannu cyngor am feddyginiaeth ac am ei hiechyd. Mewn sawl ffordd, camodd mewn i esgidiau fy nhad, fel meddyg. Roedd Mam yn gwybod stori'r berthynas honno ac yn aml yn fwy cyfforddus i dderbyn cyngor gan fy mrawd. Roedd Raj yn wych pan oedd yn mynd i apwyntiadau gyda Mam, ac am drefnu pethau a chadw i fyny â'r holl jargon meddygol a oedd weithiau'n mynd dros fy mhen. Byddai hefyd, ar brydiau, yn mynd i'r afael â pheth o'i gweinyddu personol. Ond doedd ganddo mo'r anian addas ar gyfer oriau hir gofalu. Doedd ganddo mo'r amynedd parhaus a'r stamina a oedd yn angenrheidiol i ddal ati o fore gwyn tan nos, ac roedd yn gorfod cynnal pwysau ei deulu ei hun hefyd.

Wrth gwrs, roedden ni i gyd yn gwylltio o bryd i'w gilydd oherwydd gallai'r gwaith fod yn drwm iawn, ac roedd Mam yn gallu cynddeiriogi rhywun yn aml – roedd hi'n hoffi gwneud pethau yn ei ffordd ei hun, yn ei hamser ei hun, ac yn gwrthod cyfaddef ar unrhyw adeg nad oedd hi'n gallu gwneud pethau penodol. Byddwn i'n gwneud popeth o fewn fy ngallu i osgoi gwrthdaro, oherwydd doeddwn i ddim eisiau ei chynhyrfu hi, a doeddwn i chwaith ddim eisiau bod o dan fwy o straen. Ond does neb yn berffaith, a phan mae'ch amynedd yn cael ei drethu dro ar ôl tro, i'w eithaf, mae'n amhosib cnoi'ch tafod bob dydd. Byddwn i'n cael llond bol ac yn taro'n ôl – dim ond yn eiriol, dwi'n prysuro i ddweud. Wedi hynny, byddwn i'n teimlo'n ofnadwy o euog am ddweud beth wnes i, ac yn cwffio gyda fy nghydwybod am fod wedi dweud wrthi 'gwna di fo 'ta.' Yn ddieithriad, asgwrn y gynnen oedd y frwydr rhwng beth roedd hi'n credu roedd hi'n medru ei wneud a'r hyn, yn anffodus, roedd hi'n methu ei wneud.

Byddwn i'n dianc i fy llofft, ond yn lle trio ymlacio byddwn i'n hel meddyliau gan ofyn, Pam wnes i hynna? Allwn i ddim cael gwared ar y teimlad, byddwn i'n fy meio fy hun ac yn meddwl tybed pryd byddai'r amser gorau i fynd yn ôl i lawr, fel pe bawn i wedi ymddwyn fel y Shobna ddrwg yn ei harddegau a'i hateb yn ôl cyson. Rydyn ni i gyd yn cael ein dal yn rhwyd pwy oedd ein teulu yn meddwl roedden ni ar un adeg a'r bobl rydyn ni heddiw. Wrth gwrs, erbyn i fi fynd yn ôl i lawr, byddai hi wedi anghofio'r cyfan. Doedd dim golwg o'r tensiwn blaenorol, yn union fel pe bai hi wedi glanhau'r cyfan pan oeddwn i wedi troi fy nghefn, wedi hwfro'r cyfan ac wedi rhoi popeth yn ôl yn ei drefn.

Fel y rhan fwyaf o actorion, dwi wedi gorfod delio ag agweddau pobl eraill sy'n meddwl bod fy swydd yn 'dipyn o hwyl', yn hytrach nag yn swydd go iawn, ac nad yw'n cyfrif fel gyrfa go iawn. Mae hynny'n farn gyffredin. Yn sicr, dyna oedd ymateb fy nheulu. Pe bawn i wedi bod yn athrawes neu'n gyfreithwraig neu'n gyfrifydd, byddai wedi bod yn haws sicrhau'r cydbwysedd. Roeddwn i'n cael y teimlad bod fy mrawd a fy chwiorydd weithiau'n meddwl fy mod i ar wyliau pan fyddwn i lawr yn Llundain yn gweithio. Fel pe na bai'r swydd yn un go iawn, yn waith caled, yn her. Ond dydy'r ffaith fy mod i'n mwynhau fy swydd ddim yn golygu nad ydy o'n waith caled. Iawn, mae'r gwaith yn ymddangos yn gyfareddol iawn, ond mae'n lladdfa hefyd. Dwi wrth fy modd â'r hyn dwi'n ei wneud, ond dydy actio ddim yn fêl i gyd.

Meddyliwch am beth rydych chi'n ei weld yn y theatr – yn y gynulleidfa, rydych chi'n cael eistedd mewn cadeiriau melfed coch cyfforddus. Rydych chi'n mynd i'r bar, yn yfed y diodydd, yn bwyta'r bwyd ac yn gwylio sioe anhygoel, ac mae'r noson gyfan yn teimlo fel achlysur arbennig. Ond mae hi'n stori wahanol iawn gefn llwyfan. Weithiau, does dim tai bach sy'n gweithio na chawodydd mewn theatrau, dim basnau ymolchi, dim sebon, ac mae pob math o sbwriel a llygod gefn llwyfan. Weithiau, mae pawb yn gorfod rhannu un ystafell wisgo, fel sardîns mewn tun. Mae'r oriau'n hir ac yn anodd. Ydych, rydych chi'n chwerthin o bryd i'w gilydd, ond 'rargol, mae angen hynny arnoch chi. Ond dydy mwynhau eich gwaith ddim yn golygu ei fod rywsut yn llai gwerthfawr, nac yn llai blinedig nac yn llai o straen.

Dydy actio ddim yn cael ei ystyried yn broffesiwn parchus gan fy nghymuned. Ac, wrth gwrs, roedd pawb o'r farn nad oeddwn innau'n barchus chwaith. Doedd Shobna Gulati erioed wedi bod yn barchus oherwydd, yng ngolwg rhai pobl, gan gynnwys perthnasau agos, roeddwn i wedi bod yn euog o 'fynnu bod Mam yn gofalu am fy mab a minnau.' Byddai'r hen feirniadaeth yn codi'i phen bryd bynnag y byddai'n rhaid i fi weithio; doedd dim cydnabyddiaeth bod gen i forgais a biliau i'w talu fel pawb arall, a bod rhaid i fi ofalu am fy mab.

Byddwn i'n cael cyfnodau hir o fod heb waith, a oedd yn golygu bod arian yn ofnadwy o dynn ar adegau. Roedd peth o'r ymateb yn fy llorio i. Ble mae dechrau? Roedd rhai cyfarwyddwyr yn dweud nad oeddwn i'n edrych yn 'ddigon Asiaidd', eraill yn dweud fy mod i'n edrych yn 'rhy Asiaidd'. (Wrth gwrs, cyfarwyddwyr castio a chynhyrchwyr gwyn oedd y rhai beirniadol bob tro.) Doedd eraill ddim yn fy nghymryd o ddifri oherwydd nad oeddwn i wedi cael hyfforddiant ffurfiol mewn coleg drama, heb ystyried pa mor anodd yw cael mynediad at y math yna o addysg fel person Du neu Frown. Rydyn ni i gyd yn gwybod bod tuedd ar waith, a hyd yn oed fel actores Brydeinig o dras Indiaidd sy'n adnabyddus ac yn llwyddiannus, mae dod o hyd i waith cyson wedi bod yn her enfawr. Dywedodd fy niweddar gyn-asiant unwaith, oherwydd mai 'dioddefwyr canol oed' roeddwn i'n eu chwarae'n bennaf, y byddwn i'n ddieithriad yn gorffen ar waelod tomen cyfarwyddwyr castio – 'as the last "n-word" in the woodpile' oedd ei union eiriau. Mae'n erchyll, a'r hyn sydd fwyaf brawychus yw bod hiliaeth ddidaro o'r fath yn digwydd yn rheolaidd i fenyw o liw sy'n byw yn y wlad hon. Mae hynny'n beth difrifol.

Yna mae'r farn gyffredinol, un dwi wedi'i chlywed dro ar ôl tro, sef bod actio ar *Coronation Street* yn talu'n ddigon da i'ch cadw chi am oes. Myth yw hynny. Roedd yr arian yn gyson, ac roedd y blynyddoedd o weithio ar *Coronation Street* yn sicr yn llacio'r pwysau ariannol. Bu'n fodd i mi brynu fy nghartref a thalu i anfon Akshay i'r ysgol ramadeg ac yna i ysgol celfyddydau perfformio, ar ôl iddo ennill ysgoloriaeth rannol. Ond pan laddwyd fy nghymeriad, aeth pethau'n ôl i'r hen drefn o waith ysbeidiol, a doedd dim celc enfawr o gynilion yn gefn drwy'r cyfnod anodd. Roedd fy asiant newydd a minnau yn brwydro'n gyson gyda chyfarwyddwyr castio a oedd yn mynnu mai Sunita fyddwn i bellach. Roeddwn i'n wynebu'n rheolaidd y rhagfarn fy mod i'n methu chwarae rolau eraill, ond pryd bynnag y byddwn i'n sôn am hynny wrth rai o fy nghyd-weithwyr gwyn, roedden nhw'n dweud fy mod i'n groendenau.

Gyda'r cyfan yn teimlo fel taro'r naill wal ar ôl y llall, penderfynais ganolbwyntio ar swyddi masnachol tymor byr, lle byddai'r gynulleidfa wrth eu bodd yn gwylio 'rhywun enwog', i wneud yn siŵr fy mod i'n ennill yr arian gorau am yr amser byrraf. Fel hynny, byddai unrhyw amser ar wahân oddi wrth Mam yn werth chweil, o leiaf. Wrth gwrs, roedd hynny'n effeithio ar y rolau a fyddai'n cael eu cynnig i fi yn y dyfodol, a'r rhai wnes i eu dewis. Dydy'r rhan fwyaf o waith theatr uchel ei barch ddim yn denu cyflog arbennig o dda. Y cwestiwn oedd gan lawer o bobl ar eu meddyliau ond ddim yn ei ofyn oedd, 'Pam wyt ti'n ei wneud o felly?' Ond weithiau roedd angen i fi gymryd y swyddi hynny er mwyn dangos i'r byd actio ehangach beth roeddwn i'n gallu ei wneud, i greu cyfleoedd eraill. Mae cymaint i'w wneud drwy'r amser, y pwysau cyson i brofi eich hun i bawb o hyd ac o hyd ac o hyd. Roedd hi'n anodd iawn, mae hi'n anodd iawn ymdopi â'r gwaed, y chwys, y dagrau a'r ysbryd sy'n ofynnol i greu gyrfa actio, yn enwedig pan mae'n broffesiwn sy'n cael cyn lleied o barch. Yr hyn oedd yn amlwg oedd mai problem i fi ei datrys oedd y gwrthdaro rhwng gyrfa a gofynion gofalu.

Gan fy mod i'n gofalu am Mam fwy a mwy, dechreuodd y bwlch rhwng fy mywyd proffesiynol a fy mywyd fel gofalwr gau. Roedd yn rhaid i fi ddod o hyd i ffordd i'w gadw'n gilagored, hyd yn oed y tamaid lleiaf, er mwyn gallu anadlu a chynnal cysylltiad â'r byd mawr y tu allan, hyd yn oed am gyfnodau anghyson. O'r diwedd, ar ddechrau 2018, yn 51 oed, ces i fy rôl gyntaf yn y West End, canolfan theatrau Llundain, yn chwarae Ray yn *Everybody's Talking About Jamie*. Dywedodd Mam, **'Dyma rwyt ti wedi bod eisiau ac yn breuddwydio amdano ers i ti ddechrau dawnsio.'** Roedd hi'n iawn, roedd hyn yn gam pwysig iawn i fi.

Yn y pen draw, yr unig beth gallwn i feddwl ei wneud oedd troi at fenyw arall yn fy nghymuned i helpu gyda gofal Mam. Roedd Jayshri yn hen ffrind – roedd ein plant wedi mynd i'r ysgol gyda'i gilydd yn lleol a gan fod Mam wedi bod yn warcheidwad i Akshay, roedd hi'n ei hadnabod hithau'n dda hefyd. O dras Gwjarataidd, roedd gan Jayshri sensitifrwydd gwych o ran agwedd Mam tuag at ambell beth. Roedd hi hefyd wedi gweithio ym maes gofal cymdeithasol am flynyddoedd ac wedi gofalu am ei mam ei hun nes iddi ei cholli i ddementia fasgwlar. Yn ystod y cyfnod byr ers i'w mam farw, roedd hi wedi bod yn gwneud mân bethau yma ac acw er mwyn dychwelyd i fyd gwaith, a gofynnais a fyddai'n hoffi cael ei chyflogi fel aelod o 'Team Mum Care'. Yn ffodus, cytunodd. Roedd hi'n wych, a byddai'n paratoi prydau blasus i Mam yn rhad ac am ddim. Hi oedd y tonic roedd ei angen ar bawb.

Roedd popeth yn gweithio'n dda – roedd Mam yn meddwl y byd ohoni. Cyn i fi adael am Lundain i ddechrau'r swydd, byddai Jayshri, Mam a minnau yn cyfarfod â'n gilydd yn rheolaidd am baned o de a sgwrs. Cyn bo hir, roedd Jayshri yn fwy na dim ond ffrind i fi – roedd hi'n ffrind i Mam hefyd. Dwi'n dal i allu gweld Mam yn eistedd yn gyfforddus ar ei chlustogau, yn dweud, **'Rho'r tegell mlaen, ac mi wnawn ni rannu'r pethau da ges i gan fy ffrind Jayshri.'**

Pan ddychwelais at Mam ar ôl gweithio, doedd gen i ddim bywyd cymdeithasol. Yn nhŷ Mam, doeddwn i ddim yn gweld neb ac roedd siarad â fy ffrindiau ar y ffôn yn ddigon o her. Doeddwn i ddim yn mynd allan i fwyta, doeddwn i ddim yn mynd i'r sinema. Doeddwn i ddim yn clywed cerddoriaeth nac yn mwynhau gwydraid neu ddau o win mewn tafarn. Wnes i ddim mynd i Fanceinion am flynyddoedd hyd yn oed. Ar un achlysur prin, pan wnes i gyfarfod â ffrind yn ystod Gŵyl Manceinion, doeddwn i ddim yn adnabod y ddinas o gwbl! Doeddwn i ddim yn adnabod yr adeiladau newydd nac yn cofio'r strydoedd; doedd dim clem gen i ble i fynd am fwyd neu goffi. Roeddwn i wedi troi'n ymwelydd yn fy ninas fy hun. Roeddwn i hefyd yn teimlo ar goll ac yn euog dim ond am fod yno. Cafodd yr unigrwydd, yn gymdeithasol ac yn ddaearyddol, effaith enfawr ar fy iechyd meddwl. Roedd drysau ein hystafell ffrynt yn fwy caeedig nag erioed. Os nad oedd gan rywbeth gysylltiad uniongyrchol â Mam, doedd dim gobaith ganddo.

Roedd gwylio'r ffordd roedd fy chwaer Sushma yn rheoli ei hamser gyda Mam yn tynnu sylw at sut gallai pethau wedi bod yn wahanol i fi. Sushma, y chwaer ganol, oedd diplomydd y teulu erioed, y canolwr pryd bynnag y byddai yna wrthdaro. Mae hi'n fenyw hynod gall a chytbwys. Er bod salwch Mam wedi effeithio'n fawr ar ei gwaith ac ar ei bywyd teuluol, a hithau'n gorfod teithio i fyny o gartref ei theulu yn Hertford – weithiau gyda'i gŵr, Søren, a ddaeth yn aelod arall o 'Team Mum Care' – roedd hi bob amser yn dod o hyd i ffordd i drio cadw'r ddysgl yn wastad. Byddai'n dod â phethau i'w gwneud gyda hi, pethau o'i bywyd ei hun a dim ond iddi hi ei hun, ond yn aml byddai'r rhain yn aros yng nghist ei char drwy gydol ei hymweliad. Cyfaddefodd ei bod hi, hyd yn oed, yn gallu cael trafferth gwneud lle i'r munudau prin hynny o amser personol, oherwydd roedd y sefyllfa gyda Mam yn gallu newid unrhyw bryd. Ond bob dydd, yn ddi-ffael, byddai'n mynd allan am dro ac i gael awyr iach, ac roedd hynny'n bendant yn helpu i leddfu pethau pan fyddai'r tensiwn o fewn y pedair wal yn cynyddu. Byddai'n sianelu ei hegni i lanhau'r tŷ ac efelychu gwerthoedd domestig Mam a'i bod ar gael iddi ar yr un pryd. Dyna sut roedd hi'n llwyddo i ddelio â'r pwysau a chadw'i hun yn brysur â'i nodau a'i hamcanion ei hun, hyd yn oed os oedd hynny'n gorfod digwydd yng nghartref Mam.

Byddai gofod cysegredig cegin Mam yn arwain at bob math o wrthdaro a drama, ond wrth i amser fynd rhagddo, dechreuodd arferion Mam a'i gofal am y gegin bylu. Sut i wneud te, er enghraifft. Ers ein plentyndod, roedd hi wedi cyfarth y cyfarwyddiadau o bell, ond daeth hynny i ben.

> **Rhoddodd hi'r gorau i wirio eich techneg cyn iddi fentro yfed y diferyn cyntaf.**
>
> **Rhoddodd hi'r gorau i wirio oeddech chi wedi defnyddio'r tebot.**

Rhoddodd hi'r gorau i ofyn oeddech chi wedi rhoi dau fag yn y tebot, nid tri.

Doedd dim ots ganddi oeddech chi'n arllwys dŵr i mewn at y twll uchaf ai peidio.

Doedd hi ddim yn gofyn ble roeddech chi wedi rhoi'r bagiau te gwlyb.

Doedd hi ddim yn eich gorfodi chi i ddod â'r tebot ati er mwyn iddi ei astudio â'i llygaid ei hun.

Er iddi anghofio llawer o'r manion bach hynod, roedd hi bob amser yn cofio nad oedd hi'n cael bwyta planhigion wy. Bob tro y byddwn i'n coginio *sabji* llysiau, byddai hi'n dweud, '**Dydw i ddim yn bwyta *baingan* (planhigyn wy). Dwyt ti heb roi dim ynddo fo, wyt ti?**' (Yna byddai hi bob amser yn gwneud jôc goeglyd bod fy chwaer yng nghyfraith yn torri pob rheol. Mae gwraig Raj yn bwyta planhigion wy, er gwaethaf rheol y teulu Gulati. Erbyn hyn, mae'n rhaid i fi ddweud, dydyn ni ddim yn poeni am hynny. Mae'r plismyn planhigion wy wedi rhoi'r gorau i'w gwaith!)

Yna daeth y pwynt pan stopiodd Mam fod eisiau cymryd rhan gorfforol yn y gwaith o baratoi bwyd a diod, ac roedd hynny'n sioc anferth i ni i gyd. Roedden ni i gyd wedi bod yn gaeth erioed i dorri llysiau i'r milimetr, ac yn sydyn, roedd y cyfan wedi diflannu a hithau ddim i'w gweld yn malio'r un botwm corn. Sut roedd hi eisiau i chi ferwi tatws cyn eu plicio â llaw, plicio'r croen yn ofalus fesul tipyn, fel nad oeddech chi'n cael gwared ar y mymryn lleiaf o gnawd, yr ongl benodol ar gyfer torri nionyn neu hyd yn oed dynnu'r croen i sicrhau nad oedd dim yn mynd yn wastraff – dechreuodd yr holl orchmynion diflas ddiflannu, a'r holl ofynion a safonau hollbresennol lithro ymaith. Yn raddol, dechreuais i wneud bwyd i Mam yn ei thŷ ei hun ac yn raddol, rhoddodd hithau'r gorau i wirio pob dim roeddwn i'n ei wneud. Yr un peth na ddiflannodd oedd ei chanolbwyntio matriarchaidd ar ei theyrnas, a hynny yn ei dro yn arwain iddi gredu mai hi oedd wedi paratoi a choginio pob pryd o fwyd yn y gegin, a'i bod hi hefyd yn llwyddo i gadw tŷ ar ei phen ei hun bach. Roedd yn ddatblygiad hynod, a ddaeth yn anodd ei reoli – er nad oedd hi prin yn gallu codi oddi ar ei chlustogau, roedd hi'n credu ei bod hi wedi llenwi'r peiriant golchi, wedi smwddio a chadw'r holl ddillad, heb sôn am goginio'r prydau roedden ni'n eu bwyta. Roedd hi'n meddwl ei bod hi wedi glanhau'r tŷ ac wedi cael trefn ar ei diwrnod. Weithiau, roedd hi'n meddwl mai hi oedd wedi gwneud swper. Ond doedd hi ddim – ni oedd yn gwneud y cyfan.

Yn ein tro, gwnaethon ni gynnal y twyll, gan nad oedden ni'n gwybod sut arall i fynd i'r afael â'i hargyhoeddiad llwyr, nid yn unig yn ei gallu ond hefyd yn ei balchder domestig. Oherwydd ei bod hi'n credu ei bod hi'n dal i reoli pob dim, roedd hyn yn gwneud iddi deimlo'n fwy diogel a hefyd yn golygu na chafwyd bylchau enfawr yn ei gofal erioed. Ond roeddwn i'n poeni fy mod i'n cadw'r gwir oddi wrthi. Wnes i erioed ei chywiro a dweud wrthi, 'Mam, na, ddim ti wnaeth y te; na, ddim ti wnaeth y cinio. Fi wnaeth.' Sut rydych chi'n dweud hynny wrth rywun sy'n mynnu dal gafael ar ei hannibyniaeth, sydd o leiaf yn trio meddwl yn glir, fel ffordd o wrthbwyso effeithiau dinistriol ei dirywiad ar ei chymeriad, ar ei gweithgaredd ac ar ei balchder?

Dechreuais i guddio'r gwaith roeddwn i'n ei wneud fel na fyddwn i'n tanseilio ei ffydd yn ei galluoedd. Pan fyddai Mam yn mynd i'r tŷ bach, byddwn i'n dechrau hwfro, newid y gwely'n sydyn, rhoi'r dillad i'w golchi ac yna hwfro ychydig eto cyn iddi ddod yn ei hôl. Doeddwn i ddim eisiau mentro creu ffrae am sut roeddwn i'n glanhau, ond roeddwn i hefyd eisiau iddi feddwl ei bod hi wedi gwneud y cyfan ei hun.

Yn raddol bach, diflannodd safonau cadw tŷ Asha i niwl y gorffennol. Doedd cadw wyneb ddim yn bwysig bellach; roedd yn union fel gwylio tap â dwr yn llifo allan ohono yn cael ei gau. Roedd ambell ddiferyn yn gollwng yn gyson i ddechrau, ond yn araf bach, pylodd y llif arferol o ddefodau a safonau disgwyliedig. Rhedodd hi'n sych. Y diwrnod rhoddodd Mam y gorau i smwddio, neu pan fyddai hi'n dod i mewn i'r gegin a gwneud paned o de mẁg, oedd yr adegau pan sylweddolais na fydden ni byth yn gallu cael ei thap i lifo eto. Y nodweddion, y priodoleddau bach hynod hynny a oedd yn ei gwneud hi yn *hi*. Yr holl reolau, yr holl safonau a oedd yn codi chwerthin ymysg ei phlant ac yn gwneud i ni rolio'n llygaid. 'Rargol, roeddwn i'n gweld eu colli nhw cymaint nawr eu bod nhw wedi mynd.

Mae gofalu yn llyncu amser, ac yn aml mae'n traflyncu popeth. Mae ei natur ailadroddus yn gallu bod mor ddiflas. Yn hytrach na disgwyliad mai dim ond am ychydig ddyddiau neu wythnosau y bydd yn digwydd, rydych chi'n gwybod y bydd yn llyncu blynyddoedd o'ch bywyd. Ar ben hynny, mae'n gyfnod cwbl hesb. Dydy o ddim yn debyg i ddyddiau cynnar bod yn fam, lle mae pethau'n symud ymlaen yn gyson, lle mae hyd yn oed y diflastod dyddiol yn arwain at gynnydd a datblygiad. Er mwyn llenwi'r bwlch, dechreuais sianelu llawer o fy egni i goginio ar gyfer Mam – teimlai'n fwy fel meithrin a chreu na chadw unrhyw ddirywiad draw am ddiwrnod arall. Roeddwn i'n coginio er mwyn codi calon Mam a chyflwyno rhywfaint o lawenydd i'w diwrnod.

Wrth ddechrau fel arfer drwy dorri'r nionyn, byddwn i'n penderfynu pa sbeisys powdr a pha sbeisys cyfan y byddwn i'n eu defnyddio, a dyna fyddai'n pennu'r pryd. Byddwn i'n ychwanegu pa lysiau bynnag oedd ar ôl yn yr oergell. Byddwn i'n gwneud *biryani* o gyri sbâr a chynnwys llysiau o'r rhewgell i fywiogi blas y reis. Ond roedd brechdanau bysedd pysgod hefyd yn ffefryn, a byddwn i'n toddi menyn mewn pys a'u gwasgu i mewn i'r bara i wneud gwely i'r pysgod crimp – roedd Mam wrth ei bodd gyda 'bara gwyrdd', a byddai'n chwerthin bob tro y byddwn i'n ei baratoi oherwydd ei fod yn edrych mor annymunol. Roedd hi'n gweld hynny'n ddoniol. Fel popeth yn ein bywyd, roedd yn gymysgedd o flasau Gogledd Lloegr a Gogledd India.

Roedd hoff brydau Mam yn cynnwys unrhyw beth i'w wneud â thatws, neu *aloos*, sef y lluosog Saesneg o'r gair Hindi am daten. Roedd hi'n gwirioni ar datws stwnsh, tatws wedi'u berwi, tatws pob, tatws mewn *subji* – llysiau wedi'u tro-ffrio – neu datws wedi'u coginio yn null sych 'Bombay', gyda hadau cwmin a thyrmerig. Roedd hi wrth ei bodd gyda sglodion hefyd, a byddai hi wastad yn anfon Akshay i fyny i'r siop leol i brynu pryd neu ddau, er y byddai hi'n hapus fel y gog gyda sglodion cartref hefyd. Roedd ffefrynnau eraill yn cynnwys pryd o Dde India yn cyfuno cymysgedd sbeislyd, sych o datws *masala* a nionod wedi'u stwffio mewn *dosa* (roedd Sushma yn aml yn dod â chymysgedd crempog *dosa* parod ar gyfer Mam). Roedd Mam wrth ei bodd â *Chat* tatws (tatws stwnsh wedi'u blasu â lemwn, pupur, halen du, *amchur* (powdr mango), powdr tsili a *garam masala* mewn cymysgedd *Chat* sbeislyd a blasus) wedi'i gymysgu â byrbryd amser te, *namkeen* wedi'i ffrio. Ymhlith y ffefrynnau eraill roedd 'grefi' tomato *aloo*, *aloo matter* (tatws a phys), *aloo saag* (tatws a sbigoglys) a phupur wedi'i stwffio â thatws (un o brydau arbennig Nirmala Niketan).

Roedd 'tatws Casey', tatws wedi'u pobi gyda chaws a hufen, pupur lliwgar a nytmeg, yn un o'r pethau y byddai'n eu paratoi ar gyfer 'nosweithiau bwyd rhyngwladol' i godi arian at elusen. Fel fi, roedd hi wrth ei bodd yn cicio yn erbyn y tresi, ac yn lle pryd Indiaidd, byddai hi'n paratoi'r pryd arddull Americanaidd hwn ar gyfer merched yr elusen, a pham lai? Ond y ffefryn pennaf, heb unrhyw amheuaeth, oedd *aloo gobi* (tatws a blodfresych). Byddai'n cyfeirio ato fel 'gobi Shobi', a chwerthin ar ben ei jôc ei hun bob tro.

Byddwn i'n paratoi rhai prydau yn fwriadol i ysgogi atgofion a straeon coll. Gallai blas adfer ei chysylltiad â'i hanes. Er enghraifft, byddai blas braster cras ar olwythion cig oen yn ei chludo i India, a byddai'n chwerthin wrth fynnu bod y defaid wedi bod yn denau gan nad oedd llawer o gig blasus ar ei phlât. Dysgais i'n fuan iawn fod arogl coginio yn tynnu dŵr i'w dannedd ac yn ailgynnau ei diddordeb mewn bwyta. Byddai cawl tomato Heinz (roedd hi'n gwybod os nad oedd hi'n cael cawl Heinz) yn ei hatgoffa o'n teithiau cynnar, pan oedd Raj a minnau'n blant, i Srinagar yn Jammu, Kashmir, i weld ei hewythr, a fu'n is-gadfridog ym Myddin India. Roedd hi'n dal i gofio'r blasau a'r arogleuon, ac roedd hi'n gallu profi atgofion coll o'r newydd yn eu sgil.

Roedd un haf penodol yn ystod y cyfnod yma'n arbennig o boeth, a ninnau'n ei brofi i raddau helaeth drwy ffenestri mawr ei hystafell, ac roedden ni'n cael trafferth perswadio Mam i yfed digon. Oherwydd bod cysylltiad agos rhwng ei chyfnodau eglur a'i lefelau hydradu, roedden ni i gyd yn ymwybodol iawn o faint o ddŵr roedd Mam yn ei yfed. Gan ei bod hi wrth ei bodd â phethau sur, byddwn i'n prynu lolipops lemon iddi neu'n rhoi dŵr rhew gyda darnau o lemon a leim ffres iddi gan ddweud wrthi ei fod yn debyg i *nimbu pani* (lemonêd Indiaidd). 'Mi wnei di hoffi hwn, Mam,' byddwn i'n dweud, a byddai hithau'n yfed yn hapus.

Dwi'n cofio hysbyseb a oedd ar y teledu byth a hefyd yn ystod yr haf poeth hwnnw, yn dangos pentwr o aeron ar blât. Bob tro y byddai hi'n gweld yr hysbyseb, byddai'n cyffroi. Roedd hi'n wraig ddeddfol iawn, felly fyddai hi byth wedi prynu'r math yna o beth wrth siopa, ond prynais i ffrwythau tebyg a cheisio ail-greu'r llond plât o aeron a oedd gymaint wrth ei bodd.

Dwi'n dal i gofio'r foment ryfeddol pan wnes i weini'r mefus aeddfed blasus gyda chymysgedd o aeron coch a phiws ynghyd â sgwariau melys o binafal a mango ar blât o'i blaen. Roedd yn hyfryd ei chlywed hi'n dweud yn llawen, **'Www, sbïa, ac i frecwast!'** Roedd y teledu bob amser wedi cynnal rhyw berthynas â realiti iddi, a'r aeron hynny wedi'i helpu i ddeall y cysylltiad rhwng gwahanol gyfnodau amser. Roedd paratoi bwyd iddi yn rhoi dilysrwydd i fi, a'r teimlad fy mod i'n gwneud gwahaniaeth ystyrlon i ansawdd ei bywyd a'i lles.

Roedd ei gweld hi'n bwyta bwyd, yn mwynhau ei hoff lolipops, yn cael blas ar yfed *nimbu pani* yn lle te, hefyd yn fy nghynnal i, ac yn llesol i fi hefyd.

Roeddwn i eisoes yn ymarferol iawn o ran yr hyn roedd ei angen ar Mam. Dywedodd y nyrsys wrtha i fod Mam yn gymwys i gael ambell declyn a allai ei helpu i symud. Fel rhan o'r gwasanaeth hwnnw, daeth gweithwyr heibio i osod canllawiau yn y tŷ a'r ystafell ymolchi er mwyn helpu Mam i symud – roedd hi'n gandryll am y peth, gan fod y teclynnau *di-chwaeth* yn amharu ar ddécor ei chartref. Pan oedd y gweithwyr yno, byddai'n barod ei gwên ac yn fawr ei diolch, ond ar ôl iddyn nhw fynd, byddai'n mynnu nad oedd angen dim byd o'r fath arni. Ond roeddwn i'n gwybod bod angen help arni i symud rhwng ystafelloedd ac i'w chadw'n ddiogel wrth fynd i fyny ac i lawr y grisiau. Cafodd hi fatres newydd hyd yn oed. **'Beth sy'n bod ar yr hen un?'** bloeddiodd ar fy chwaer, a oedd 'ar ddyletswydd' ar y pryd ac wedi gorfod delio â'r storm arbennig honno.

Dysgais i hefyd sut i ddelio â'r tabŵ mwyaf, mae'n debyg, o ran gofalu am rywun â stoma a dementia. Mae'n siŵr mai dyma'r peth anoddaf yn emosiynol i Mam orfod ymdopi ag o, ac mae'n rhaid ei bod yn ergyd galed iawn i'w balchder.

Magwyd y teulu Gulati i fod â safonau hylendid uchel iawn, yn ogystal ag ymdeimlad cryf o gywilydd o ran ein cyrff. Dwi'n cofio mai tomboi oeddwn i pan oeddwn i'n blentyn, yn eistedd gyda fy nghoesau ar led a Mam yn gwylltio a dweud, **'Caea dy goesau, Shobna, mae pawb yn gallu gweld dy gig moch a ham.'** Hyd yn oed wrth i'w chyflwr ddirywio, gallai unrhyw awgrym o noethni wneud iddi deimlo'n chwithig.

Dwi'n ei chofio hi'n gwaredu pan wnes i wisgo legins tebyg i liw fy nghroen. Rhyw Nadolig oedd hi, a minnau'n trio ymdopi ag amserlen waith hurt a pharatoi cinio Nadolig i bawb. **'Beth wyt ti'n ei wisgo,**

Shobi? Dydw i ddim yn ei hoffi!' Treuliodd hi'r diwrnod cyfan yn hefru arna i i fynd i'r llofft i wisgo amdanaf, oherwydd ei bod hi'n meddwl fy mod i'n edrych yn hanner noeth. Roeddwn i heb ddod â dillad eraill oherwydd fy mod i wedi gorfod rhuthro yno ar hyd y draffordd, ond daliodd ati i fod yn flin.

Ond roeddwn i'n hen gyfarwydd â hynny. Roedd hyn wedi bod yn broblem iddi erioed, er na fyddai byth wedi gadael i neb wneud sylw am y lluniau beiddgar ohona i yn y papurau, y rhai roedd hi wedi'u casglu mor ddiwyd. Ond o ran sut byddwn i'n gwisgo o gwmpas y tŷ, roedd ganddi ddigon i'w ddweud bob tro. Roedd y cyfan yn tarddu o **'gywilydd cywilydd'** o'n cyrff noeth a oedd yn rhan o'n magwraeth, ac roedd materion yn ymwneud â'r tŷ bach yn cynyddu'r pwysau fwy fyth.

Roedd hi bob amser wedi canolbwyntio'n obsesiynol ar lendid, ac roedden ni blant yn cael ein gorfodi i lanhau ein hunain yn drylwyr o unrhyw fudreddi. **'Wyt ti wedi golchi dy ddwylo gyda sebon?'** Yr un hen gân bob tro roedden ni'n dod i'r tŷ ar ôl bod allan. Roedden ni hyd yn oed yn gorfod gwisgo dillad 'y tu allan', a byddai'n colli ei limpyn yn lân os nad oedden ni'n newid o'n dillad ysgol 'budr' i ddillad cartref glân yn syth ar ôl dod adref o'r ysgol. Roedd gennym ni rota golchi gwallt – doedden ni'r merched ddim yn cael golchi ein gwallt ar nos Iau gan mai 'diwrnod y bechgyn' oedd hwnnw; byddai golchi ein gwallt ar y diwrnod hwnnw wedi bod yn arwydd o amarch. Pwy a ŵyr o ble ddaeth hynny? Roedd gan Mam obsesiwn parhaus â brwsio ein gwallt. Os oedden ni eisiau socian mewn bath, roedd yn rhaid i ni gael cawod yn gyntaf, fel nad oedden ni'n baeddu'r dŵr; doedden ni ddim yn cael bwyta ein brecwast nes ein bod ni wedi ymolchi a glanhau ein dannedd.

Wrth gwrs, roedd glendid ynghlwm wrth ysfa Mam i reoli hefyd. Roedd glendid yn hanfodol ac yn rhan enfawr o'n trefn a'n traddodiadau. I ddechrau, roedd Mam yn dda iawn wrth ddelio â'r stoma, a oedd yn dal yn ei le ers iddi wella o ganser y coluddyn. Ond daeth tro ar fyd, diolch i'r dementia.

Yn weddol gynnar, naill ai yn 2014 neu 2015, roedd Mam wedi mynd i'r tŷ bach pan sylweddolais fod ei bag stoma wedi gollwng ar lawr ei hystafell. Eisteddais yno, fel delw o flaen y teledu, ddim yn gwybod beth dylwn i ei wneud. Yn sydyn, meddyliais, mae'n rhaid i fi lanhau'r llanast, ond mae'n rhaid i fi wneud hynny heb iddi hi sylwi, oherwydd bydd hi'n gandryll os daw i wybod y gwir. Neu byddai hi'n marw o gywilydd. Doeddwn i ddim eisiau gweld y naill emosiwn na'r llall – ei hamddiffyn hi oedd fy unig nod. Ar y pryd doeddwn i ddim hyd yn oed yn ystyried pam nad oedd hi'n gwybod ei fod yn gollwng. Roeddwn i'n canolbwyntio'n llwyr ar ei guddio rhagddi. Wedi'r cwbl, roedd hyn flynyddoedd cyn iddi gael ei diagnosis. Yn ffodus, roedd Sushma wedi prynu llwyth o glytiau glanhau tafladwy yn dawel bach ac yn eu cadw yn y gegin. Byddai Mam ar gefn ei cheffyl pe bai'n gwybod, oherwydd roedd hi'n casáu unrhyw gynnyrch tafladwy. Ond yr eiliad honno, fues i erioed mor falch o weld cynnyrch glanhau untro.

Yn ddiweddarach, wrth i'w chof bylu ymhellach, byddai'n anghofio am ei stoma yn amlach. Ond weithiau, byddai'n edrych arno ac yn dweud yn hiraethus, **'Mae Raj yn dweud na alla i gael gwared ar hwn achos dydw i ddim yn ddigon iach'** – er mai ei meddygon hi ei hun oedd wedi cadarnhau na fyddai hi'n ddigon da ar gyfer y llawdriniaeth, nid Raj.

Weithiau, y broblem fwyaf oedd y byddai'n gwrthod yn lân â mynd i'r ystafell ymolchi. Neu byddai hi'n tynnu'r bag yn y nos ac yn anghofio rhoi un arall yn ei le. Neu bydden ni'n eistedd yn gwylio rhyw opera sebon neu'i gilydd a gallwn i weld bod ei stoma wedi bod ar waith a'r bag angen ei wagio. Byddwn i'n dweud, 'Mam, dwi'n credu bod angen i chi fynd i'r tŷ bach rŵan.' Byddai hithau'n ymateb, **'Ie, ie, dwi jyst yn gwylio hwn – gad i fi wylio tan yr hysbysebion.'** Yna byddai'r hysbysebion yn mynd a dod, a hithau'n dal heb symud, felly byddwn i'n dweud, 'Plis, Mam, plis.' Beth mae rhywun i fod i'w wneud yn y sefyllfa honno? Sut rydych chi'n rheoli gwraig yn ei hoed a'i hamser sydd ddim eisiau gwneud rhywbeth, a heb yr un syniad am beth sy'n digwydd? Ydych chi'n gafael ynddi'n gorfforol ac yn mynd â hi i'r tŷ bach? Neu ydych chi'n gadael iddi eistedd yno am hydoedd, gan obeithio y bydd hi'n penderfynu mynd o'i phen a'i phastwn ei hun? Pan fydd y bag stoma'n gollwng i bob man, beth rydych chi'n ei wneud? Ble mae'r cyngor ynglŷn â hynny?

Dydy gofalu am eich mam ddim yr un fath â gofalu am blentyn. Gyda phlentyn, rydych chi'n rheoli'r sefyllfa ac yn gwneud yr hyn sydd orau iddyn nhw. Ond eich mam yw hon, gwraig sydd wedi bod yn rheoli popeth drwy gydol eich oes ac, yn fwy na hynny, dydy hi ddim hyd yn oed yn gwybod beth sy'n digwydd. Neu fel arall mae hi'n gwybod beth sy'n digwydd ond dydy hi ddim eisiau gwneud dim byd am y peth. Beth gallwch chi ei wneud yr adeg honno? Roeddwn i'n arfer mynd allan o'r ystafell, anadlu'n ddwfn a mentro'n ôl i mewn, gan wneud fy ngorau i'w hannog i fynd i'r tŷ bach. Byddai'r ymrafael geiriol yn dechrau, gyda Mam yn dweud, '**Be wyt ti'n feddwl? Dydw i ddim yn gwybod be dwi'n wneud? Dydw i ddim dy angen di.**' Byddwn innau wedyn yn pendilio rhwng dweud, 'Na, Mam, dwyt ti ddim yn gwybod beth rwyt ti'n ei wneud' ac 'Wrth gwrs dy fod ti'n gwybod beth rwyt ti'n ei wneud, dwi yma i helpu.' Byddwn i'n trio bod mor addfwyn â phosib a pheidio â chynhyrfu. Roedd hynny fel arfer yn ddigon i'w hysgogi.

Roedd dewis y seicoleg addas i'r achlysur yn anodd weithiau, oherwydd roedd cymaint o wahanol fersiynau o Mam. Gallai fod yn cofio ac yn ymddwyn fel plentyn, fel merch ifanc, fel fy mam, fel y wraig weddw a fu mor alluog, neu fel y fam golledig a oedd wedi anghofio ble roedd hi yn yr ennyd honno. Wyddech chi byth pa un byddai hi y tro hwn. Y fam gwerylgar? Neu'r plentyn bregus, caredig? Y fam oedd yn ei llawn bwyll ac yn gwybod beth oedd yn digwydd? Neu rywun hollol newydd? Ddylwn i fod yn gadarn ac yn llym? Oedd rhaid i fi wneud iddi deimlo fy mod i ddim yn credu ei bod hi'n gwybod beth oedd orau iddi? Roedd yn frwydr feddyliol barhaus gyda chi'ch hun.

Weithiau, roeddwn i'n methu gwneud dim byd i atal damweiniau. Daeth y cyfan yn rhan o'r gofal. Doedd o byth yn ymwneud ag ymarferoldeb y ddamwain – y cyfan gallech chi ei wneud oedd bwrw ati i lanhau neu olchi'r dillad gwely. Ar lefel ddyfnach, roedd teimlad eich bod chi rywsut yn chwalu ei hurddas ac roedd hynny'n brifo. Ond byddech chi'n gwneud unrhyw beth posib i wneud iddi gredu ei bod *hi'n* ymdopi, nad oedd angen ein help ni arni go iawn. Gweithiodd hynny o ran hwfro cyfrinachol, smwddio yn ystod y nos a rhoi ei dillad yn barod, ond roedd hi'n anoddach pan oedd angen gwneud pethau mor bersonol a phreifat, pan oedd angen i fi ymyrryd *bryd hynny*. Roeddwn i'n trio mor galed i'w hamddiffyn o hyd, ac roedd yn anodd iawn, iawn.

Doeddwn i erioed wedi'i gweld hi'n noeth, roedd hi wastad wedi bod mor breifat ac wedi cuddio ei hun mor ofalus. Dim ond pan fuon ni ar y daith honno i India a rhannu gwely y gwelais hi mewn fest a bra. Fy mam, y wraig a oedd wedi gofalu amdana i, oedolyn oedd yn meddu ar farn gref iawn ynghylch noethni, cywilydd a hylendid. Y fam a oedd yn sychu fy mhen-ôl pan oeddwn i'n blentyn bach ac a ddysgodd i fi sut i fynd i'r tŷ bach a glanhau.

Daeth y pethau hyn i gyd i'r wyneb pan oedden ni'n dwy yn sefyll yn yr ystafell ymolchi a Mam yn gweld ei hun yn y drych, yn noeth, gydag ysgarthion yn gollwng o'i stoma. O'r holl sefyllfaoedd gwael, dyma'r waethaf. Y fi ar lawr yn trio glanhau o'i chwmpas hi, a hithau'n sgrechian arna i, **'Dos allan. Dos allan o'r ystafell ymolchi. Paid â'i gyffwrdd o, y ffŵl, mae o'n fudr. Dwi'n gwybod beth dwi'n ei wneud, y ffŵl. Dos allan!'** Byddai ei llaw yn hofran uwch fy mhen wrth i fi drio ei thawelu hi, glanhau a newid ei bag yn gyflym ac yn effeithlon. Roedd mor boenus ei gwylio, yn ddryslyd ynglŷn â pham roeddwn i yno, yn ddryslyd am ddiben y stoma a sut roedd o wedi achub ei bywyd. Ac ar ben y dryswch, byddai cynddaredd ynghylch y cywilydd a oedd yn cael ei orfodi arni. Roeddwn i'n rhan o hynny, drwy ddim ond bod yno.

Yr unig beth gallwn i ei wneud oedd ei helpu hi yn yr eiliad honno, er gwaethaf popeth oedd yn digwydd iddi. Fore trannoeth, byddai hi'n wahanol eto, o bosib yn gwybod yn union beth oedd yn digwydd ac yn gallu rheoli'r cyfan yn berffaith. Roedd methu rhagweld pa Asha byddwn i'n dweud bore da wrthi yn faich enfawr arna i'n emosiynol. Byddai llygedyn o ryddhad ambell ddiwrnod, ond byddai'n anodd ar adegau eraill.

Un arall o ganlyniadau ei chlefyd oedd bod Mam wedi rhoi'r gorau i newid o'i phyjamas os nad oedd hi'n 'mynd allan i rywle'. Doedd hi ddim yn gwisgo trowsus taclus, top hyfryd neu *salwar kameez* mwyach. Aeth yr arfer hwnnw ar ddifancoll. Ar ddydd Sul, cyn yr *havan* (y gwasanaeth crefyddol roedd hi'n ei fynychu gyda fy mrawd), byddwn i'n rhoi dillad Mam ar ei gwely. Ar ôl cael cawod, byddai'n dechrau poeni am beth i'w wisgo, a byddwn i'n dweud celwydd wrthi, 'Wel Mam, rwyt ti wedi gosod y cyfan allan ar dy wely, felly dwi'n meddwl dy fod ti wedi penderfynu beth i'w wisgo'n barod, felly does dim angen i ti boeni.' Ambell ddiwrnod, hyd yn oed os oedden ni'n disgwyl ymwelwyr, pan fyddwn i'n gofyn iddi wisgo byddai'n dweud, **'Pam? Dwi yma a dyma fi.'**

Rhoddodd Mam y gorau i fod eisiau cael cawod hefyd. Bob dydd, roedd hi'n cael mwy a mwy o lond bol ar drio dal ati, ond bob tro roedd ganddi apwyntiad neu os oedden ni'n mynd i unrhyw le, roeddwn i'n dwyn perswâd arni i fynd i fyny'r grisiau i ymolchi. Doeddwn i ddim yn edrych ymlaen at apwyntiadau ysbyty yn y bore, gan fod hynny'n golygu ei deffro hi mor gynnar er mwyn dechrau'r perswadio cynnil o ran beth roedd hi'n ei wneud, ble roedd hi'n mynd, pwy roedd hi'n ei weld, y 'Beth am fynd i'r llofft i gael dy hun yn barod?' ac ailadrodd popeth heb fynd yn rhwystredig.

Weithiau byddai'n brwsio ei gwallt, dro arall byddai'n gwrthod. Weithiau byddwn i'n holi a oedd hi eisiau mynd i'r siop trin gwallt, a hithau'n dweud yr hoffai hi gael torri a lliwio'i gwallt. Yna byddai hi'n gwrthod. Ond roedd yr awydd i ymbincio yn pylu fwy a mwy nes cyrraedd y pwynt nad oedd hi byth yn holi am gael mynd. Wnes i ddim rhoi'r gorau iddi gan fy mod i'n gwybod y byddai hi'n teimlo'n well o wisgo'n daclus ac ymbincio. Ambell dro, byddwn i'n trefnu syrpréis, ac ar ôl llawer o waith perswâd, byddai'n eistedd yn y gadair yn siop trin gwallt leol Janet erbyn hanner awr wedi tri. Byddai Mam bob amser yn teimlo'n well ar ôl dod adref. Roedd hi'n ei hadnabod ei hun yn y drych. Roedd hynny'n bwysig, felly wnes i ddim rhoi'r gorau iddi.

Roedd eiliadau prin ond prydferth o dynerwch yn atalnodi bywyd, ac eiliadau o agosatrwydd nad oedden ni erioed wedi'u profi o'r blaen yn ein bywydau gyda'n gilydd. Dyna lle bydden nhw mwya' sydyn, yn gyflawn ac yn llachar, fel glöyn byw sydd ond yn byw am ddiwrnod. Ond roedden nhw'n hedfan i mewn ac allan o'r tŷ ac yn gwneud i'r dynfa, y cywilydd a'r unigrwydd ymddangos yn werth chweil. Hyd yn oed os mai pethau dros dro roedden nhw, roedd eu gweld nhw a chofio amdanyn nhw yn fy nghadw i fynd.

Mi wnes i gyflwyno ffordd wahanol o fod gyda'n gilydd ar ôl blynyddoedd o gadw ein pellter. Oherwydd ei holl feddyginiaeth, byddai Mam yn cael cur pen yn aml ac roedd hi wrth ei bodd pan fyddwn i'n tylino ei phen. Byddwn i'n rhwbio lleithydd i'w choesau ac yn gwneud cymaint o therapi cyffwrdd ag y gallwn i. Hefyd byddwn i'n tylino ei chefn a'i hysgwyddau, hyd yn oed drwy ei dillad. Roedd agosatrwydd corfforol o'r fath heb fod yn rhan o'n bywydau ni erioed. Fyddwn i byth wedi'i chyffwrdd hi fel yna cynt, ond roeddwn i'n gwybod ei fod yn lleddfu ei hanghysur ac yn tawelu ei meddwl a oedd yn chwyrlïo. Byddwn yn eistedd gyda hi ar ei gwely wrth y rheiddiadur i wneud dim byd mwy na bod yn agos ati. Dechreuais i hyd yn oed gusanu ei thalcen. Roedd hi'n edrych arna i fel pe bai hi'n amau hynny, ond roedd ei llygaid yn llawn o'r cariad a'r cysur roedd hi'n ei gael o'i wneud. Weithiau, byddai hi'n cydnabod fy mod i wedi blino, ac yn dweud, '**Gorwedda ar fy ngwely i, *beta*, ac ymlacia,**' cyn ysgwyd y clustogau i fi.

Roedd pob diwrnod yn wahanol, ac roedd gan bob diwrnod ei gyfnodau anodd hefyd. Weithiau, roedd pob munud o'r dydd yn wahanol. Ond gallech weld ambell lygedyn o hyd o'r wraig a gollwyd ymhlith y menywod newydd a oedd wedi dechrau cymryd ei lle, ac anniddigrwydd y wraig â dementia.

Un diwrnod ym mis Medi 2019, roedden ni'n gwylio'r newyddion a'r stori am dŷ bach aur a oedd wedi mynd ar goll o Balas Blenheim. Gwnaeth hynny i Mam chwerthin. '**Tŷ bach y Frenhines oedd o?**' gofynnodd rhwng pyliau o chwerthin. '**Ble bydd y Frenhines yn mynd rŵan bod ei thŷ bach ar goll?**' holodd, cyn dechrau ysgwyd yn dawel. '**Shobna, wyt ti'n meddwl bod ei phi-pi hi yn ddigon arbennig i droi tŷ bach arall yn aur?**' Dyma minnau'n dechrau chwerthin wrth feddwl am natur hurt ein sgwrs. '**Dwyn dan dîn**', dyna roedd hi'n ei alw. Ac yna, mor sydyn ag y dechreuodd, roedd y cyfan drosodd ac i ffwrdd â ni i rywle arall. Roedd hi'n hoff iawn o ailwylio *Top Gear, India*. Bob tro, roedd hi'n dweud yr un peth. '**Pwy mae'r dynion yma'n feddwl ydyn nhw? Dydyn nhw'n gwybod dim byd am India.**' Hyd yn oed yn ei gwendid, byddai cael ei thrin yn nawddoglyd yn ei gwylltio.

Drwy hyn i gyd hyd yn oed, roedd hi'n dal i wrthod credu bod ganddi ddementia. Pe bai unrhyw un yn crybwyll y gair yn ei chlyw, byddai'n ebychu'n sydyn, '**Does gen i mo hynny.**' Hyd yn oed pan wnes i drio esbonio, mae dy galon yn wael, dydy dy arennau di ddim yn dda ac mae dy ymennydd yn sâl hefyd, doedd hi ddim yn fodlon ei dderbyn. Weithiau, byddai hi'n dweud, '**Dydw i ddim yn gwybod i ble mae 'nghof i wedi mynd, dwi wedi anghofio beth roeddwn i'n ei ddweud,**' a byddai'n chwerthin am ryw stori nad oedd hi'n cofio dim ohoni.

Rhoddais y gorau i feddwl am y dyfodol o gwbl. Roeddwn i'n rhy gaeth i ddyletswydd gofal dyddiol a'r byd roedd Mam bellach yn byw ynddo. Ei bywyd cyfan yn we drwchus lle roedden ni'n byw hefyd, y cyfan yn hongian ar edefyn ond yn gytbwys. Roedd rhwydwaith yn ei meddwl nad oeddwn yn ei ddeall ac nad oedd hithau'n ei ddeall chwaith, ond roedd yn gysylltiedig, ac er nad oedd hi na fi'n gallu dewis pa rannau o'i chof fyddai'n amlwg iddi neu y byddai'n cael ei chludo iddyn nhw, roedden ni'n dwy yna gyda'n gilydd yn eu canol.

Felly, bydden ni'n eistedd yno ochr yn ochr, o'r naill baned i'r nesaf, brecwast, tabledi, cinio, tamaid i aros pryd, swper, llymaid o ddŵr neu ddim llymaid o ddŵr, o'r naill ymweliad â'r tŷ bach i'r llall, o eiliad o eglurder i ffrwydrad blin, o drothwy trychineb i chwerthin lle roedden ni'n dwy yn crynu'n dawel bach. Roedd ei hatgofion am ei bywyd cymdeithasol hudolus mewn saris syfrdanol, fraich ym mraich gyda 'nhad, bellach wedi'u disodli gan ei hatgofion o fod yn hogan ysgol. Daethon ni o hyd i'n hagosatrwydd drwy'r cyfan, wrth i ni rwyfo gyda'n gilydd i ddyfroedd anhysbys ei salwch, byth yn gwybod pa don allai daro yn ein herbyn ni nesaf. Ond am y tro, roedd gennym ni'n gilydd, ac roedd gennym ni'r eiliadau glöyn byw hynny hefyd. Fel hynny roeddwn i, yn byw un don ar y tro, un broblem ar y tro, un fuddugoliaeth fach ar y tro, un pryd ar y tro. Weithiau, roeddwn i'n cael fy nghyfareddu gan natur ddibynadwy y drefn; dro arall, byddwn yn cael fy nychryn gan yr hyn oedd yn fy nisgwyl.

Dywedodd Sushma wrtha i, **'Gad i ni gael Mam i 80.'** A gan fod ganddi naw bywyd, fel cath – strôc, llawdriniaeth ar y galon, clefyd y galon, canser y coluddyn, dementia – doedd hynny ddim yn teimlo fel gofyn gormod. Doeddwn i ddim yn gweld arwydd o'r diwedd. Mae'n debyg nad oeddwn i eisiau gweld arwydd o'r diwedd chwaith. Er gwaetha'r holl greigiau a'r dyfroedd cythryblus, roedden ni yno gyda'n gilydd.

Yn dal i rwyfo ymlaen.

PENNOD WYTH

Beth sy'n bod arna i?

Drwy gydol haf poeth ac annifyr 2019, byddwn wrth ochr fy mam o'r eiliad y byddai'n deffro. Roedd gwres tanbaid y dydd yn sleifio i mewn drwy ffenestri caeedig ei hystafell. Roedd yn rhaid i fi agor ffenestri'r gegin a'r ystafell ymolchi i fyny'r grisiau er mwyn cael mymryn o awel drwy'r tŷ. Ond er ei bod hi'n annioddefol o boeth, roedd Mam yn 'teimlo'n oer'.

Roedd ei hiechyd yn hynod gymhleth yr adeg hon a'r meddygon yn trio darparu meddyginiaeth ar gyfer ei holl wahanol afiechydon Ond roedd gan bob tabled sgileffeithiau a hynny'n golygu bod angen tabledi newydd arni i drin y cyflyrau newydd a fyddai'n cael eu creu. Drwy gydol y dydd, roedd yn rhaid iddi lyncu gwahanol ddosau o dabledi o bob lliw a maint dan haul. Byddai'n rhaid i ni fynd drwy'r holl dabledi newydd a'u hesbonio'n drylwyr cyn iddi gytuno i'w cymryd nhw. Roedd hi'n broses fanwl iawn – roedden ni wedi bod yn troedio llwybr cul meddyginiaeth yn ofalus, ond erbyn hyn roedd y llwybr wedi culhau ymhellach ac roedd yn anodd ei droedio. Roedd ein cyfnodau maith o ennill y dydd wedi hen fynd. Roedd delio â'i phroblemau iechyd fel mynd ar reid wyllt mewn ffair.

Ychydig cyn hyn, roedd ei harennau wedi methu ond doedd hi ddim eisiau mynd drwy holl drafferth ac ymrwymiad dialysis. Roedd hyn ar ben clefyd gorlenwad y galon a delio â'i stoma. Golygai'r dementia fod yr argae roedden ni wedi gweithio mor galed i'w hatgyfnerthu ers blynyddoedd yn dechrau torri go iawn.

Bob rhyw bythefnos, byddai ei harennau yn gwrthod gweithio. Y broblem weithiau oedd gormod o botasiwm, ac roedd hynny'n golygu newid ei thabledi a'i deiet eto – a byddai hynny'n aml yn effeithio ar ei lles cyffredinol. Roedd fel pe bai'n amhosib datrys un broblem heb greu un arall, fwy difrifol. Bydden ni'n chwilio'n gyson am bethau y gallen ni eu rhoi iddi i'w bwyta a fyddai'n helpu un o'i phroblemau, ond wedyn yn arswydo ein bod ni wedi gwneud rhywbeth o'i le. Dwi'n cofio Sushma yn mynd i sterics bron ar ôl iddi roi cyri i Mam a oedd yn cynnwys hanner tun o domatos – lefelau potasiwm cymharol isel sydd ganddyn nhw, yn nhrefn pethau, ond roedden ni i gyd ar bigau drain ac yn orofalus. Bydden ni'n edrych ar bopeth ar-lein, yn ymchwilio i'r cynhwysion lleiaf am unrhyw beth a allai fygwth ei sefyllfa fregus. Ond roedd hynny i gyd yn ofer, gan nad oedd hi bellach eisiau bwyta dim byd, nac yfed dim byd o ran hynny. Byddwn yn treulio llawer o amser yn meddwl, sut galla i gael Mam i fwyta?

Pan fyddai amser bwyd yn agosáu, roedd Mam yn mynnu ei bod hi eisoes wedi bwyta – gan ddatgan yn ddi-flewyn-ar-dafod ei bod hi wedi bwyta llond plât o sbarion ar ôl ei ailgynhesu ei hun (wrth gwrs), neu ei bod hi ddim ond newydd gael brecwast a'i bod hi'n rhy lawn i feddwl am fwyta rhagor. Yr eironi trist oedd, pan oeddwn i'n iau, ei bod hi'n mynnu fy mod i'n clirio fy mhlât yn lân: a'r esgid rŵan ar y droed arall, roedd yn deimlad torcalonnus.

Roedd brecwast bob amser wedi bod yn ddefod iddi. **'Mae'n**

rhaid i ti ddechrau'r diwrnod yn iawn,' meddai, ac roedd hi'n cymryd ei meddyginiaeth. Erbyn amser cinio, byddai'n rhaid i fi ddweud wrthi ei bod heb fwyta ers amser brecwast. Byddai hyn yn ei gwneud hi'n hynod rwystredig, oherwydd roedd ei chof hi o fwyta a threigl amser yn gwbl real iddi hi, er mor ffug roedd o i ni. Roedd yn aml yn dweud ei bod yn teimlo'n sâl, a'r unig beth a fyddai'n ei chysuro oedd blas sur lemwn ffres gyda mymryn o halen. Byddwn i'n trio torri'r lemwn yn daclus iawn er mwyn gwneud i bopeth edrych mor flasus â phosib. Roedd hi'n anodd iawn gwneud unrhyw beth arall i'w gwella, heb ddinistrio ei chanfyddiad hi o'i lles. Doedden ni ddim eisiau tarfu ar yr hyn a welai hi fel ei gafael ar realiti – roedd yn real ac yn wir iddi hi, er nad oedd o'n ddim byd tebyg i'r byd roedden ni'n ei weld drwy ein llygaid ni.

Roedd bore i ni yn edrych yn bur wahanol iddi hi. Byddai ein dyddiau ni yn gaeth i drefn, ond roedd syniadau o'r fath wedi hen roi'r gorau i wneud synnwyr iddi hi, ac roedd ceisio cynnal unrhyw fath o batrwm fel trio codi tŷ ar dywod. Erbyn min nos, prin y gallwn i fagu'r awydd i goginio pryd arall na fyddai'n cael ei gyffwrdd. Ddydd ar ôl dydd ar ôl dydd, roedd wedi dechrau fy llethu i. Roedd hi mor fregus a minnau mor gyfrifol amdani, y wraig roedden ni eisiau ei chadw hi yn ein byd.

Un noson ym mis Hydref, wedi fy llethu'n llwyr gan yr ymdrech o drio ei sadio hi yn y presennol, meddyliais i, 'Beth am gael tecawê?' Un o arferion Dad byddai tecawê neu fwyta mewn bwyty – roedden ni'n bwyta allan gyda'n gilydd fel teulu bob dydd Sul – trît a hanner. Byddai pawb yn edrych ymlaen at ddydd Sul – yr unig ddiwrnod roedd Dad yn rhydd, rhwng gweithio wythnos bum niwrnod â'i annwyl golff ar ddyddiau Sadwrn – felly roedden ni'n ei dreulio gyda'n gilydd bob wythnos.

Yn aml, roedden ni'n mynd i wylio ffilmiau Bollywood a oedd am ryw reswm hurt (a doniol, wrth edrych yn ôl) yn cael eu dangos mewn sinema pornograffi diniwed yng nghanol Manceinion. Allwch chi ddychmygu'r peth? Teulu Indiaidd o chwech yn eu dillad o'r 1970au, yn rhuthro drwy lobi sinema braidd yn amheus, dwylo Mam dros lygaid ei mab bychan wrth i ni brynu ein tocynnau. Dwi'n gallu ei chofio hi yn ein siarsio ni i beidio ag edrych ar y posteri beiddgar wrth i ni gerdded i mewn. Byddwn i wastad yn eistedd wrth ymyl Mam (gyda fy mrawd yr ochr arall iddi), ac yn sibrwd wrthi drwy gydol y ffilm, 'Beth ddywedodd o? Beth sydd newydd ddigwydd?', oherwydd doedd fy Hindi i ddim yn rhy dda. Byddai hyn yn ei gwneud hi'n benwan. **'Cau dy geg, Shobna, dwi'n trio gwylio. Mi ddweda i wrthot ti'n ddiweddarach,'** byddai hithau'n sibrwd yn ôl, gan boeni ei bod hi'n mynd i golli rhyw ran bwysig o'r stori.

Roedd sinema'r Cameo gyferbyn â'r Odeon, a'r drws nesaf roedd bwyty Groegaidd. Dwi'n cofio pa mor hoff roedd Mam o *avgolemono*, cawl lemon, reis ac wy Groegaidd. Ond bwyd Tsieineaidd oedd ffefryn Dad a byddai yn ein dysgu ni i ddefnyddio gweill bwyta. Roedd ganddo ei ffefrynnau ar y fwydlen a dyna fyddai o'n ei archebu bob tro: cawl cyw iâr ac india-corn, reis wedi'i ffrio gydag wy, asennau halen a phupur, pysgodyn, porc neu gyw iâr chwerw a melys a danteithion *dim sum* amrywiol, gan gynnwys cyw iâr cnau cashiw, corgimychiaid a llysiau. Byddai pawb yn chwerthin yn ystod y prydau bwyd hyn pan fyddwn i'n troi tun o lemonêd wyneb i waered yn fy ngwydr a'i siglo. Ond roeddwn i'n hollol o ddifri – yn union fel Mam, byddwn i'n gofalu nad oeddwn i'n gwastraffu'r un diferyn.

Er mwyn trio codi archwaeth Mam at fwyd y noson honno o fis Hydref, penderfynais yrru i fwyty Tsieineaidd lleol, un y byddwn i a Mam a'r teulu yn mynd iddo'n aml. Erbyn hyn, roedd y trafferthion â'r car wedi hen ddod i ben. Roedd allweddi ei char yn cael llonydd i hongian ar y bachyn trwnc eliffant. Roedd hi wedi ildio, neu yn fwy tebygol, wedi anghofio am y peth. Agwedd elyniaethus arall a oedd wedi chwalu wrth iddi ddod yn llawer mwy tawel a llonydd. Roedd yr allweddi fel rhyw arwydd o'r rhannau ohoni a oedd eisoes wedi'u colli i ddementia. Yn hongian yno yn aros i gael eu defnyddio, er na fyddai hynny byth yn digwydd.

A minnau ar fin cychwyn, gofynnodd am gael dod gyda fi yn y car. Roedd hyn yn rhyfedd iawn, gan ei bod yn well ganddi fel arfer aros gartref os mai dim ond am rai munudau y byddwn i o'r tŷ. Pan gyrhaeddon ni'r bwyty, sylweddolais fod grisiau i fyny at y drws a doedd dim lifft, felly roedd yn rhaid i fi adael Mam yn y car. Tybed pa mor gyflym gallwn i redeg i mewn a chadw llygad arni ar yr un pryd? Doeddwn i ddim eisiau ei gadael hi allan o fy ngolwg i a doeddwn i chwaith ddim eisiau iddi hithau deimlo'n ddryslyd neu ar ei phen ei hun. Ond wyddwn i ddim a fyddai hi hyd yn oed yn sylwi nad oeddwn i yno. Agorais y ffenest ychydig a dweud, 'Mam, bydda i'n ôl mewn eiliad,' cyn rhuthro i mewn, gan faglu dros fy nhraed ar y ffordd. Dwi'n cofio cyrraedd yn ôl i'r car a theimlo mor falch ei bod hi'n ddiogel ac yn ddiofid yn ôl bob golwg. Ond ar yr un pryd roeddwn i'n gofyn i fi fy hun, beth oedd ar dy ben di? Pam ydw i wedi archebu cymaint o fwyd i fi a rhywun sydd ddim yn bwyta?

Wrth i mi gau fy ngwregys diogelwch a dechrau gyrru oddi yno, dechreuodd hi sôn am Dad, yn hollol annisgwyl. Edrych drwy'r ffenest a gweld rhywbeth oedd wrth wraidd yr atgof – roedd hi wedi gweld neuadd gynnull Royton, lle bu Mam a Dad yn dathlu eu pen blwydd priodas arian. Gofynnodd Mam, **'Ydy hi'n dal i fod yn neuadd, Shobna? Wyt ti'n cofio? Roedd dy dad yn arfer dod â fi yma.'**

Roedd bron i dair blynedd wedi mynd heibio ers iddi sôn gair amdano. Roedd y dyn a oedd wedi golygu popeth iddi, y dyn roedd hi wedi creu ei hunaniaeth o'i gwmpas, wedi diflannu o'i meddwl a'i chof tan yr union eiliad hon. Roeddwn i'n gegrwth.

Bob blwyddyn, byddai ein teulu yn cofio pen blwydd Dad ac yn nodi'r dyddiad y bu farw, roedd bob amser yn ein meddyliau. Cyn 2017, roedd Mam yn bresennol yn y sgyrsiau hynny, ond newidiodd rhywbeth tua'r adeg y cafodd ei diagnosis, a diflannodd Dad. Cyn hynny, bryd bynnag byddai hi'n gweld dyn golygus, neu wrth siarad â meddyg ifanc, neu sôn am ei hoff seren ar y sgrin fawr, Rock Hudson, byddai ei llygaid yn pefrio wrth iddi ddweud mai Dad oedd yr unig un iddi hi. Rwy'n cofio'n iawn hithau'n dweud, 'Pe bawn i'n cael fy amser yn ôl eto, byddwn i'n priodi dy dad,' er, wrth gwrs, erbyn hynny, roedd hi wedi bod hebddo am fwy o amser nag y bu'r ddau gyda'i gilydd.

Dechreuais feddwl yn ôl... a sylweddoli fy mod i'n methu cofio'r tro diwethaf iddi sôn amdano. Hyd yn oed cyn iddi roi'r gorau i sôn amdano, roedd hi bob amser wedi ymddangos yn eithaf didaro am fy nhad. Wrth gwrs, does neb yn gallu gweld beth sy'n digwydd o fewn haenau'r meddwl. Efallai ei bod hi wedi hiraethu amdano'n breifat, ond gwnaethon ni dreulio digon o amser gyda'n gilydd dros y blynyddoedd i fi gredu iddi ddod o hyd i ffordd i gofio'n annwyl amdano ond heb weld ei golli'n ormodol. Roedd y cof amdano yn annwyl ac yn gynnes, doedd hi ddim yn anhapus yn ei sefyllfa bresennol a, dementia ai peidio, dwi'n meddwl bod y garreg filltir o gofio am ei phriodas arian yn arwyddocaol, ond ddim yn rhy drist.

Dwi'n cofio fy rhieni fel cwpl a oedd dros eu pen a'u clustiau mewn cariad. Dwi'n cofio'r ffordd ddoniol roedd Dad yn gweiddi, 'Mamaaa,' os oedd o dan straen oherwydd ei fod o'n methu dod o hyd i rywbeth. Roeddwn i wastad yn gwenu wrth feddwl sut roedd hi'n deall testun ei floeddio, ond roedd hi'n gwybod bob tro – roedd rhyw gysylltiad cyfareddol rhyngddyn nhw. Yn ddiweddar, des i ar draws casgliad o gardiau roedden nhw wedi'u hanfon at ei gilydd. Roedd ganddyn nhw lysenwau bach ar gilydd – roedd o'n galw Mam yn '*Pochu*', a'r ddau yn galw'i gilydd yn 'cariad' – neu fel arall bydden nhw'n galw'u hunain yn Mami a Dadi. Ond roedd yn bosib mynegi llawer mwy o anwyldeb gyda gair ar bapur nac ar lafar. Mae'r llythyrau yn llawn cariad. Yn wir, ces i fy synnu pa mor gariadus roedden nhw tuag at ei gilydd.

Mae'n debyg bod cyfathrebu drwy lythyr yn ail natur iddyn nhw, gan eu bod nhw wedi byw cymaint o'u bywydau ar wahân i'w teuluoedd ym mhen draw'r byd. Mae'r llythyrau fel pe baen nhw'n diffinio eu stori mewn ffordd a fyddai'n anghyfarwydd i deuluoedd ifanc heddiw. Mae cysylltiadau heddiw'n digwydd wyneb yn wyneb drwy dechnoleg. Hyd yn oed pan oedd ei gallu meddyliol yn pylu'n gyflym, roedd Mam yn dal i gael cardiau gan ffrindiau a theulu, o'r wlad yma ac o bob cwr o'r byd, ac yn eu darllen yn llawn. Weithiau, byddai'n cawlio wrth drio cofio pwy oedd wedi priodi, pwy oedd wedi marw, pwy oedd wedi'i eni. Weithiau, byddai angen ein help ni arni hi, ond weithiau byddai'r hyn roedd hi'n ei gofio yn fy synnu i. Fel ar y daith ddi-nod honno i'r bwyty Tsieineaidd ffansi i nôl tecawê.

'Wyt ti'n cofio? Roedd dy dad yn arfer dod â fi fan hyn.'

Roedd popeth yn teimlo ar chwâl. Roeddwn i eisiau crio, ond gwnes ymdrech i beidio â chrio. Fel arfer, fi oedd yn gofyn y cwestiwn, 'Wyt ti'n cofio, Mam?' – yn trio gorfodi ei meddwl i godi pwythau coll ei bywyd. Ond y noson honno yn y car, hi ofynnodd i fi a oeddwn i'n cofio.

Roedd fy mhen i'n troi wrth i fi ateb, 'Wrth gwrs 'mod i, Mam.' A dyma ni'n dechrau sôn am noson y parti. Wrth i'r sgwrs fynd rhagddi, sylwais ar newid rhyfedd ynddi, fel pe bai hi'n sydyn yn credu ei bod yn siarad â Dad, nid â fi. Roedd fel petai hi wedi mynd yn ôl i'r dyddiau pan oedden nhw'n gwpl ifanc mewn cariad, a'r teulu'n mynd allan am hoff fwyd Tsieineaidd Dad. Roeddwn i'n gallu gweld ei bod ar goll yn yr ennyd honno, ac roedd hi'n hynod fywiog, am y tro cyntaf ers talwm. Gwnaethon ni yrru adref a bwytodd hi ychydig bach o'r reis wedi'i ffrio a'r 'gwymon', a dyna ymweliad Dad drosodd.

Wrth i fi fynd i gysgu'r noson honno, meddyliais sut gall dementia newid pob eiliad, a sut gall pethau a gollwyd ddychwelyd yn y ffyrdd mwyaf annisgwyl. Doedd dim modd rhagweld beth fyddai'n dod i lygad y cof o'r naill ddiwrnod i'r llall. Yn wahanol i flynyddoedd cynharaf ei salwch, pan fyddai anturiaethau'r gorffennol yn gorlifo i'w phresennol, prin iawn oedd y straeon newydd a ddeuai i'r golwg drwy'r niwl bellach. A doeddwn innau ddim yn cael gwahoddiad i rannau cudd ei bywyd chwaith. Yn araf bach, roedd olwynion ei meddwl wedi peidio â throi, wrth i'w gofynion corfforol fynd yn fwyfwy heriol ac wrth i'w chof grebachu mwy fyth.

Ac er na wyddwn i hynny ar y pryd, fydden ni byth yn sôn am fy nhad eto. Y noson honno oedd ei berfformiad olaf yn y sioe.

Wrth i glefyd Mam ei gwneud hi'n llai penderfynol, daeth hi'n fwy parod i afael yn fy llaw, datblygiad newydd ac annisgwyl.

Un o'r pethau llai dymunol am dreulio llawer o amser gyda rhiant sy'n heneiddio yw bod eich bywyd cymdeithasol yn dechrau troi o amgylch angladdau yn hytrach na dathliadau. Yn amlach na pheidio, os oedden ni'n mynd allan o'r tŷ yn ystod y cyfnod hwn, mynd i angladd rhywun a oedd yn annwyl iddi bydden ni. Yn aml, byddai'n anghofio eu bod nhw wedi marw ac yn dal i sôn amdanyn nhw yn amser presennol y ferf, ond weithiau roedd mynychu'r gwasanaeth yn ei helpu i ddeall eu bod nhw wedi gadael y byd hwn. Byddai'n rhannu atgofion am ei gorffennol, fel pan fu farw Anti Lilian, ac unwaith eto roedden ni'n teimlo cysur mynych ei straeon am flynyddoedd cynnar ei rhieni yn Lloegr pan oedd Mam yn fabi. Yn sicr, roedd pryder ynghylch pobl a oedd wedi marw, yn enwedig pan oedd hi'n methu cofio eu bod nhw wedi'n gadael ni. Byddai hi'n sibrwd, **'Ydyn nhw wedi marw?'** a byddwn i'n dweud wrthi yn bwyllog, ydyn, maen nhw, ond gallech weld y dryswch a'r tristwch ar ei hwyneb wrth iddi brofi'r golled dro ar ôl tro. Roedd Mam bob amser yn ddryslyd ac yn ofidus iawn am y Dywysoges Diana, ar ôl meddwl y byd ohoni erioed, ac roedd hi'n methu dal gafael ar y ffaith nad oedd hi'n bod mwyach. Byddai unrhyw ben blwydd neu sylw am ei marwolaeth ar y teledu yn sbarduno ton newydd o alar a gofid.

Ar un achlysur, fodd bynnag, daeth Mam gyda fi i angladd un o fy ffrindiau, a oedd wedi marw yn ddim ond 50 oed. Roedd wedi bod yn un o fy ffrindiau gorau pan oedden ni'n blant, ac roeddwn i bob amser wedi'i ystyried yn enaid hoff cytûn oherwydd nad oedd yntau chwaith yn barod i ddilyn y rheolau Indiaidd caeth. Wrth i ni gyrraedd ac eistedd yn ein seddi, aeth fy emosiynau'n drech na mi. Roedd pwysau popeth a oedd yn digwydd gyda Mam a'r lladdfa ddyddiol o ofalu amdani ddydd ar ôl dydd bob amser yn cyfuno ag unrhyw fath arall o dristwch, colled neu loes. Roedd yn union fel pe bawn i'n cario gymaint ag y gallwn i, ac os oedd owns arall yn cael ei roi ar y llwyth, doedd gen i mo'r nerth i ddal ati.

Ond wrth i fi blygu fy mhen a'r dagrau'n powlio, gafaelodd Mam yn fy llaw yn dyner a gwneud hynny drwy gydol y gwasanaeth. Efallai ei bod hi'n fy ngweld i fel merch fach eto. Efallai mai'r rheswm oedd ei bod hi wedi adnabod fy ffrind bore oes, neu oherwydd ei bod hi'n synhwyro bod angen ei chefnogaeth arna i a bod ei ffiniau wedi'u herydu'n ddim.

Pryd oedd y tro diwethaf iddi afael yn fy llaw fel hyn?

Pan oedden ni wedi cerdded law yn llaw o'r clinig erthylu ym 1994. Fel arfer, doedd dim angen cysur corfforol ar ein teulu ni, a bydden ni ddim yn ei ddisgwyl. Na chysur llafar chwaith, a dweud y gwir. Roedden ni i gyd yn hunangynhaliol iawn o ran hynny. Wrth gwrs, o ran diogelwch pan oedden ni'n blant, byddai Mam yn gafael yn fy llaw i groesi'r ffordd. Doedd cyffwrdd â'n gilydd ddim yn rhyw fath o dabŵ, cofiwch, ond fyddai neb yn gafael yn eich llaw chi'n aml. Dydw i ddim yn fam felly chwaith – dydw i ddim yn un am roi cwtsh i fy mab, ac mae yntau'n gorfod gofyn i fi wneud weithiau. Mae'n rhaid i fi wneud ymdrech i fod yn annwyl yn gorfforol gan mai dyna sut ces i fy magu. Roedden ni'n cuddio'n teimladau, doedd hi ddim yn ein natur ni i estyn allan a chyffwrdd â'n gilydd.

Dwi'n meddwl mai dyna pam oedd Mam mor hoff o siarad â ni yn y car, oherwydd doedd dim angen cyswllt corfforol. Roedd hi'n methu fy nghyffwrdd i hyd yn oed pe bai hi eisiau gwneud, a dwi'n meddwl bod hynny yn ei gwneud hi'n haws i ni'n dwy fod yn onest ac yn fwy agored am ein hemosiynau gyda'n gilydd. Bron iawn nad oedd yn creu lle diogel. Allwch chi ddim cwffio mewn car, allwch chi? Er, pan oedd Dad yn fyw, byddai'n rhoi cynnig teg arni.

Roedd y ffrind a fu farw yn hoyw. Roedd o fymryn yn hŷn na fi, ac yn y cyfnod hwnnw a'r lle hwnnw, gyda'n cefndir diwylliannol cyffredin ni, roedd bod yn hoyw yn golygu bod sawl brwydr i'w hymladd. Buon ni'n anfon llythyrau at ein gilydd pan oedden ni'n iau, a phan fu farw Dad, roedd yr ohebiaeth honno'n ddwys iawn. Roedd wedi cyfnewid gogledd Lloegr am oleuadau llachar Llundain, neu 'dinas pechod' i ni. Arhosais i ym Manceinion. Roedd pobl yn y gymuned yn meddwl ein bod ni'n mynd allan gyda'n gilydd – doedd neb yn gallu dychmygu bod yn hoyw. Wrth gwrs, doedden ni ddim, ond roedden ni'n eneidiau hoff cytûn. Pan ddaeth y gymuned i wybod yn y pen draw, chafodd o mo'i drin fel y merched a gafodd eu hesgymuno, y rhai fyddai'n diflannu'n sydyn o bartïon teuluol oherwydd bod eu rhieni wedi troi eu cefnau arnyn nhw. Roedd dyn hoyw y tu hwnt i amgyffred. Roedden nhw'n ei anwybyddu oherwydd eu bod nhw'n methu dirnad y peth.

Ond y peth mwyaf annisgwyl am Mam yn gafael yn fy llaw yn ei angladd oedd iddi wneud hynny oherwydd fy mod i'n galaru. Doeddwn i ddim yn crio'n glywadwy, ond gallai synhwyro fy mhoen y diwrnod hwnnw. Roedd hi'n gwybod bod angen iddi afael yn fy llaw a fy nghynorthwyo i ffarwelio â'r dyn ifanc hwnnw roeddwn wedi bod mor agos ato ar un adeg. Roedd hi wedi cofio.

Roedd ei hen arferion wedi dechrau diflannu. Cyn 2017, byddai hi'n edrych fel pìn mewn papur. Ond y peth rhyfedd oedd nad oedd hi prin yn chwilio am ganmoliaeth, ddim gan ddynion, ddim gan neb. Roedd hi'n gwisgo iddi hi ei hun. Byddai ei minlliw yn gweddu i ba sari bynnag oedd amdani, ond er ei mwyn hi byddai hynny. Byddai'n gwisgo gemwaith er mwyn edrych yn dda, ond er ei mwyn hi, ddim er mwyn neb arall. Ond erbyn hyn, doedd hyd yn oed ei dillad nos ddim yn bâr, a doedd hi ddim yn sylwi – neu'n hytrach, doedd hi ddim yn malio.

Ond eto, roedd rhai pethau wedi gwreiddio mor ddwfn fel na wnaethon nhw byth golli eu grym drosti. Hyd y diwedd, doedd hi ddim eisiau ein help ni yn yr ystafell ymolchi, hyd yn oed pan oedd wir ei angen arni. Doedd hi byth yn anghofio golchi ei dwylo chwaith, ac unrhyw bryd y byddech chi'n dod i'r tŷ, byddai'n gofyn yn ddi-ffael a oeddech chi wedi golchi'ch dwylo chithau hefyd. Roedd yn rhaid i chi wneud hynny cyn gwneud dim byd arall. Os oedd hi'n eistedd o flaen y teledu yn bwyta tost a jam, roedd yn sylwi ar ei dwylo sticlyd yn syth ac yn dal i'w hatgoffa'i hun bod yn rhaid iddi eu golchi. Ond bellach, doedd hi byth yn cyrraedd y sinc. Roedd rhywbeth ar y teledu yn tynnu'i sylw o hyd, felly byddai hi'n dal ei dwylo allan o'i blaen i wneud yn siŵr na fydda hi'n cyffwrdd dim byd. (Byddwn i'n eu sychu â chadach gwlyb ac yn dweud, 'Gwneith hyn am y tro, mi gei di eu golchi nhw nes ymlaen.') Byddai ei chartref yn parhau'n fan lle byddai bwlynnau drysau, arwynebau neu fysedd sticlyd wedi'u gwahardd.

Roedd dyn llaeth yn dal i ddod â llaeth i'r tŷ, ac arferai fod yn llawn ffwdan am y peth – roedd hyd yn oed y dyn llaeth yn gorfod dilyn y drefn. Er mwyn sicrhau nad oedd adar yn cael eu denu i'r capiau sgleiniog, roedd hi'n gadael dau bot iogwrt gwag glân allan ac yn gofyn i'r dyn llaeth eu rhoi dros y poteli. Er iddi newid i yfed llaeth sgim, roedd hi'n dal i feddwl y byddai'r adar yn cael gafael ar yr hufen. Roedd deffro a dod â'r llaeth i'r tŷ wedi bod yn rhan allweddol o'i threfn foreol. Y peth rhyfedd oedd, doedd hi byth yn anghofio dweud wrthych chi am roi'r potiau iogwrt glân allan y noson cynt, ond byddai'n anghofio nôl y llaeth yn y bore. Pe bawn oddi cartref, byddwn i weithiau'n cyrraedd adref ac yn gweld llwyth o laeth wedi suro ar garreg y drws, neu byddai'r cloc yn taro deg y bore a minnau'n sylweddoli nad oedd llaeth ffres yn yr oergell. '**O ie, roeddwn i'n mynd i'w nôl o,**' meddai. Yn y pen draw, gwnaethon ni roi'r gorau i gael llaeth at y drws a dechrau ei brynu o'r archfarchnad, gan gael gwared ar yr angen i warchod y poteli rhag adar sychedig. Roeddwn i'n derbyn y mân newidiadau yma mor ddifeddwl fel na wnaeth o erioed fy nharo i fel rhywbeth trist, y gallai rhywbeth fel nôl y llaeth i mewn, defod roedd hi wedi'i hamddiffyn yn chwyrn ers cymaint o flynyddoedd, lithro mor hawdd o'i bywyd beunyddiol.

Er na wnaeth hi erioed anghofio'r potiau iogwrt na golchi ei dwylo, roedd llawer mwy o arferion yn mynd ar ddifancoll nag oedd yn parhau. Pryd bynnag y byddech chi'n gadael tŷ Mam, byddai hi bob amser yn dod at y drws i ffarwelio. Byddai'n codi llaw wrth i chi yrru i'r ffordd, **'Ffonia pan fyddi di'n cyrraedd adref'**, hyd yn oed os oeddech chi'n byw yn agos. Dyna oedd un o fy hoff bethau – yr **'Iawn, ta-ta, iawn, ta-ta'** oedd fy enw i arno. Byddai Mam yn aros ar garreg y drws ac yn dal i godi ei llaw nes oeddech chi wedi mynd o'r golwg. Pan oedden ni i gyd yn byw yno fel teulu, dyna oedd y cyfarwyddyd i ni bryd bynnag y byddai ymwelwyr yn gadael. I Mam, roedd yn beth cwrtais a graslon i'w wneud, ond i mi, roedd yn arfer hen ffasiwn a doniol. Weithiau byddai'n cymryd oes, a minnau o hyd yn teimlo ein bod ni'n rhoi ein hymwelwyr dan bwysau i wneud dim byd ond *mynd*! Wrth i'w hiechyd ddirywio, fodd bynnag, dechreuodd Mam fy ngyrru i at y drws i ofalu am yr **'Iawn, ta-ta'**. Wedyn daeth yr arferiad hwnnw o ffarwelio ag ymwelwyr i ben hefyd. Digwyddodd ar hap un diwrnod, a ddaeth o byth yn ôl.

Roedd darnau bach ohoni roeddwn i wedi'u cymryd yn ganiataol yn diflannu'n ddiseremoni. Wyddwn i byth pryd yn union roedden nhw'n mynd, ond byddwn i'n sylweddoli weithiau eu bod nhw wedi mynd mewn pwff o fwg, fel pe na baen nhw erioed wedi bodoli yn y lle cyntaf.

Tua'r adeg honno hefyd daeth hi'n amhosib i'w chael hi i setlo. Bydd unrhyw un sy'n gofalu am berson â dementia yn gyfarwydd â'r frwydr hon, ac wedi profi eiliadau pan fydd y teimlad cyson o anesmwythyd yn eu llethu. Byddwn i'n sylwi ei bod hi'n mynd yn aflonydd, a hynny'n gwaethygu'n fuan nes ei bod yn amhosib i'w chael hi i eistedd. Roedd hi'n methu cerdded o gwmpas go iawn, ond roedd hi'n symud yn gyson,

yn gorwedd,
yn codi,
yn gorwedd,
yn codi,
yn dweud, '**Mae gen i gur pen**',
yn dweud, '**Does dim gen i ddim cur pen**',
yn dweud, '**Dwi ddim yn teimlo'n dda**',
yn dweud, '**Dwi'n iawn**',
yn dweud, '**Dwi ddim yn teimlo'n sâl**',
yn dweud, '**Dwi'n teimlo'n sâl**',
yn dweud, '**Dwi'n methu setlo**'.
Yna'n anghofio beth roedd hi wedi'i ddweud.
Doedd hi ddim eisiau bod yn ei gwely,
doedd hi ddim eisiau lled-eistedd ar ei chlustogau ar ei gwely,
doedd hi ddim yn gwybod ble arall roedd hi eisiau bod.

Byddai'r cyfnodau hyn yn loes calon i fi. Roedd fel bod mewn brwydr. Byddwn i'n rhoi cynnig ar bopeth gallwn i – diodydd oer, bwyd, teledu, cardiau, jôcs – i'w diddanu'n gorfforol ac yn feddyliol. Os nad oedd dim byd yn gweithio, byddwn i'n troi at yr albymau lluniau i drio ysgogi ei chof, i'w chludo i amser neu le gwahanol i ble bynnag roedd hi. Ond doedd hynny ddim yn gweithio bellach chwaith.

O ran y byd y tu allan, roedd wedi pylu fel llun wedi'i adael yn yr haul. Roedd cadw i fyny ag enwau'r holl wleidyddion y tu hwnt i Mam, ond roedd hi'n gallu adnabod Boris Johnson pan fyddai ar y teledu, o'i gyfnod fel Maer Llundain, a byddai'n dweud nad oedd hi'n hoffi ei wallt. '**Edrycha ar y *namoona* yma...**' ('sbesimen' o fod dynol), gyda thinc dwfn o watwar. Byddai'r un iaith ar waith i ddisgrifio Nigel Farage.

Dydy dementia ddim yn newid eich gallu i adnabod ffŵl na'ch hawl i fwrw'ch pleidlais, ac mae gennych chi hawl i ddod â chynorthwyydd i'r orsaf bleidleisio, ar yr amod eu bod nhw'n berthynas agos. Gwnes i helpu Mam i bleidleisio ddwywaith, ac roeddwn i'n gweld hynny mor anodd – mae natur sanctaidd pleidlais gyfrinachol mor ddwfn ym mêr esgyrn rhywun. Gan ei bod hi wastad wedi bod yn un am rannu taflenni ac ymgyrchu, ac wedi bod yn berson gweithredol ar hyd ei hoes, doedd dim peryg ein bod ni am adael iddi golli ei llais. Roedden ni'n sgwrsio cyn dyddiau etholiad a gwneud yn siŵr ein bod ni'n gwylio'r newyddion i roi'r cyfle gorau iddi ddeall beth oedd yn digwydd. Roedd Mam yn falch o bleidleisio dros aros yn aelod o'r UE, gan ein hatgoffa ei bod hi wedi pleidleisio o blaid y Farchnad Gyffredin cyn hynny. Yn etholiad cyffredinol mis Mehefin 2017, es i mewn i'r bwth gyda hi a darllen enwau'r holl ymgeiswyr, gan ddweud wrthi pa un oedd yn gysylltiedig â pha blaid. Roedd hi wedi rhoi'r pwys mwyaf ar arfer ei hetholfraint erioed, ac roedden ni i gyd yn parchu hynny.

Wrth i ni symud i ddyddiau hirfelyn tesog haf 2019, roedd hi'n methu aros yn llonydd, waeth beth oedd ar y teledu. Roedd unrhyw lun ar ganolbwyntio wedi diflannu. Erbyn hyn, roeddwn i'n methu gadael ei hochr heb iddi weiddi bod fy angen i arni i wneud rhywbeth neu'i gilydd. Roedd yn rhaid i fi wneud yr holl siopa bwyd pan oedd hi'n cysgu, a byddwn i'n rhuthro'n ôl mewn panig llwyr, yn poeni y byddai hi'n deffro ac yn gofidio ble roeddwn i.

Roeddwn i wedi dechrau mynd yn orbryderus iawn hefyd. Roedd fy mywyd wedi bod ar stop ers blynyddoedd ac unrhyw gwlwm a oedd yn fy nal at fy modolaeth fy hun wedi hen ddatod. Gwnes i gyfnewid fy mywyd i am ei bywyd hi, oherwydd ein hawydd i roi'r safon orau o fywyd iddi am y blynyddoedd a'r misoedd oedd ganddi'n weddill. Roedd hi eisiau bod gartref, felly gwnaeth 'Team Mum Care' yn siŵr ein bod ni'n ei chadw hi yno.

Wrth edrych yn ôl, dwi'n dechrau meddwl a oedd ei hymlyniad i'r cartref, 'Geetangali', yn rhywbeth i'w wneud â Dad wedi'r cyfan, rywle yn ei hisymwybod. Fo oedd wedi adeiladu'r tŷ hwnnw ar eu cyfer nhw, a phan oedd hi yno, roedd yntau yno gyda hi. Fydda i byth yn gwybod i sicrwydd, oherwydd ei bod hi'n methu dweud hynny. Y cyfan ddywedodd hi erioed oedd, **'Dwi'n hoffi fy nhŷ.'** A phryd bynnag y byddai'n mynd i aros gyda fy mrawd neu gyda fy chwiorydd, byddai'n gwenu wrth ddychwelyd, **'Dwi mor falch o fod gartre, rho'r tegell ymlaen.'**

Dwi'n aml yn meddwl nawr a fyddai Mam wedi ein hanghofio ni'n llwyr yn y pen draw pe bai hi heb gael aros adref yn ei hamgylchedd ei hun, a ni o'i chwmpas bob dydd. Ond oherwydd ein bod ni'n gymaint rhan o'i bywyd, o'i busnes, roedd hi'n methu llacio'i gafael ynom ni. Roedd hi wedi gofalu am yr holl wyrion ac yn deall manylion lleiaf y ddynameg deuluol, felly roedden ni'n ei hatgoffa'n gyson o hynny. Heb fod yn bell o'i gwely, roedd eu lluniau ysgol mewn rhes – oriel y dihirod, fel y byddai'n cyfeirio atyn nhw. Felly roedd atgof gweledol cyson yn procio'i chof. Ond roedd hi bron fel pe baem ni'n ei chythruddo hi i'n cofio ni. Roedd y dramâu teuluol, gydag o leiaf dair ar waith ar unrhyw adeg, yn cynnig opera sebon bersonol iddi ei gwylio dro ar ôl tro. Roedd rhywbeth iddi sôn amdano o hyd, neu i gwyno amdano, yn wir.

Fi a fy newis o gariadon amhriodol, fi am fod yn actores, fi mewn rhyw stori yn y papur, neu Sushma yn teithio'n ôl ac ymlaen fel pendil cloc, a beth bynnag arall oedd yn digwydd gyda'i phlant neu ei gŵr, neu Raj a'i wraig a'i blant, neu Hema a'i gŵr a'i phlant, neu Akshay a fi. Roedd gan bob un ddigon o linyn storïol i sicrhau bod y saga deuluol yn mynnu ennyn ei diddordeb. Wedi'r cyfan, hi oedd y wraig a oedd yn ganolog i bob drama; hi oedd seren yr opera sebon deuluol hon: 'The Gulati Show'.

PENNOD NAW

Pam wyt ti'n fy mwydo i?

Wedyn dechreuodd Mam lithro drwy fy mysedd. Roedd y darnau roedden ni wedi bod yn dal gafael ynddyn nhw mor dynn yn llithro o fy ngafael mewn pyliau. Roedd y damweiniau â'r stoma bellach yn ddigwyddiadau cyffredin yn hytrach nag eithriadau, a'i hatgofion yn diflannu fwyfwy. Dim rhagor o edrych ymlaen at frecwast, cinio neu swper. Dim rhagor o gyffroi am wylio *Coronation Street*. Dim rhagor o newid y sianel â'r teclyn rheoli i weld ailddarllediad arall o ryw raglen neu'i gilydd. Dim rhagor o hiwmor brathog. Roedd y wraig gadarn hon, fy mam anorchfygol, yn cilio i dywyllwch y cysgodion.

Wrth i gyflwr Mam waethygu, roedd gofalu amdani yn dechrau mynnu pob owns o fy nghariad a fy ymroddiad. Roedd yn fy nhrethu i'r eithaf, yn fy ymestyn i'r pen. Dechreuodd y dyddiau ein torri ni i gyd, er fy mod i'n teimlo mewn rhyw ffordd fod gen i gronfeydd dyfnach nag erioed i gloddio ynddyn nhw. Roedd gofalu am Mam wedi fy newid i, wedi ychwanegu gwytnwch a stamina doeddwn i ddim yn gwybod o'r blaen eu bod nhw gen i.

Roedd hynny'n rhannol oherwydd fy mod i wedi dod o hyd i ymdeimlad newydd o dderbyn y math o ofalwr roeddwn i bellach. Roeddwn i wastad wedi teimlo bod rhywbeth cynhenid greadigol yn y greffi o ofalu. Byddwn i wedi hoffi pe bai rhywun wedi dweud wrtha i ar y dechrau nad oes dim byd o'i le ar wneud pethau yn eich ffordd eich hun – i gyflwyno'ch sgiliau a'ch personoliaeth unigryw chi i'ch cyfnod fel gofalwr. Byddwn wedi arbed llawer o amser yn fy amau fy hun, wedi arbed teimladau o euogrwydd am fethu â chyflawni fel y tybiwn yr oedd hi'n ei haeddu. Roeddwn i bob amser wedi meddwl bod angen i ofalwr fod yn debyg i nyrs, ychydig yn fwy trefnus na fi, yn wrthrychol ond yn ofalgar. Dyna rydyn ni'n ei weld yn y cyfryngau, mae'n debyg. Wrth gwrs, roeddwn i wastad wedi dilyn cyngor taflenni ac wedi gwneud fy ngorau i ymarfer cof Mam, gwneud yn siŵr ei bod hi'n cael digon i'w fwyta a'i yfed, a'i bod hi'n cael ei holl feddyginiaeth ar amser – a fy mod i'n gwneud pob dim roedd y meddygon a'r gweithwyr gofal iechyd yn ei awgrymu. Roedden ni i gyd yn dilyn y cyngor. Ond hyn a hyn o amser roedd yr elfennau yna yn ei gymryd; sylweddolais, yn y pen draw, mai chi a'ch anian sy'n gyfrifol am y gweddill.

I fi, roedd hynny'n golygu defnyddio fy nychymyg. Llenwi'r tŷ ag arogleuon blasus pan oedd hi'n teimlo'n gorfforol sâl er mwyn ei hannog i fwyta. Ei chadw hi'n effro a gofalu ei bod hi'n yfed digon o ddiodydd lemwn oer. Deall sut i'w hysgogi a chynnal ei diddordeb. Roeddwn i hyd yn oed yn defnyddio fy nghreadigrwydd i guddio pwy oedd yn gofalu am y gwaith tŷ a byddwn yn creu fersiynau 'gwneud' er mwyn cynnal ei hymdeimlad o urddas. Mi wnes i droi'n ddigrifwraig hyd yn oed, gan ladd ar fy hun yn fy straeon er mwyn gwneud iddi deimlo'n well am ei hedrychiad neu sut roedd hi'n teimlo. 'Paid â phoeni, Mam, edrych arna i – dwi wedi llusgo fy hun am yn ôl drwy'r gwrych bore 'ma,' a hithau'n ateb, **'Mae'n rhaid dy**

fod ti wedi bod yn cwffio yn dy gwsg.' Wedyn, byddwn i'n dweud, 'Ydw, dwi'n llanast!' a byddai hi'n chwerthin, ond pen draw y cyfan oedd ein bod ni'n llwyddo i frwsio ei gwallt.

Byrfyfyrio roeddwn i, ond wrth edrych yn ôl, roedd fy mhersonoliaeth ofalgar yn dechrau gydag empathi, i nodi ei dyheadau a'i hanghenion, ac yn gorffen gyda chreadigrwydd, i ddatrys problemau a helpu i greu ymdeimlad o ddiogelwch a llawenydd ar ei chyfer. Unwaith i fi sylweddoli hynny, roeddwn i'n teimlo rhyw fath o hyder yn fy rôl. Ac roedd hynny'n ei gwneud hi'n haws i ymdopi â'r hyn oedd i ddod.

Ar wahân i fod yn ofalwr creadigol, roeddwn i hefyd yn ei helpu i dorri'r rheolau. Weithiau, hyd yn oed yn y dyddiau hynny pan oedd anobaith gerllaw, byddai Mam yn sibrwd, **'Ga i 'chydig o siwgr ar y mefus 'ma, Shobi?'** Roeddwn i'n gwybod y byddai Sushma, y deintydd, yn fy lladd i am roi gormod o siwgr iddi, ond byddwn i'n tynnu'n groes er mwyn Mam. Ond ddim gormod chwaith – doedd dim llawer yn dod trwy dyllau'r potyn ysgwyd siwgr, felly roeddwn i'n cael y gorau o'r ddau fyd. Byddai Mam a Sushma yn fodlon. Roeddwn i'n mwynhau bod yn ddireidus, ond fydd clywed hynny ddim yn synnu neb. Dwi'n credu mai dyna pam oedden ni'n cyd-dynnu'n weddol drwy'r cyfnod hwn. Roeddwn i o hyd yn cofio mai hi oedd fy mam i, nid fi'n fam iddi hi, er mai fy ngwaith i oedd gofalu amdani. Os oedd hi eisiau cicio yn erbyn y tresi yn ei thŷ ei hun, pam lai? Roedd ganddi hawl i wneud hynny.

Bob tro roedd Sushma yn galw, byddai'n dweud y drefn wrtha i'n dawel bach am y taffi triog yng nghwpwrdd danteithion Mam. Roedd Mam wrth ei bodd gyda thaffi triog. Pecynnau ar becynnau o daffi triog. A bod yn deg â Sushma, roedd hi wastad wedi gofalu am ddannedd Mam, ac roedd hi'n ofnadwy o ofidus pan gollodd Mam ddant mewn darn o daffi. Fel arfer, roedd Mam yn gweld yr ochr ddoniol, yn adrodd stori am ei bwriad i ysgrifennu llythyr at Thorntons i gwyno a dweud mor flin roedd hi wrth ddod o hyd i ddant yn ei thaffi, cyn sylweddoli mai ei dant hi oedd o.

Dysgais hefyd feddwl ar fy nhraed o ran esbonio pethau roedd Mam wedi'u hanghofio. Doeddwn i ddim eisiau dweud, 'Dwi'n gwybod, Mam, dwi newydd ddweud wrthat ti,' pan fyddai hi'n methu cofio pethau, ac roedd hynny'n digwydd bob munud erbyn hyn. Felly pan ddeffrodd hi ryw fore, ac apwyntiad meddyg ganddi, heb unrhyw fath o syniad pam oeddwn i'n trio'i chael hi i frysio, byddwn i'n creu rhyw stori hurt am apwyntiad munud olaf neu alwad hwyr y nos gan Raj, fel nad oedd hi'n teimlo baich gwybod ei bod wedi anghofio rhywbeth. Byrfyfyrio oedd o i gyd, i bob pwrpas – diolch byth fy mod i wedi cael yr holl hyfforddiant actio yna! Roeddwn i'n arfer meddwl pa mor ofnadwy byddai clywed rhywun yn dweud byth a hefyd, 'Dwi wedi dweud wrthat ti, dwi newydd ddweud hynny, wyt ti'n cofio?' Wrth gwrs, allwn i byth fod yn siŵr beth byddai hynny'n ei olygu iddi, ond roeddwn i'n aml yn dychmygu pa mor gandryll y byddwn i.

Doedd hi ddim yn gwerthfawrogi fy ymdrechion bob tro, a doedd ei dementia hi ddim yn dileu pob emosiwn o'n perthynas ni. Mae'n anodd iawn pan fyddwch chi wedi treulio amser ac egni yn gwneud rhywbeth arbennig i rywun a gweld hynny naill ai'n cael ei wrthod neu'n cael ei anwybyddu. Roedd hynny'n loes calon i fi, am fy mod i o hyd yn chwilio am ganmoliaeth gan bawb, dwi'n credu, yn enwedig gan Mam. Roedd Mam bob tro wedi bod yn ddi-flewyn-ar-dafod – os nad oedd hi'n hoffi rhywbeth roeddech chi wedi'i greu neu ei wneud iddi, byddai hi'n rhoi gwybod i chi. Byddech chi'n *namoona* (fel Boris), neu'n *ullu* (tylluan dwp), eto fel Boris.

Yn y pen draw, mae'n rhaid i chi ddal ati. Roedd yn rhaid i fi drio peidio â'i gymryd yn bersonol, er ei fod yn teimlo'n bersonol iawn. Mae rhywun yn caledu i'r peth dros amser, a dwi'n gwybod nad fi oedd yr unig un a fyddai'n teimlo nerth yr ergydion achlysurol hynny. Weithiau, dim ond er mwyn cael newid, neu oherwydd gofynion gwaith, byddwn i'n gyrru Mam i lawr i dŷ Sushma. Roedd hi wedi paratoi ystafell glyd a hyfryd ar gyfer Mam, gyda theledu wrth law, a'i holl bethau o'i chwmpas. Ond byddai Mam yn cwyno ac yn methu setlo, a mynnu ei bod hi eisiau mynd adref, ac roedd hynny'n ergyd i Sushma ac i minnau.

Yn aml iawn, waeth beth byddech chi'n ei wneud, fyddai hi ddim yn fodlon, a doedd hi ddim yn bosib ei bodloni. Doedd dim byd yn gwneud y tro. Aeth amser hir heibio cyn i fi gredu a derbyn nad oedd neb ar fai am hynny: ddim y hi, ddim y fi. Roedd y teimlad yna nad oeddwn i'n ddigon da yn faen melin am fy ngwddf am flynyddoedd. Roedd amgyffred y sefyllfa, cydnabod bod y pethau hyn yn digwydd oherwydd dementia, oherwydd ei chyflwr yn hytrach na'i theimladau tuag atoch chi, yn beth mor bwysig.

Erbyn diwedd haf 2019, roedd y cysyniad o amser, o ddydd a nos, yn peri trafferth mawr i Mam. Roedd ganddi gloc LED wrth ymyl y teledu a gwnaethon ni drio ei helpu i gadw cofnod o'r oriau'n mynd heibio – gan bwyntio at y dyddiad a gofyn iddi baru'r diwrnod ar y cloc gyda'r diwrnod ar ei blwch tabledi. Pan oedden ni'n gofyn iddi ddweud yr amser ar y cloc, byddai hi'n dweud, '**Mae hi mor hwyr,**' cyn dweud yn llawn direidi, '**Pam wyt ti wedi fy neffro i, mae hi'n rhy gynnar, mae 'na gymaint o amser?**' Weithiau, gyda'r nos, byddai'n hi'n pwdu: '**Wyt ti'n mynd i'r gwely rŵan, Shobi? Dim ond 10 o'r gloch ydy hi!**' Roedd y cloc yna er mwyn iddi hi edrych arno – byddai hi'n meddwl 'Faint o'r gloch ydy hi?' ond yna'n symud ymlaen heb gymryd sylw o hynny: doedd amser ddim yn beth pendant iddi erbyn hyn. Doedd y dyddiadau a'r amseroedd ar ei chalendr, a fu unwaith mor bwysig, ddim yn golygu dim byd iddi bellach.

Doedd hi erioed wedi hoffi cael ei rhuthro, a fuodd hi erioed yn un dda yn y bore, ond roedd cael Mam o'i gwely yn mynd yn fwyfwy anodd. Roedd ei hanadlu hefyd yn broblem – byddai'n mynd yn fwy a mwy llafurus bob dydd. Gwnaethon ni drefnu i osod peiriant ocsigen yn y tŷ a daeth rhoi deg munud o ocsigen iddi yn rhan o'n trefn ddyddiol, yn enwedig os oedd angen iddi fynd allan. Roedd hynny'n digwydd yn weddol aml oherwydd yr apwyntiadau ysbyty di-ri roedd eu hangen i reoli ei chyflyrau.

Gan mai Raja fyddai'n mynd â hi bob amser, trefnwyd yr apwyntiadau am naw y bore er mwyn iddo allu eu trefnu nhw o gwmpas ei waith. Credwch chi fi, mae cael gwraig sy'n byw gyda dementia o'i gwely, wedi ymolchi a gwisgo ac yn barod wrth y drws am hanner awr wedi wyth y bore fel cwblhau cwrs heriau'r fyddin. Byddwn i'n gorwedd yn y gwely ac yn meddwl, dwi'n mynd i wneud hyn, dwi'n mynd i fynd i'w stafell, agor y llenni a bod mor hwyliog â phosib.

Byddwn i'n bloeddio, 'Helô Mam!', yn gwenu'n llydan arni ac yn trio peidio â meddwl am y frwydr oedd i ddod. **'Na, na, na, na. Dos o'ma, dwi'n cysgu,'** fyddai'r ymateb cyntaf. Wedyn byddwn i'n dechrau sôn am y brecwast *blasus* roeddwn i wedi'i baratoi a pha mor hyfryd byddai pob dim. Byddwn i'n egluro ble roedd hi'n mynd ym mhob ffordd gallwn i, gan ei bod hi'n mynd i ofyn i fi bob munud neu ddau. Roedd angen pob owns o bositifrwydd i'w sbarduno hi. Byddai hi'n llawn dicter, felly byddwn i'n tynnu coes ac yn trio ei chael hi i wenu. Yn y diwedd, byddai hi'n ildio. Erbyn iddyn nhw adael, byddwn i'n teimlo wedi ymlâdd yn llwyr.

Roedd negeseuon WhatsApp y teulu yn llawn adroddiadau am ei hwyliau, ac wrth i'r dail ddechrau crino a melynu, dechreuodd hwyliau Mam waethygu. Roedd 'pigog iawn heddiw' yn golygu bod diwrnod caled o'ch blaen chi ac na fyddai fawr ddim y gallech ei wneud i wella ei chyflwr meddwl. Wrth i bethau ddirywio, roedd dod o hyd i'r ddisgyblaeth feddyliol i beidio â beio'ch hun yn bwysicach nag erioed. Daliais ati i ysgrifennu cerddi yn y boreau wrth aros iddi ddeffro. Roedd hynny'n help i ddirnad rhai o'r teimladau roeddwn i'n delio â nhw, yn ogystal â gweithio drwy lawer o'r pethau a fu'n fy mhlagio ers blynyddoedd. Yn yr ystyr hwnnw, gwnaeth creadigrwydd fy achub innau hefyd.

Roedd popeth yn anodd. Y pethau symlaf oll, pob un dim. Roedd eiddilwch newydd yn Mam. Pan fyddai hi'n cael pwl gwael o afiechyd corfforol, prin y gallai godi o'i gwely a byddai'n lledorwedd ar y clustogau â'i chyhyrau'n edwino. Roedd ei chyfathrebu'n fwy bratiog hefyd, ei hiaith yn fwy cyfyngedig, ac roedd yn teimlo fel pe bai hi, o ddydd i ddydd, yn datgysylltu ei hun oddi wrth ei theulu. Teimlwn fod ei hymennydd, ei chelloedd yn darfod ar raddfa gynyddol, a bod hynny'n dechrau amharu ar ei chydsymud a'i hynganu. Roedd yr awyrgylch yn ei hystafell wedi newid yn llwyr. Roedd hi'n aml yn dawel. Roedd hi'n anhygoel o drist. Doedd gan neb fawr o syniad i ble roedd hi'n cilio, a hithau'n methu egluro. Dwi ddim yn meddwl ei bod hi hyd yn oed yn gwybod.

Mae dementia yn glefyd nad oes modd gwella ohono, mae'n glefyd cynyddol a didrugaredd. Does dim modd dweud, 'Oes gen ti gur pen? Llynca ychydig o barasetamol.' Neu hyd yn oed, 'Canser? Mi wnawn ni drio radiotherapi.' Allwch chi wneud dim byd heblaw sicrhau bod rhywun mor gyfforddus â phosib. Mae'n amhosib dychmygu pa mor anobeithiol mae hynny'n gallu teimlo heb fynd drwy'r profiad. Mae yna wadu pendant yn digwydd pan fydd rhywun yn cael diagnosis o ddementia, a chithau'n gobeithio na fyddwch chi'n cael profiad 'gwael'. Eto i gyd, rydych chi'n gwybod, os ydych chi'n gwbl onest â chi'ch hun, mai dedfryd oes yw hi. Mae'n glefyd marwol ac mae'n dod â marwolaeth yn nes. Hyd yn oed os gallwch chi fyw gyda'r cyflwr am flynyddoedd lawer, dydy o ddim yn mynd i ddiflannu. Dwi'n credu ein bod ni i gyd yn disgwyl i farwolaeth fod yn ddigwyddiad mor ddramatig, o ystyried y ffordd mae'n cael ei bortreadu ar y teledu neu mewn ffilmiau, ond i rywun sydd â dementia, mae marw yn *broses*. Does dim eiliad frawychus, dim ond ymdaith araf a di-ildio, a honno'n aml yn un boenus, tuag at y diwedd. Roedd hynny'n rhywbeth y bu'n rhaid i ni i gyd ei dderbyn, ond roedden ni'n pedwar yn ymdopi'n wahanol. Yn raddol bach, llwyddodd rhai ohonom i dderbyn a dod i delerau â'r hyn oedd yn hollol amlwg, ond roedd hi'n anoddach i eraill ei wynebu. Ond gwnaeth pob un ohonom gyfnewid blynyddoedd o'n bywydau er mwyn gofalu am Mam. Dyna oedd y fargen.

Erbyn mis Medi, diolch i'r straen llethol, roedd y cytundeb hwnnw'n dechrau chwalu. Am y tro cyntaf, cafodd y cwestiwn o ofal y tu allan i'r teulu ei godi o ddifri. Raj ysgogodd y drafodaeth deuluol, doedd hi ddim yn bosib i ni gynnal y gofal oherwydd anghenion cynyddol Mam, yn enwedig o ran yr ystafell ymolchi. O brofiad, pan mae o dan straen, dydy fy mrawd ddim y person mwyaf amyneddgar yn y byd, ac i Mam, colli rheolaeth o'i flaen oedd y peth gwaethaf un allai hi erioed ei ddychmygu. Doedd hi ddim yn sefyllfa ddelfrydol i'r naill na'r llall, ac roedd ceisio ymdopi â'i thrafferthion sylweddol gyda'i stoma yn newyddion drwg i bawb. Y cyfan wnaeth Raj oedd dweud, 'Alla i ddim gwneud hyn rhagor,' a fi gafodd y dasg o edrych ar yr opsiynau.

Wrth edrych yn ôl, dwi'n credu bod Raj wedi'i lethu gan effaith y dementia arni hi. O ran iechyd corfforol Mam, roedd wedi gwneud ei orau glas i gadw'r ddysgl yn wastad, ac roedd bob amser i'w weld yn gyfforddus gyda'r ochr honno o bethau, a byddai hyd yn oed yn ei chael hi i dreulio rhai penwythnosau yn ei gartref gyda'i deulu. Mae gwylio rhiant yn dioddef gyda dementia yn greulon, a waeth pa mor 'addysgedig' neu wybodus yn feddygol rydych chi, mae'n beth gwahanol iawn i'w wylio yn dwyn popeth oddi ar rywun rydych chi'n ei garu. Does dim rhesymeg i'r peth, dim trefn, a dim cynsail o'r naill i'r llall. Aeth sawl blwyddyn heibio cyn i fi ddeall na allwn i reoli dementia Mam na'i atal rhag datblygu. Doedd o ddim yn fai ar neb. Bu'n rhaid i 'Team Mum Care' ddysgu sut i faddau i'n gilydd a maddau i ni ein hunain am yr adegau hynny pan oedden ni'n methu ymdopi.

Roeddwn i fod i ddechrau gweithio yn theatr y Lyric yn Hammersmith ar gyfer tymor y pantomeim, ac roedd yr ymarferion yn dechrau ym mis Hydref a'r perfformiadau yn digwydd gydol mis Tachwedd, Rhagfyr a dechrau Ionawr. Roedd deuddeg wythnos o waith yn golygu nad oedd modd i mi wneud cymaint, ac roedd amharodrwydd Raj i ysgwyddo mwy o'r baich yn fy absenoldeb yn cyfyngu ar ein hopsiynau ymhellach. Yr unig ateb oedd cartref gofal, rhywbeth roedden ni wedi'i ddiystyru ers cymaint o flynyddoedd, a ninnau wedi ein cyflyru gan y ffaith nad oedd yn opsiwn go iawn yn ein cymuned ni. Doedd o ddim yn rhan o DNA ein diwylliant.

Er bod gweithiwr cymdeithasol wedi'i neilltuo ar gyfer Mam, doedd hi ddim yn hawdd asesu'r llwybrau a oedd ar gael pan mae'r system ofal yn faes cwbl ddieithr i chi, heb sôn am ddeall beth sy'n ddewis da ai peidio. Doedd gen i ddim math o syniad beth fyddai orau iddi. Oherwydd ei hanghenion penodol, roedden ni'n teimlo bod angen gofal nyrsio 24 awr ar Mam, ond roeddwn i hefyd eisiau sicrhau bod ble bynnag y byddai hi'n byw yn ystyried ac yn ystyriol o'i thras.

Mi wnes i ffonio sawl cartref gofal i drio dod o hyd i gartref gofal gyda phreswylwyr neu staff o'n cefndir diwylliannol ni, neu oedd â phrofiad 'byw' tebyg i Mam. Allwn i ddim dod o hyd i un. Ffoniais i rai o fy ffrindiau, ac er eu bod nhw wedi argymell ambell le, doedd nunlle fel pe bai'n briodol.

Gwnaeth Mam greu trafferth o'r dechrau'n deg. Pan wahoddwyd rhywun i'w hasesu er mwyn gweld pa lefel o ofal nyrsio roedd ei hangen arni, yn sydyn ddigon, roedd hi'n ymddangos yn llawer mwy eglur ac ymatebol. Dwi'n gwybod nad oedd hi'n gwneud hynny'n fwriadol, ond dwi'n meddwl ei bod hi eisiau i'r dieithriaid newydd yn ei thŷ ei gweld hi ar ei gorau. Ond roedd yn hynod rwystredig – ar sail yr asesiad hwnnw, cawson ni wybod nad oedd Mam yn gymwys i gael gofal nyrsio a byddai'n rhaid iddi gael ei rhoi mewn cartref preswyl cyffredin i'r henoed, yn groes i'n gobeithion. Roedden ni i gyd yn gwybod hefyd nad oedd Mam eisiau mynd i gartref gofal, ond roedden ni ar ymyl y dibyn. Un diwrnod yng nghanol mis Hydref, teithiais i o Lundain i Fanceinion yn y bore, 'nôl lawr i Lundain i ymarfer, yna 'nôl i Fanceinion yr un noson. Roeddwn i'n teimlo fy mod i'n dechrau colli arni.

Yn anffodus, penllanw'r pwysau oedd argyfwng gyda fy mrawd. Fel gofalwr, dydy'r wladwriaeth ddim yn cynnig unrhyw fath o gymorth iechyd meddwl i chi, na hyd yn oed lwybr i ddelio â'r math hwn o ffraeo teuluol, sy'n anochel pan fydd pethau'n mynd yn wael iawn. Daeth yr holl broblemau dros y blynyddoedd diwethaf gyda Mam, a phroblemau'r blynyddoedd cyn ei chyflwr wrth gwrs, yn ôl i'r wyneb unwaith eto. Cafodd ambell beth cas ei ddweud, pethau nad oedd modd eu dad-ddweud. Camodd ein gweithiwr cymdeithasol i'r adwy ac awgrymu un neu ddau o lefydd a allai weithio'n well i Mam, ac ar ôl ymweld â nhw i gyd – sydd eto'n dipyn o gamp pan mae amser mor brin ac emosiynau mor frau – des i o hyd i un a fyddai, yn fy nhyb i, yn gweddu i'r dim. Roedd yr ystafell y byddai'n aros ynddi yn un hyfryd, ac er nad oeddwn i'n hollol siŵr am y gofod cymunedol na'r blaen tŷ, cadwais i le iddi a chroesi fy mysedd.

Mae rhan o asesiad cartref gofal yn cynnwys ymweliad ag aelwyd claf ac roedden ni i gyd yn amau y byddai Mam yn reit elyniaethus, ond erbyn hyn roedden ni'n methu rhagweld sut y byddai'n ymddwyn o'r naill eiliad i'r nesaf. Roedd hi wedi mynd yn anwadal iawn, ac roedd hyd yn oed yr agweddau mwyaf pendant ar ei phersonoliaeth wedi newid. Pan ddaeth y menywod o'r cartref i ymweld â Mam, buon nhw'n trafod popeth gyda hi yn dawel, a minnau'n dechrau meddwl am eiliad ei bod hi wedi derbyn bod angen help arni. Ond y gwrthwyneb llwyr oedd yn wir. Trodd ata i a syllu i fyw fy llygaid gan ddweud, '**Shobi, dydw i ddim eisiau mynd ar wyliau, dydw i ddim eisiau mynd am ymweliad. Dydw i ddim eisiau mynd i unrhyw fath o gartref. Dwi eisiau aros fan hyn.**' Doedd dim ffordd o esbonio iddi hi *pam* byddai hi'n mynd. Roedd hi'n dal yn mynnu aros gartref.

Roedd ymateb emosiynol Mam i'r drafodaeth ynghylch byw â chymorth yn ein rhoi ni mewn sefyllfa amhosib. Os oedd fy mrawd yn mynd i droi cefn ar ei ran o o'r gadwyn ofal a minnau'n gorfod gweithio er mwyn cynnal rhyw fath o yrfa a bywyd oedd yn ennill digon o arian, roeddwn i'n teimlo nad oedd yna'r fath beth â dewisiadau da. Ond y flaenoriaeth, fel bob amser, oedd yr angen i sicrhau bod Mam yn cael ei dymuniad nes iddi farw, felly yn emosiynol, ym mêr fy esgyrn, roeddwn i'n gwybod bod rhaid i ni wneud i hyn weithio iddi hi.

Llwyddodd Sushma i fynd i weld y cartref a daeth yn ôl a dweud, 'Rwyt ti'n iawn, Shobi, mae'r stafell yn hyfryd iawn... ond dwi ddim yn meddwl mai dyma'r lle i Mam.' Roeddwn i'n gwybod ei bod hi'n iawn, ond roeddwn i'n tynnu gwallt fy mhen yn trio dod o hyd i ffordd ymlaen. Penderfynais fy mod i'n mynd i roi'r gorau i weithio'n gyfan gwbl, a ffoniais fy asiant i ddweud na allwn i ddal ati mwyach. Dyna pryd y camodd Sushma i'r adwy a dweud bod rhaid i fi ddal ati i weithio. Cynigiodd gynyddu ei dyddiau ar y rota gofal ac awgrymodd hyd yn oed bod Mam yn symud i'w chartref yn Hertford, fel y gallai hi fod yn nes at fy ngwaith i er mwyn i ni rannu'r oriau, heb i hithau na minnau orfod teithio fel pethau gwyllt i fyny ac i lawr y draffordd. Dywedodd Raja wrth Sushma, 'Dyna'r cyfan roedd angen i fi ei wybod.' Roedd wedi diffygio'n llwyr.

Ond er bod yr ateb hwn i'w weld yn un digon ymarferol, a Sushma yn hollol ddiffuant a'r cynnig yn dod o waelod calon, roedd realiti trefnu tîm amrywiol o arbenigwyr i reoli holl wahanol gyflyrau Mam yn teimlo fel rhwystr amhosib i'w oresgyn. Mae'n ddigon dealladwy ei bod yn cymryd amser i feddygon gyfarwyddo ag unrhyw sefyllfa, ac roedden ni'n poeni'n fawr am ddechrau'r broses honno eto. Wrth gwrs y byddai wedi bod yn *bosib*, ond fel y gŵyr unrhyw un sydd wedi gweithio o fewn trefniadau'r GIG, mae *posib* ac *ymarferol* yn gallu bod yn ddau beth hollol wahanol.

Roeddwn i hefyd yn ymwybodol bod Mam mor gyfarwydd â'i hysbyty, ei hamgylchedd, y nyrs stoma, y nyrsys ardal. Er gwell neu er gwaeth, mae'n ddigon posib ein bod ni wedi cael ein trin yn fwy ffafriol oherwydd bod Mam yn dipyn o bersonoliaeth, heb sôn am y ffaith bod Raja yn gweithio yn yr ysbyty, a Dad wedi gweithio yno o'i flaen. Wedyn dyna i chi bwynt arall. Iawn, byddai'r ddaearyddiaeth yn newid a hynny'n hwyluso pethau i ni, ond yr un fyddai'r rhwystredigaethau ynghlwm wrth ofalu am Mam a'i chyflyrau, a bydden nhw'n amlygu eu hunain ar aelwyd Sushma, gan olygu na fyddai hithau'n gallu dianc rhag y pwysau sylweddol. Fyddai symud i dŷ Sushma ddim yn gwella Mam. Doedd dim gwella iddi. Roeddwn i'n gwybod y byddai'n rhoi straen enfawr ar fywyd teuluol Sushma, a doedd hynny ddim yn deg. Felly, er bod fy chwaer eisiau gwneud hynny, roeddwn i'n amharod iawn i dderbyn unrhyw newid.

Am weddill mis Hydref, y cynllun oedd i fi weithio yn y bore a'r prynhawn ac yna teithio i Fanceinion ar y bws nos neu'r trên nos neu yn fy nghar. Byddwn i'n cydlynu pethau rhwng Sushma, Jayshri, Akshay, minnau a Raj, os oedd o'n gallu. Doeddwn i ddim yn gorffen gwaith yn hwyr yn aml, dim ond dechrau'n gynnar yn y bore. Erbyn hyn, roedd Sushma yn gweithio i'w hun, datblygiad arall a oedd yn ein helpu i ddeall bywydau ein gilydd. Roedden ni'n gwybod y byddai pethau'n anodd, ond roeddwn i'n teimlo bod rhywun yn gefn i fi, ac roeddwn i'n teimlo'n nes nag erioed at fy chwaer.

Yna, yn gwbl ddirybudd, chwalodd popeth yn chwilfriw. Ganol yr wythnos, a minnau ar fin gadael am Lundain gyda thân yn fy mol ar gyfer yr ymarferion, ffoniais i Raj i ddweud bod Mam fel pe bai'n cael mwy o drafferth i anadlu. Daeth draw fel arfer ddydd Mercher a dweud ei fod yn credu ei bod hi'n iawn, ond ddydd Iau roedd wedi gwaethygu eto. Pan ddaeth Raj draw i weld sut roedd Mam ar y dydd Gwener, dywedodd fod angen iddi fynd i'r ysbyty.

Y bore Sadwrn hwnnw, deffrais Mam yn gynnar a'i gwisgo cyn eistedd gyda'n gilydd ar ei gwely, yn aros i fy mrawd gyrraedd. Dwi'n cofio bod mor brudd wrth ei chael hi'n barod, gan wybod y byddwn i mor bell oddi wrthi tra oedd hi yn yr ysbyty, a doedd ganddi hithau ddim syniad beth oedd ar droed. Roedd hi'n ddigon anodd ei gadael hi pan fyddwn i'n mynd i weithio beth bynnag, ond roedd hyn yn teimlo'n wahanol, fel pe bai hi'n mynd i orfod wynebu'r frwydr nesaf hon ar ei phen ei hun. Doedd neb yn mynd i allu ei helpu hi'r tro yma, gan mai brwydr iddi hi'n unig oedd hon. Wrth i ni eistedd ochr yn ochr, estynnodd Mam ei llaw a gafael yn fy llaw i. Gwnes i drio rheoli fy emosiynau a gwneud fy ngorau glas i'w thawelu: 'Rwyt i'n mynd i'r ysbyty er mwyn i ni wneud yn siŵr bod dy anadlu di'n sefydlogi.'

Bob awr roeddwn oddi cartref yr wythnos honno, roeddwn i'n meddwl amdani. Roedd hi'n amhosib datglymu fy hun, waeth beth oedd yn digwydd gyda Mam, ac weithiau roeddwn i'n meddwl fy mod i'n colli arni wrth drio bod yn broffesiynol yn fy mywyd gwaith ac ymdopi â hyn i gyd yn y cefndir. Roedd mor anodd canolbwyntio ar ddim byd arall heblaw am y llu negeseuon WhatsApp gan fy mrawd, fy chwiorydd a fy mab, a oedd wedi teithio i fod gyda'i *nani*. Dywedodd Sushma wrtha i ei bod hi'n teimlo bod Mam yn dirywio'n eithaf cyflym, a doedd hi ddim yn bwyta dim byd o gwbl. Erbyn i fi gyrraedd 'nôl ddiwedd yr wythnos, roedd Mam wedi newid yn sylweddol. Roedd hi'n wirioneddol ofidus.

O fod yn wraig a oedd yn neilltuo cyswllt corfforol ar gyfer ei gŵr neu ei mab yn unig, prin y byddai Mam yn gollwng ein dwylo, gan ddal ei gafael mor dynn ag y gallai. Roedd ei gorbryder wedi'i chloi hi'n llwyr. Doedd hi ddim yn gwybod ble roedd hi, na beth roedd hi'n ei wneud yno, ac roedd hi'n ofnus iawn. Roedd Mam yn dweud drosodd a throsodd, **'Shobi, mae ofn arna i, mae ofn arna i. Ydw i'n marw? Ydw i'n marw?'** Roedd ganddi gur pen cyson, ac aeth ei hystumiau yn afreolus ac yn llawn gofid. Roedden ni'n methu ei thawelu hi am ychydig funudau hyd yn oed, roedd hi i fyny ac i lawr fel peth gwyllt, yn llawn egni nerfus. Roedd hi bob amser wedi gwneud pob dim yn araf a threfnus, ond yma yn yr ysbyty roedd hi'n ymddwyn yn orffwyll, fel pe bai hi'n gaeth mewn brwydr. Yn ystod y nos, tynnodd yr holl wifrau a thiwbiau yn rhydd, y cathetr a'r offer oedd yn ei monitro, gan drio dianc. Roedd yr wythnosau o wrthod bwyd wedi amharu arni'n gorfforol, a heb ei haenau arferol o ddillad, roedd hi'n edrych mor fach. Wrth edrych arni, yn eistedd yno yn ei gŵn ysbyty, sbardunwyd fy ngreddf famol. Roedd yn union fel pe bai hi'n diflannu. Roedd merch fach ofnus iawn, iawn wedi disodli ein mam rymus.

Ein cynllun oedd trio cael Mam allan o'r ysbyty cyn gynted â phosib a'i symud i ofal 24 awr mewn cartref nyrsio. Dyna fyddai'r lle gorau, o ystyried y sefyllfa fregus rhwng aelodau 'Team Mum Care'. Byddai'n cael gofal gan nyrsys a fyddai'n deall ei sefyllfa gorfforol a meddyliol. Yn fy mhen, roedden nhw'n mynd i allu ymdopi'n llawer gwell na ni, a byddai hynny'n golygu y byddai Mam yn well ei byd. Ond oherwydd iddi gael ei hasesu ychydig wythnosau yn unig cyn hynny, pan oedden ni wedi ymchwilio i fyw â chymorth, dywedwyd nad oedd hi'n gymwys i gael y math yna o ofal nyrsio, waeth faint fyddai ei chyflwr wedi gwaethygu. Er bod iechyd Mam yn amlwg wedi methu'n ddigon sylweddol i fod angen mynd i'r ysbyty, mae'n debyg bod yr asesiad blaenorol yn dal yn gymwys.

Dechreuodd ddod yn amlwg i ni i gyd, er na wnaeth neb ddweud hynny, fod naw bywyd Mam wedi dod i ben.

Pan ddychwelais ar ddiwedd yr ail wythnos, daeth gwobr roeddwn i newydd ei hennill yn gwmni i fi – darn mawr o wydr gyda fy enw arno, yr union fath o beth roedd Mam wedi'i hoffi erioed. Am eiliad, pan wnes i ddangos y tlws iddi, gwenodd arna i a gwelais fflach o'r hen hi, ond yna daeth yr anniddigrwydd yn ôl i'w hwyneb a diflannodd y wên yr un mor sydyn.

Roedd rhywbeth yn rhywle yn dweud bod angen i Mam ddod adref cyn gynted â phosib. Roedd hi wedi bod yn yr ysbyty am bron i bythefnos, ac erbyn hyn yn hollol wahanol i'r wraig a fu'n gafael yn fy llaw ar y gwely yr wythnos cyn i fi ddechrau gweithio. Gyda chymorth ein gweithiwr cymdeithasol, llwyddwyd i greu cynllun a sicrhau gofal lliniarol yn ei chartref. Trefnodd Raj wely nyrsio yn lle ei gwely yn yr ystafell fyw, ac o Lundain, bues i'n ffonio o gwmpas i drefnu'r gwahanol dimau gofal drwy wasanaeth hosbis yn y cartref.

Ar y dydd Iau, ffoniodd Raj ni i gyd i adael i ni wybod ei bod hi adref. Ces i amser rhydd o'r gwaith ar unwaith ac wrth i'r trên gyrraedd Manceinion, sylweddolais fod merched fy chwaer Hema arno hefyd – roedd y teulu cyfan ar fin llenwi'r tŷ a oedd, ers cymaint o flynyddoedd, wedi bod yn gartref i ddim ond Mam, fi, ei gwely a'r teledu.

Pan gyrhaeddais i, roedd Mam yn y gwely newydd, yn hollol fud. Roedd hi'n ddigyffro ac yn hollol dawel, ond roedd hi wedi stopio siarad. O bryd i'w gilydd roedd hi'n amneidio ac yn ymddangos fel pe bai'n gwrando ar yr hyn a oedd yn digwydd o'i chwmpas – Sushma, yn brysur yn glanhau, yn cyfeirio ei galar at gael trefn ar y tŷ, er mwyn ei gael yn barod ar gyfer ymweliadau gan bawb; fy nithoedd i mewn ac allan, yn sgwrsio ymysg ei gilydd. Fy nheimlad cyntaf oedd bod angen i mi drio ei chael hi i fwyta rhywbeth, gan fod deg diwrnod a mwy wedi pasio ers iddi wneud. Un o'r arwyddion cliriaf fod pobl sy'n dioddef o ddementia yn agosáu at ddiwedd eu hoes yw pan maen nhw'n rhoi'r gorau i fod eisiau bwyta ac yfed. Mae'r cof wedi gwaethygu cymaint fel nad ydyn nhw'n gallu cofio beth yw bwyd, nes ei fod yn troi'n rhywbeth dieithr yn eu ceg. Yn aml, maen nhw'n gallu anghofio sut i lyncu ac yn colli rheolaeth ar y geg, ond pan oedd Mam yn yr ysbyty, roedd yn debycach i ddiffyg diddordeb llwyr.

Dechreuais goginio yng nghegin Mam, fel y gwnes i gymaint o weithiau o'r blaen, gan feddwl am yr holl bethau roedd ganddi i'w dweud am sut roeddwn i'n defnyddio ei sosbenni, ei llwyau a'r popty, a sut roeddwn i'n torri nionod. Cofiais yr holl adegau y byddai hi'n cwyno ein bod ni'n cymryd ei phethau hi 'drosodd' pan oedd pawb yn y tŷ.

Roeddwn i'n gwybod y gallai rhai o'i synhwyrau fod yn dal i weithio, gan gynnwys ei gallu i arogli, felly roeddwn i'n gobeithio y byddai cael chwa o arogleuon cyfarwydd coginio cartref o ryw gysur iddi hi. Yn y gorffennol, pan fyddai Hema a'i theulu yn ymweld, byddai angen paratoi tomen o fwyd bob amser. Byddai hithau dan straen oherwydd hyn a byddwn innau'n helpu yn aml, gan fy mod i wrth fy modd yn coginio. Nawr, roeddwn i eisiau iddi wybod fy mod i yno, yn gallu gwneud bwyd i bawb, heb iddi hi orfod poeni o gwbl. Roedd popeth yn iawn, roeddwn i wrth y llyw. Gallai hithau ganolbwyntio ar 'ymlacio'. Dyma'r meddyliau oedd yn gwibio yn fy mhen, a fy unig ddymuniad oedd ei chysuro hi fel y gwnes i erioed.

Gwnes i hel Sushma, ei mab, ei gŵr, Raj a'r holl nithoedd allan o'r ystafell, gan fy mod i'n gwybod bod Mam yn fwy tebygol o fwyta os mai dim ond ni'n dwy oedd yno. Roedd angen amser tawel arna i gyda Mam er mwyn iddi allu bod gyda fi, a minnau gyda hithau, heb ddim byd i dynnu ei sylw. Wrth i fi eistedd gydag ychydig o'i hoff *daal*, reis plaen wedi'i ferwi ac iogwrt naturiol, edrychodd i fyny arna i. Tan hynny, roedd Mam wedi bod yn gwbl dawel, ond ar ôl iddi fwyta ambell lwyaid, gofynnodd yn dawel, **'Pam wyt ti'n fy mwydo i?'** Roedd y cwestiwn hwnnw'n dweud wrtha i ei bod hi'n gwybod ei bod hi'n marw. Doedd hi ddim yn gofyn i mi er mwyn dweud, 'Pam wyt ti'n fy mwydo i, y ffŵl, wyt ti'n ei cholli hi?' neu 'Pam wyt ti'n fy mwydo i? Beth wyt ti'n ei wneud? Dwi'n gallu bwydo fy hun.' Yn lle hynny, dwi'n credu iddi ofyn oherwydd ei bod hi'n gwybod ei bod hi'n barod i fynd.

Ar ôl iddi orffen ei dysglaid fach, buon ni'n eistedd gyda'n gilydd yn gwylio ei theledu. Yna roedd pawb yn ôl yn yr ystafell, a daeth hysbyseb ar y teledu gyda rhyw ddyn yn tynnu ei ddillad – lledodd ei llygaid wrth weld noethni'r dyn, gyda'r olwg hynny o sioc ddrygionus 'ffug' a arferai fod mor gyffredin. Wrth i Sushma gerdded i mewn i'r ystafell, dyma fi'n gofyn i Mam, 'Pwy sydd yma?' ac atebodd hithau, **'Sushma'**. Wedyn gwnaethon ni wylio rhaglen ddogfen am y Tywysog Charles; roedd hi'n amlwg yn ei adnabod gan iddi ddweud ei enw'n uchel: **'Y Tywysog Charles'**. Mae'n amlwg bod yr hen doriadau o 'Lady Di' a fu o dan ei gwely, bellach yn daclus o dan y bwrdd yn ei hystafell i wneud lle iddi gael gofal, wedi bwrw eu gwreiddiau'n ddwfn yn ei meddwl. A dyna'r geiriau olaf i fi ei chlywed hi'n eu hynganu.

Dechreuodd rhythmau ein bywydau unwaith eto, ond rhythmau llai bellach. Fi'n coginio ac yn ei bwydo, Sushma yn tacluso ac yn glanhau a Raj yno i gadw llygad ar ei chyflwr. Dyna oedd ein rolau, y rolau a gafodd eu pennu flynyddoedd ynghynt.

Gyda phawb yn y tŷ am y ddwy noson nesaf, a'r timau nyrsio lliniarol yn mynd a dod, penderfynais fynd adref i gysgu yn fy ngwely fy hun. Roeddwn i'n gwybod y gallai Mam farw yn y nos, ond roeddwn i hefyd yn gwybod ei bod wedi'i hamgylchynu â chariad ac, mewn rhai ffyrdd, roeddwn i wedi dechrau llacio fy ngafael arni.

Pan gyrhaeddais yn ôl i'r tŷ fore Sadwrn, sylweddolais fod merched Hema wedi gadael. Roedd yr awyrgylch mor drwm, prin y gallech anadlu. Roedd galar yn hollbresennol, ac roedden ni'n gwybod bod ein cyd-dynnu sigledig ar sail angen presennol Mam yn cyrraedd pen ei daith.

Roedd ein perthynas ni'r plant â'n gilydd wedi bod yn un anodd erioed, ond roeddwn i'n gwybod bod rhaid i ni ddal ati er mwyn Mam. Roedd Sushma a Raj yn dawel benben â'i gilydd wrth i fi gerdded i mewn, felly roeddwn i'n gwybod bod angen i fi ddweud rhywbeth. Yn bwyllog, dyma fi'n mentro, 'Edrychwch, efallai fod Mam wedi cael strôc, efallai fod dementia arni, efallai ei bod hi'n marw, ond mae hi'n dal i allu teimlo. Mae hi'n gallu teimlo'r awyrgylch yma. Mae hyd yn oed rhywun sy'n dioddef dementia eithafol yn gallu sylwi ar drallod y bobl o'u cwmpas. Beth bynnag sy'n digwydd, mae'n rhaid i ni lonyddu. *Rŵan.*' Roedd Hema i fod i gyrraedd o India y noson honno ac roedd Akshay a merch Sushma, Nina, yn gyrru i fyny gyda'i gilydd y bore hwnnw, felly byddai mwy fyth o bersonoliaethau yn y cymysgedd cyn i ni droi. Roeddwn i'n gwybod bod angen i ni gyd eistedd a gwneud addewid i fod yno gyda'n gilydd ar gyfer Mam. A dyna ddigwyddodd. Eisteddon ni'n tri, gafael yn nwylo'n gilydd, a gostegu'r storm.

Y noson cynt, roeddwn i wedi penderfynu fy mod i'n mynd i ffarwelio â Mam ddydd Sadwrn. Roedd fy chwaer fawr, Hema, yn cyrraedd fin nos; doeddwn i ddim eisiau bod yno pan fyddai hi'n cyrraedd, a doeddwn i ddim eisiau i Mam synhwyro'r tensiwn anochel rhyngon ni chwaith. Roedd Hema a fi wedi anghytuno fwy nag unwaith dros y blynyddoedd, ac roedd hynny wedi cyrraedd penllanw yn ystod y cyfnod anodd o ofalu am Mam. Roedd ein perthynas ar ben. Ond roeddwn i wedi addo i Mam y bydden ni'n dod i gytundeb, felly roedd yn teimlo fel y peth iawn i adael cyfle iddi hi gael bod gyda Mam. Roedd hi heb fod yn rhan gyson o fywyd Mam ers cymaint o amser, gan ei bod hi'n byw yn India. Roeddwn i'n teimlo bod Hema yn haeddu'r lle a'r amser yna gyda hi, heb i'n drama bersonol ni darfu ar bethau.

Gwnes i fy siâr o ffraeo gyda Mam dros y blynyddoedd, ond daethon ni i ddeall ein gilydd. Roeddwn i'n deall ble'r oedd hi yn y pen draw, ac roedden ni wedi dweud a gwneud popeth roedd angen i ni ei ddweud a'i wneud. Roeddwn i'n gwybod bod Mam a minnau yn rhannu atgofion anodd hefyd, ond roedden ni wedi cymodi. Mae'n beth dynol; rydyn ni i gyd yn gallu llithro, ac wrth wneud hynny, mae'n bosib i ni frifo ein hunain a'n hanwyliaid. O fy rhan i, doedd o byth yn fwriadol, er i'r canlyniadau fod mor bellgyrhaeddol. Dwi'n teimlo mor lwcus i fi gael 25 mlynedd i ddatrys pethau gyda Mam; 25 mlynedd i wneud iawn am yr hyn ddigwyddodd. Y papur lapio am yr anrheg yw Akshay. Oni bai amdano fo, mae'n bosib na fyddwn i erioed wedi cael yr amser hwn i ddod i'w hadnabod. Roedd ei hangen hi arna i a chamodd hithau i'r adwy.

Dydw i ddim yn meddwl bod Mam na minnau wedi gwneud penderfyniad ymwybodol i gymodi, dim ond bod hynny wedi digwydd. Gwnaethon ni faddau i'n gilydd am bopeth roedden ni wedi'i wneud i'n gilydd a dim ond diolchgarwch oedd yn weddill am y gefnogaeth a'r gofal a rannwyd yn ystod ein cyfnodau o angen, drwy ddyletswydd a chariad. Roedden ni o hyd yno ar gyfer ein gilydd, Mam a fi. Sylweddolais i fod Mam wedi gwneud y gorau y gallai hi bob tro, bod fy rhieni bob amser wedi gwneud beth roedden nhw'n feddwl oedd yn iawn. Yn ei heiliadau olaf, dwi'n gwybod ein bod ni'n deall ein gilydd. Dyna'r cyfan gallwn i fod wedi gobeithio amdano.

Byddai Akshay yn aros yno, â'i allu i ddod â phawb at ei gilydd mewn ffordd na allwn i byth, felly roedd yn teimlo y byddai rhan ohona i yn dal yno gyda hi. Cerddais i mewn i ystafell fach Mam yn dal hufen iâ Mini Milk, gan wybod y byddai'n mwynhau hwnnw'n fwy na dim byd. Roedd hi wrth ei bodd wrth i fi ei bwydo am y tro olaf.

A dyma ni'n ffarwelio.

Roedd yn brofiad hynod boenus, ac roedd yn anodd peidio â newid fy meddwl, ond roeddwn i'n gwybod y byddai aros am eiliad arall yn ddigon i fy atal i rhag mynd. Taflais fy mag i gist y car a thanio'r injan, gan yrru tua'r de oddi wrth fy nheulu, fel y gwnes i droeon o'r blaen, i fy ngwaith.

Y bore Sul hwnnw, deffrais yn Llundain ar fy mhen fy hun ychydig cyn hanner awr wedi pump y bore, yn teimlo fy nghalon yn curo fel gordd a chortisol yn pwmpio o amgylch fy nghorff. Yn y distawrwydd, yn yr eiliad honno rhwng cwsg ac effro, roeddwn i'n gwybod: roedd hi wedi mynd.

Ychydig funudau'n ddiweddarach, canodd y ffôn a dywedodd Raj ei bod hi wedi marw. Atgofion o glywed y galwadau ffôn hynny yn yr oriau mân. Atgofion o Mam yn ateb y galwadau hynny, yn rhoi gwybod iddi am farwolaethau annhymig ei thad, ei gŵr a'i mam. Ar ôl siarad ag Akshay, aeth fy nheimladau'n drech na fi, a dyma gilio rhag realiti'r trallod a disgyn yn ôl i gysgu.

Wrth ddeffro eto, roeddwn i'n teimlo gwir ymdeimlad o fodlonrwydd. Roedd popeth mor iawn. Wrth i fi fynd i'r gwaith, fy lle diogel, i recordio cyfres gomedi radio ar gyfer y BBC, o bopeth, meddyliais am yr holl gyfosodiadau tebyg a oedd wedi codi yn fy mywyd. Yr holl adegau i fi lwyddo i wneud yr hyn roedd angen i fi ei wneud pan oedd pethau'n bell o fod yn iawn y tu ôl i'r llenni gartref. Y llawenydd a'r hapusrwydd i fi eu cyfleu fel actores a dawnswraig pan oedd popeth yn fy mywyd go iawn dan gymaint o straen, a thrasiedïau yn llechu o gwmpas pob cornel. Meddyliais am sut y byddwn i'n defnyddio'r ymdeimlad annymunol hwnnw o fyw dau fywyd i amddiffyn fy hun rhag y boen, sut roedd fy ngyrfa wedi cynnig noddfa rhag y frwydr. Y diwrnod hwnnw, creu chwerthin oedd y nod, a gwnaeth hynny, am ychydig oriau o leiaf, fy amddiffyn i rhag baich trwm y golled.

Does dim dwywaith i fi gael fy nghysuro gan y ffaith bod Mam wedi marw â'i mab annwyl wrth ei hochr, a hynny ar ei ben blwydd, o bob diwrnod. Pe gallai fod wedi dychmygu'r farwolaeth berffaith, dyna fyddai hi. Yn ei chartref ei hun, â'i mab wrth ei hochr ar ei ben blwydd – diwrnod a roddodd ystyr newydd i'w bywyd yr holl flynyddoedd hynny ynghynt. Mae Cicely Saunders, sylfaenydd mudiad hosbis y Deyrnas Unedig, yn dweud bod sut mae pobl yn marw yn aros yng nghof y rhai sy'n dal yn fyw. Roeddwn i'n gwybod ym mêr fy esgyrn bod fy mam hyfryd mewn hedd ac, er y byddwn i'n tristáu yn gynyddol wrth i realiti'r sefyllfa honno fy nharo i, roedd rhan ohona i yn teimlo mewn hedd hefyd.

PENNOD DEG

Alli di wneud yn siŵr, *beta*?

Roeddwn i yng nghanol niwl o ddiflastod.

Bob bore yr wythnos honno, deffrais gan synnu o'r newydd am y diffyg tyndra ar draws fy mrest. Roedd y llygaid trwm a chwyddedig roeddwn i wedi dod i arfer â'u gweld yn syllu yn ôl arna i yn y drych am fisoedd wedi diflannu. Bu farw Mam ddydd Sul, 3 Tachwedd 2019, gyda'i theulu o'i chwmpas. Heblaw am y ffaith bod Raj yn cael ei ben blwydd, roedd fy mrawd hefyd i fod i arwain yr addoliad mewn cyfarfod gweddi y diwrnod hwnnw. Teimlai fel ffawd. Roedd y gwasanaeth yn cynnwys seremoni *puja*, sef addoliad defodol lle rydyn ni'n cynnig gweddïau i anrhydeddu neu goffáu person arbennig, neu ddathlu digwyddiad ar lefel ysbrydol, felly cafodd marwolaeth Mam ei chydnabod a'i hanrhydeddu'n syth. Mae tân yn cael ei gynnau yn ystod y *puja*, gyda blodau a dŵr yn cael eu hoffrymu a melysion a bwyd yn cael eu rhannu ymhlith y rhai sy'n bresennol. Y dydd Sul hwnnw, aeth yr holl deulu i'r deml a dathlwyd yr atgofion am fy mam. Roedd presenoldeb Akshay yn gwneud iddo deimlo bod ein hadain ni o'r teulu yn cael ei chynrychioli. Er nad oeddwn yno i rannu'r profiad, clywais fod y gwasanaeth yn un hyfryd, a dwi'n gwybod ei fod wedi helpu sawl aelod o'n teulu i ddechrau derbyn yr hyn a oedd wedi digwydd. Mae eisiau pethau gwahanol ar bawb ar adeg o'r fath, ac roedd ein crefydd yn gefn enfawr i rai, sy'n beth gwych.

Dydw i ddim yn arbennig o grefyddol, ac roedd Mam yn ddefodol yn hytrach nag ymroddedig. Roeddwn i'n arfer ei hebrwng i'r cyfarfodydd gweddi misol, ond doeddwn i ddim yn eu mynychu'n aml. Doeddwn i ddim eisiau i berthynas fy mam â'i ffydd gael ei halogi wrth i fi ddod yn destun clecs y gymuned. Roedd crefydd yn bwysig i Raj erioed, ac mae'n ddyn defosiynol iawn. Dwi'n hoff iawn o addoldai – synagogau, gwrdwarau, eglwysi, mosgiau a themlau – ac mae gen i barch dwfn at bobl sy'n arfer eu ffydd ynddyn nhw. Fel mae'n digwydd, roedd gweddïau'r diwrnod hwnnw yn cael eu cynnal yn yr un neuadd ag y gwnes i ddysgu dawnsio ynddi yr holl flynyddoedd hynny yn ôl, felly bydd y cysylltiad hwnnw yno am byth. Ond nid addoliad cymunedol yw fy ffordd i o gysylltu'n ysbrydol.

Mae diffuantrwydd yn hollbwysig i fi; fyddai hi ddim wedi bod yn onest i fi fynd i'r gwasanaeth y dydd Sul hwnnw. Pe bawn i yn Oldham hyd yn oed, mae'n bosib na fyddwn i wedi mynd. Allwn i ddim esgus mwya' sydyn; roedd yn rhaid i fi fyw yn ôl fy ngwirionedd fy hun. Dwi'n aml yn meddwl cymaint yn haws fyddai pethau wedi bod pe bawn i wedi gallu 'mynd efo'r llif' ychydig yn fwy a pheidio â bod mor ddiwyro o ddiffuant. Nodwedd wedi'i hetifeddu gan Mam oedd hynny – pe bai hi wedi glynu'n llai caeth at ei diffuantrwydd, mae'n bosib y byddai hi wedi troi ei chefn arna i pan oeddwn i'n feichiog, yn unol â dymuniad ambell aelod o'r teulu. Ond roedd hi'n ddigon parod i brofi anghysur personol er mwyn gwneud yr hyn a gredai oedd yn iawn. Doeddwn i ddim mor gryf â hi, nac mor debyg iddi hi ag roeddwn i eisiau bod. Hi oedd y cryfaf ohonom i gyd.

Yr wythnos ganlynol, dechreuodd y gwaith o baratoi ar gyfer yr angladd. Roedd gen i ymarferion yn Llundain bob dydd, ond cawson ni gyfarfodydd FaceTime â'r trefnwyr angladdau i wneud yn siŵr ein bod ni i gyd yn cymryd rhan. Roedden ni wedi methu dod o hyd i unrhyw gwmni a oedd yn delio'n benodol ag angladdau Hindŵaidd yn Oldham – roedd rhai cwmnïau angladdau Caribïaidd, ond dim byd a oedd wedi'i deilwra'n llwyr i'n diwylliant ni. Yn lle hynny, y penderfyniad oedd gweithio gyda threfnwyr angladdau a gafodd eu hargymell i ni. Fel mae'n digwydd, un o fy hen ffrindiau ysgol oedd perchennog y cwmni. Roedd hi wedi ymuno â busnes angladdau'r teulu, felly roedd cysylltiad yn bod, o leiaf. Roedd yr holl broses yn anodd iawn oherwydd ein bod ni i gyd ar wahanol gamau o ran galaru am Mam. Roedd y gwaith o rannu'r penderfyniadau rhwng brawd a thair chwaer, ar ben sicrhau bod dymuniadau Mam yn cael eu hystyried, mor galed ag y mae'n swnio.

Am flynyddoedd, pan fydden ni'n eistedd yn ei hystafell, byddai Mam yn troi ata i ac yn dweud, **'Shobi, dwi eisiau rhoi hwn i ti ac alli di wneud yn siŵr bod "hwn a hwn" yn cael hwn? Alli di wneud yn siŵr, *beta*?'** Ar y dechrau, byddwn i'n ymateb yn reit ysgafn, gan chwerthin a dweud wrthi am beidio â bod yn wirion – roedd hyn yn ystod y blynyddoedd cyn i'r brwydrau iechyd meddwl ddechrau. Ond wrth iddi ddal ati i sôn am ei dymuniadau, dywedais wrthi am eu nodi nhw ar bapur. Gallwn i fod wedi gwneud hynny drosti, ond roedd yn llawer iawn gwell iddi siarad â chyfreithiwr a chael popeth ar ddu a gwyn. Ers tua 2010, roedd hi wedi dechrau sôn am ei marwolaeth ei hun yn amlach, felly gwnes i ei hannog i wneud ewyllys priodol. Dwi'n gallu cofio dod o hyd i nodyn mewn llyfr, nodyn roedd hi wedi'i ysgrifennu pan aeth i'r ysbyty gyda chanser y coluddyn yn 2014, a hwnnw'n dweud yn syml, **'Pan fydda i wedi**

mynd, gadewch i Shobna glirio'r tŷ a'r eiddo dwi'n ei adael.' Pan ddaeth hi adref a dechrau gwella, roeddwn i'n meddwl ei bod hi'n bwysig mynd i'r afael â'r mater oherwydd yr holl drafferthion posib allai'r nodyn eu hachosi. Esboniais fod angen datganiad mwy ffurfiol o ran ei hewyllys oherwydd fy lle yn y teulu. O ystyried deinameg y teulu, fy nheimlad oedd bod angen i bethau gael eu diffinio'n gwbl glir – ac yn gyfreithlon – neu gallwn i fod ar dir digon sigledig pe bawn i'n 'fy mhenodi fy hun' i weithredu ei dymuniadau.

Yn y pen draw, mi wnaeth hi ewyllys ac ysgrifennu llythyr dymuniadau. Dwi'n meddwl ei bod hi am i fi gymryd y cyfrifoldeb am nad oedd gen i ŵr nac aelwyd i ofalu amdani y tu hwnt i Akshay. Doedd dim dylanwad gwrywaidd ac roedd hi'n gwybod y byddwn i'n gwneud yn union fel roedd hi eisiau. Neu efallai, ar ôl yr holl amser, ei bod hi o'r diwedd yn cydnabod gwerth y wraig hon wrth ei hymyl. Yn draddodiadol byddai'r enw '*beta*' yn cael ei ddefnyddio i gyfeirio at fab yn unig, gyda merched yn cael eu galw'n '*beti*'. Er bod arferion wedi newid a bod *beta* yn cael ei ddefnyddio fwyfwy i gyfeirio at blant o'r ddau ryw, roedd clywed Mam yn fy ngalw i'n *beta* ac yn troi ei chefn ar ramadeg traddodiadol yn cynhesu fy nghalon i. Fel pe bai'r ffaith fy mod i'n ferch wedi peidio â bod yn bwysig o'r diwedd, a fy mod i'r un mor abl â mab. Doedd hi ddim yn bwysig bellach mai fi oedd ei *thrydedd* ferch, fi oedd y *beta* roedd hi'n ei ddewis i wneud popeth yn iawn ar ei rhan hi pan na fyddai hi o gwmpas i'w wneud o ei hun.

Er mwyn gochel rhag unrhyw ffraeo yn y dyfodol, roeddwn i hefyd wedi dweud, 'Mam, mae angen i ti ddewis rhywun arall yn ogystal â fi i drefnu popeth,' ac roedd hi wedi enwebu Sushma. Yn 2017, pan gafodd ddiagnosis o ddementia, cafodd Sushma a minnau ein henwi fel atwrneion ar gyfer materion ariannol, gyda Raj yn gyfrifol am faterion meddygol. Roedd cymryd y cam hwnnw'n un anodd iawn i ni i gyd. Sut mae dechrau cymryd cyfrifoldeb am benderfyniadau rhiant?

Y sbardun i fynd i'r afael â'r mater oedd cyfres o daliadau banc a oedd wedi cronni oherwydd bod Mam wedi bod yn bwyta i mewn i'w gorddrafft yn ddiarwybod. Yn y banc y ces i un o'r cyfarfodydd mwyaf dwys i fi ei gael yn fy mywyd. Roeddwn i'n eistedd mewn ystafell fach, yng nghwmni Mam, yn egluro beth oedd wedi digwydd wrth un o'r rheolwyr, heb sôn yn benodol o flaen Mam ei bod hi'n byw gyda dementia. Doeddwn i ddim eisiau i Mam deimlo mai hi oedd yn gyfrifol am bob dim. Dro arall, roedd swyddog diogelwch yn Asda wedi'i stopio oherwydd ei bod hi heb dalu'n iawn yn un o'r tiliau hunanwasanaeth – roedd hi heb sylweddoli bod ei thaliad heb gael ei dderbyn. Aeth misoedd heibio cyn iddi roi'r gorau i sôn am ba mor wael roedd hi wedi cael ei thrin. Roedd hi wedi cael ei thrin fel lleidr ac achosodd hynny boen go iawn iddi, a byddai'n cofio'r achlysur dro ar ôl tro. Cwynais i wrthyn nhw hefyd, ond wnaethon nhw ddim cymryd llawer o sylw. Roeddwn i'n bendant na fyddai Mam yn cael ei thrin yn wael na'i chosbi am rywbeth oedd y tu hwnt i'w rheolaeth.

Roedden ni wedi trafod atwrneiaeth fel tîm gyda Mam. Roedd yn rhaid i ni eirio popeth yn ofalus a chanolbwyntio'n bendant iawn ar ei chyflwr corfforol. 'Mam, os nad wyt ti'n gallu gwneud penderfyniad oherwydd dy fod ti'n rhy sâl, pwy fyddet ti'n hoffi i wneud y penderfyniadau hynny ar dy ran di?' Roedden ni'n dal i fethu trafod ei dirywiad meddyliol yn uniongyrchol mewn perthynas â'r materion hyn. Yng nghyfnodau eglur Mam, roedd hi'n gwybod mai dyma'r ffordd ymlaen a chytunodd mai trefniadau o'r fath fyddai'r peth gorau. Roedd hynny'n help i ni deimlo'n fwy cyfforddus gyda'r drefn, ond roedd yn dal i fod yn anodd iawn.

Yn llythyr dymuniadau Mam, roedd hi wedi bod yn glir iawn am ei dymuniadau olaf ar y ddaear hon. Doedd Mam ddim yn dduwiol grefyddol ac roedd bob amser wedi bod yn hoff iawn o fynychu cyfarfodydd gweddi er mwyn cynnal ei chysylltiadau â'r gymuned a'i ffrindiau, felly doeddwn i ddim yn synnu iddi ddweud nad oedd hi eisiau i'w llwch gael ei wasgaru yn y Ganges, sef y dewis crefyddol mwy traddodiadol. Gan iddi gael ei geni yn y Deyrnas Unedig a'i bod wedi treulio ei bywyd yma, roedd hi'n teimlo'n Brydeinwraig i'r carn. **'Fel darn o roc Blackpool, ond o Southport,'** byddai'n dweud yn chwareus.

Mae llawer o Hindŵiaid eraill sy'n byw ym Mhrydain eisiau i'w llwch gael ei wasgaru yn Varanasi neu, fel roedd Mam yn dal i alw'r lle, Benares, hen enw trefedigaethol y ddinas. Varanasi, ar lannau'r Ganges, yw'r mwyaf sanctaidd o saith dinas sanctaidd Hindŵaeth. Yn ôl y gair, mae amlosgi ar hyd glannau sanctaidd yr afon yn torri'r cylch o aileni ac ailymgnawdoli, gan alluogi enaid i sicrhau iachawdwriaeth, gorffwys mewn hedd a chamu oddi ar gylch diddiwedd amser. Cynhaliwyd angladd Dad ar lannau sanctaidd y Ganges, a gwasgarwyd ei lwch yn y dŵr. Ond roedd o wedi marw yn India, felly roedd llawer mwy o bwys ar y disgwyliadau crefyddol a diwylliannol. Gan ei fod mor ifanc ac wedi marw mor annisgwyl, doedd neb yn gwybod yn iawn beth oedd ei ddymuniadau. O ran Dad, rywle yng nghefn fy meddwl, dwi bob amser wedi cael cysur o'r ffaith ei fod o bosib wedi marw lle roedd o eisiau marw, waeth pa mor sydyn, ar ôl dychwelyd i'w famwlad.

I Mam, aros yn ei chartref oedd y canolbwynt i bob dim arall erioed. Yno y byddai'n llochesu rhag y storm a oedd yn chwyrlïo yn ei meddwl; roedd yn harbwr diogel, rhywle lle gallai deimlo fod popeth dan reolaeth, yr hafan hedd a ddeisyfai. Byddai'n sôn yn aml am Dad yn gweithio mor galed i brynu'r llain o dir ac yna adeiladu'r tŷ o'i seiliau. Roedden nhw wedi dewis pob manylyn o'r tŷ a'r ardd gyda'i gilydd. Roedd Mam eisiau marw yno – roedd hi wedi datgan hynny cyn ei diagnosis ac wedi gwneud hynny eto yn ystod yr eiliadau eglur ar ôl y diagnosis hefyd. Roedd Mam wedi rhoi gwybod i ni, ar lafar ac ar bapur, ei bod hi eisiau gwasgaru ei llwch yn yr ardd ac yn y môr yn Southport, lle cafodd ei geni.

Byddai'n gofyn i fi, **'Beth am dy lwch di?'** a byddwn innau'n ateb bob tro, 'Camlas Longau Manceinion.' Dydy o ddim yn swnio'n un o'r llefydd mwyaf rhamantus, ond i fi mae'n un o leoliadau mwyaf nodweddiadol hanes Prydain. Dyma sut y cludwyd yr holl gotwm a nwyddau o bob cwr o'r byd i drefi a dinasoedd diwydiannol y gogledd, y pwerdai a wnaeth Prydain yn Brydain 'Fawr', a hynny yn ei dro wedi arwain at gludo miliynau o bobl Affrica dan orfod i gaeau cotwm de'r Unol Daleithiau a'r Caribî. Yma hefyd y cludwyd masnach pobl a nwyddau o'r Ymerodraeth yn India a threfedigaethau eraill. Mae'r gamlas yn symbol o'n *gwir* hanes ni: hanes elw goruchafiaeth Ymerodraethol fyd-eang, y cyfan wedi'i greu ar draul ecsbloetio enbyd a chaethwasiaeth. Roedd y dref ddiwydiannol lle cefais fy ngeni yn ganolog i gyfoeth cynyddol Prydain o'r 1700au ymlaen oherwydd ei lleoliad ar y llwybr masnach hwnnw, a'r gamlas yw'r lle perffaith i fi oherwydd fy mod i'n rhan fach o'r gwaddol trefedigaethol hir, cudd ac ofnadwy hwnnw. Dwi hefyd wedi clywed gan rywun fod yr hen gamlas yn rhedeg drwy waelod hen set *Coronation Street* ar Quay Street. Beth galla i ei ddweud? Rydw i'n teimlo ychydig yn sentimental am y blynyddoedd dreuliais i'n actio ar hoff opera sebon Mam. Roedd hi'n arfer chwerthin a dweud bod Camlas Longau Manceinion yn swnio'n hurt, ond dwi'n glynu at fy newis o hyd. 'Pam ddim?' meddwn innau. 'Dwi eisiau bod yng ngwythiennau Prydain ar ôl i fi farw, yn union fel y cyndeidiau.' Byddai wedyn yn amneidio'n dawel. Yr hyn na wnes i dynnu sylw ato erioed wrth iddi hi chwerthin ar ben fy newis le oedd nad oedd Southport mor hyfryd â hynny chwaith. Ond dyna ei dymuniad.

O ran yr hyn roedd hi'n credu ynddo, roedd bob amser yn dod yn ôl i *dharma* a *karma*. *Dharma*, yr ymdeimlad o ddyletswydd a'r ffordd gywir o fyw, a *karma*, y cysylltiad ysbrydol rhwng achos ac effaith. Roedd y gred honno'n greiddiol i'w hoff ymadrodd, **'Beth ydw i wedi'i wneud i haeddu hyn?'** Os oedd hi'n cyfeirio at farwolaeth Dad neu ei phroblemau iechyd, neu ferch a drodd allan fel fi, byddai hi bob amser yn sôn am *karma* gwael o fywyd roedd hi wedi'i fyw yn y gorffennol. **'Beth ddigwyddodd i fi i haeddu'r bywyd hwn?'** Rhan o ddysgeidiaeth Hindŵaeth yw bod ein henaid yn pasio i gorff arall pan fyddwn ni'n marw, ond dwi ddim yn siŵr a oedd Mam yn derbyn hynny'n llwyr, *karma* ai peidio. Ond roedd hi'n credu'n bendant y byddai hi'n cyfarfod â Dad eto pan fyddai hi'n marw. Byddai'n dweud nad oedd hi'n gwybod ble roedd o na sut bydden nhw'n cyfarfod, ond roedd hi'n credu i'r carn y bydden nhw gyda'i gilydd eto. Roedd hi wedi aros mor amyneddgar am 35 mlynedd i gael ei weld eto.

Y cwestiwn oedd sut i gael ei dymuniadau hi i weddu â thraddodiadau ein ffydd a'r ffyrdd roedden ni'n pedwar yn dymuno ei hanrhydeddu hi hefyd. Dydy hi ddim yn hawdd dod â phawb at ei gilydd pan fydd drwgdeimlad a theimladau o loes mor agos i'r wyneb, ond roeddwn i'n benderfynol y bydden ni'n cyflwyno'r teulu yn y ffordd y byddai Mam wedi'i ddymuno. Mae pobl yn galaru'n wahanol ac yn mynegi colled mewn ffyrdd na ellir eu rhagweld, felly mae'n rhaid i chi adael i rai pethau fynd, a llwyddon ni, rywsut, i wneud hynny er ei mwyn hi. Roedd yn union fel pe bai hi yno gyda ni, yn ein tywys oddi wrth ddyfnderoedd gelyniaethus i ddŵr bas cymod.

Gofalodd Hema am bawb ddaeth o India a rhannau gwahanol o'r byd. Cysylltodd Raj â'r gymuned leol a chymuned ehangach ffrindiau Mam a Dad yn y Deyrnas Unedig, a buon ni'n siarad â'i chyfeillion o'i holl grwpiau elusennol. Yn sgil marwolaeth Mam, daeth pawb yn ôl at ei gilydd i berfformio, fel roedden ni wedi'i wneud gymaint o weithiau yn ystod ein plentyndod, ar gyfer un sioe olaf. Fi yw'r un sydd wedi dangos awydd i ysgrifennu erioed, felly gwirfoddolais i lunio'r deyrnged olaf er mwyn tynnu'r baich hwnnw oddi ar ysgwyddau'r lleill. Roedd yn teimlo fy mod i'n dal i 'weithio oddi cartref', oherwydd mae ysgrifennu yn rhywbeth y gallwch chi ei wneud yn rhywle.

Roedd yn teimlo fel ffordd naturiol i fi gyfrannu ac roeddwn yn falch fod pawb arall yn gallu bwrw iddi a chanolbwyntio ar bethau eraill. Mae'n anodd iawn ysgrifennu rhywbeth sydd i fod i grynhoi ac anrhydeddu bywyd rhywun, yn enwedig pan fyddwch chi'n un o lawer sy'n caru'r unigolyn dan sylw gymaint. Roeddwn i eisiau gwneud cyfiawnder â hi a sicrhau bod yr araith yn ddiduedd, felly gofynnais i bawb, fy mrawd a fy chwiorydd yn gyntaf a'r teulu a'r ffrindiau ehangach o bob cenhedlaeth, gyfrannu eu hatgofion a'u straeon. Er mai fi oedd yn ysgrifennu'r deyrnged, roeddwn i eisiau trio dileu fy hun ohoni. Roeddwn i'n teimlo'n fwy diogel yn cuddio fy atgofion fy hun ohoni, ac yn hytrach creu darlun drwy straeon pobl eraill. Doeddwn i ddim eisiau i neb feddwl fy mod i wedi mynnu gafael yn yr awenau, neu fy mod i eisiau dwyn y sylw oddi ar Mam.

Parodd y broses i fi fyfyrio ar beth roedd yr atgofion hyn yn ei olygu. Y darnau bach o bapur, negeseuon WhatsApp ac e-byst a anfonwyd o bellafion byd, a'n ffrindiau agosaf a pherthnasau wedi'u hysgrifennu neu eu teipio er mwyn rhannu cipolwg personol ar Mam. Yr holl atgofion roedd hi wedi'u rhannu â fi, ffenestri ar ei hunaniaeth: Mam a Dad yn dod i Loegr, ei hatgofion o'i phlentyndod, Prydain yn yr 1940au dan gysgod rhyfel, yna'r 'Swinging Sixties'. Ei holl deithiau ar draws y byd. Popeth roedd hi wedi'i rannu â ni.

Beth oedd y cyfan yn ei olygu go iawn? Pan fydd rhywun yn marw, meddyliais, ydy'r atgofion yn ymwneud â'r un rydyn ni'n trio mor galed i ddal gafael arno, neu ydyn nhw mewn gwirionedd yn ymwneud yn fwy â'r un sy'n cofio? Mae'r gagendor rhwng bywyd a marwolaeth yn ymddangos mor gul, yn enwedig pan fydd eich cysylltiad cryfaf â'r byd, y wraig a roddodd fywyd i chi, yn chwalu. Weithiau, roeddwn i'n teimlo fy mod i'n byw mewn cyfnos – daeth yn anodd dal gafael ar fy systemau cred fy hun a dirnad beth oedd yn atgofion ohoni a beth roeddwn i wedi'i greu ar sail y pethau y gwnes i ganfod ynof fi fy hun, neu yn y straeon roeddwn i wedi'u casglu gan bawb arall. Roeddwn i'n dibynnu ar un o fy ffrindiau, Charles, i fy helpu i ddehongli fy meddyliau. Roedd yn adnabod Mam a fi, ac roeddwn i wedi galw arno droeon yn y gorffennol pan oedd gen i ymrwymiadau siarad cyhoeddus. Roedd o'n fy annog i roi popeth ar bapur, yn hytrach na gadael i bethau chwyrlïo o gwmpas yn fy mhen.

Ar y dydd Gwener ar ôl iddi farw, daliais y trên o Lundain adref mewn dryswch. Treuliais y daith yn gweithio ar drefniadau ymarferol yr angladd a chynllunio'r cyfan funud wrth funud. Byddai'r *pandit* yn dechrau drwy ein harwain mewn gweddi, yn rhannu ei feddyliau ac yna'n adrodd *Mantra Gayatri*, gweddi Sansgrit sydd, o'i llafarganu'n rheolaidd, yn meddu ar y grym i dawelu'r meddwl wrth dynnu tocsinau o'r corff. Dyna oedd mantra arferol Mam hefyd, fel mae'n digwydd. Yna byddai munud o dawelwch, a dyna'r deg munud cyntaf wedi'i drefnu. Yn dilyn hynny, byddai Hema a'i merched yn canu cân, tair munud, byddai'n rhaid cwblhau'r deyrnged yn yr ugain munud nesaf, er mwyn rhoi digon o amser ar gyfer darlleniad Akshay, dau funud, cân Raj i Mam, pum munud, cerdd gan un o ferched Hema, tair munud, a chân y byddai pawb yn ei chanu gyda'n gilydd i Mam ar y diwedd.

Roedd ambell gyfnod gofidus wrth i'r gwaith cynllunio dynnu tua'i derfyn, gan nad oeddwn i'n siŵr bod amser i bopeth yn y cyfnod a ddyrannwyd ar gyfer y gwasanaeth, felly roeddwn wedi gofyn i bawb fod yn hyblyg o ran eu cyfraniad. Doeddwn i ddim yn dweud bod fy rôl i'n bwysicach, ond yn hytrach mai Mam ddylai fod yn ganolbwynt i'r sylw. Byddai'r deyrnged yn cadw'r sylw yn gadarn arni hi. Erbyn hyn, roedd fy nghefndryd a fy nghyfnitherod eraill wedi cyrraedd o dramor ac roedd y teulu cyfan yn mynnu clywed beth roeddwn i wedi'i ysgrifennu cyn i fi ei ddarllen ar y diwrnod. Roedd yn rhaid iddyn nhw wirio fy nghyfraniad. Dwi ddim yn siŵr a oedd hynny oherwydd diffyg ffydd ynof i, 'eithriad' y teulu, neu efallai eu bod nhw eisiau gwneud yn siŵr fy mod i wedi cynnwys popeth. Beth bynnag oedd y gwir, rhannais i'r araith yn gwbl agored, er nad oedd neb arall o'r cyfranwyr wedi gwneud yr un peth. Roeddwn i'n teimlo mymryn o ddiffyg ffydd, ond canolbwyntiais i ar y ffaith bod y cyfan er mwyn Mam, a doedd dim byd arall yn bwysig.

Roedd y diwrnod ei hun yn ddiwrnod tawel, clir a heulog. Tywydd anarferol iawn i Oldham ym mis Tachwedd. Un o hoff ddywediadau Mam, os oeddech chi'n bwyta'r llwyaid olaf o fwyd o'r ddysgl neu'n crafu'r sosban yn lân er mwyn cael pob tamaid, oedd y byddai hi'n **'bwrw glaw ar ddydd eich priodas'**. Allwn i ddim cael yr atgof hwnnw o'i llais allan o fy mhen. Gallwn deimlo ein chwerthin tawel yng nghynhesrwydd yr heulwen, a ninnau'n dwy yn ysgwyd heb yngan gair. Roedd Mam yn aml wedi bachu'r llwyaid olaf neu grafu'r ddysgl neu'r badell yn lân... ac eto, yn wyrthiol, wnaeth hi ddim bwrw glaw ar ddiwrnod ei phriodas nac yn wir ar y diwrnod hwn, diwrnod ei hangladd.

Cyn yr amlosgiad, cynhaliwyd seremoni yn y tŷ, felly daeth Mam adref yn gynnar y bore hwnnw. Roedd un o fy nghefndryd wedi dweud bod ein ffyrdd ni ychydig yn hen ffasiwn i Indiaid modern. Mae arferion yno wedi datblygu ers i ni symud i'r wlad hon, neu efallai fod ein cymuned fach ni yng ngogledd Lloegr yn dal gafael yn dynnach ar safonau cyfarwydd o'r gorffennol. Ychydig o drafod a fu – byddai gan Mam arch agored, yn ôl yr arfer, a byddai angen ei gwisgo er mwyn ei chyflwyno i'r byd am y tro olaf.

Roeddwn i heb weld Mam ers i fi ffarwelio â hi am y tro olaf. Roedd y lleill i gyd yna pan fu hi farw, ond dyma'r tro cyntaf i fi ei gweld hi gyda fy llygaid fy hun ers hynny. Doedd gen i ddim ofn ei gweld hi'n farw. Dwi'n gwybod ei bod yn ystrydeb ond roedd hi'n edrych mor heddychlon, fel pe bai hi'n cysgu.

Fel y gwnes i gymaint o weithiau pan oedd hi'n fyw, dyma fi'n rhoi dillad Mam amdani, ond y tro hwn roeddwn i'n gwybod mai dyma'r tro olaf y byddwn i'n gwneud hynny. Ers blynyddoedd, roeddwn i wedi bod yn dewis pethau iddi eu gwisgo oherwydd ei bod hi wedi anghofio pa ddillad oedd ganddi. Roedd y *pandit* eisiau iddi wisgo ei sari briodasol, yn ôl y traddodiad, ond penderfynon ni'n wahanol fel teulu. Er ei bod hi'n iawn rhoi rhywbeth gan Dad a'u priodas yn ei harch, roedd ei hatgofion o'r diwrnod hwnnw ac ohono yntau wedi pylu mor llwyr erbyn y diwedd, felly penderfynwyd y byddai'n well ei gwisgo hi mewn rhywbeth roedd hi wir yn ei hoffi nes iddi adael y byd hwn. Pryd bynnag y byddai Mam yn mynd allan go iawn, roedd hi'n gwisgo sari gain. Bob tro. Os mai dim ond mynd allan oedd hi, *salwar kameez* fyddai hi'n ddewis. Ond os oedd o'n achlysur hyd yn oed lled arbennig, sari fyddai'r dewis.

Dyma fyddai ei thaith olaf yn y byd hwn, felly dewison ni ei gwisgo yn y dilledyn olaf i fi ei ddewis cyn iddi roi'r gorau i fynd allan, sef ei sari ddiweddaraf. Roeddwn i wastad wedi helpu Mam gyda'r pletiau, sef agwedd fwyaf cymhleth sari. Rydych chi'n dechrau drwy wneud pletiau yn narn hir y sari a'u twcio i mewn i'w gwasg. Wedyn rydych yn lapio'r gweddill o amgylch y corff a gorchuddio'ch canol, cyn taenu rhagor o bletiau'n gain ar draws un ysgwydd. Roedd Mam wastad wedi fy helpu i gyda'r pletiau hefyd, yn ôl i'r adeg pan oeddwn i'n dawnsio ac yn gwisgo 'hanner sari'. Mae'n beth anodd iawn i'w gael yn iawn. Mae cael pletiau cyfartal a thaclus gyda sari draddodiadol, sy'n naw llath gyfan o ddefnydd, yn gofyn am brofiad, ac mae bob amser yn ddefnyddiol cael rhywun yno i helpu i'w phlygu i'w lle.

Y broses o wisgo Mam a'n harweiniodd ni i ddod o hyd i'r agosatrwydd rhwng mam a merch; roedd paratoi gwisg a helpu ein gilydd i wisgo'r dillad 'allan go iawn' bob amser yn teimlo'n dyner iawn, yn llawn cariad a thraddodiad. Ond dyna oedd yn rhannol wrth wraidd y ffrae honno yn y briodas yn India, yr holl flynyddoedd hynny ynghynt. Wna i fyth ei hanghofio hi'n gwrthod helpu gyda fy sari oherwydd ei bod hi mor ddig gyda fi. Roedd wedi bod yn rhywbeth arbennig rhyngom ni erioed, felly roedd yn brifo o ddifri. Bellach, fodd bynnag, roedd hynny'n bell o'r meddwl a fy unig ddymuniad oedd cyflawni'r gorchwyl yn iawn, fel y gwnes i erioed. Roedd y trefnydd angladdau yn poeni y byddwn i'n rhy ofidus i wneud y gwaith, ond roeddwn i'n teimlo'n dawel ac yn falch o allu gwneud hyn drosti.

Pan oedd y sari yn berffaith, dyma symud ymlaen i'w cholur, a oedd hefyd yn teimlo'n naturiol. Roeddwn i wedi'i helpu gyda'i cholur ac wedi gwneud ei gwallt ers cymaint o amser erbyn hynny. Roedd hynny yn rhan o fy nyletswyddau teuluol hefyd, mae'n debyg – y fi oedd yng ngofal colur fy nwy chwaer pan wnaethon nhw briodi. Un arall o'r rolau penodol hynny sydd gan bawb, a dydych chi prin yn meddwl amdanyn nhw nes i chi sylweddoli eich bod chi ar fin eu gwneud nhw am y tro olaf. Roeddwn i wedi prynu minlliw coch a lliw ewinedd newydd i Mam, a phaentiodd fy chwiorydd ei hewinedd yn ofalus fesul un. Lliw coch dwfn, ei ffefryn. Roedd hi'n broses anodd, ond teimlai fel ffordd addas i ni ofalu am ein mam, gan helpu i'w pharatoi ar gyfer beth oedd nesaf – pwy arall ond ei merched fyddai wedi gwneud y tro?

Roedd hi wedi gadael i fi fod yno ar ei chyfer hi cyhyd, ac roedd hi'n gwybod fy mod i'n mynd i ofalu amdani hyd at y diwedd, ac roedd hynny'n rhoi rhyw ymdeimlad dwys o fodlonrwydd i fi. Dyna oedd fy nyletswydd am un tro olaf, ac ar ôl i fi orffen, roedd hi'n edrych mor brydferth a heddychlon. Roedd olion yr afiechyd, unrhyw olion o bryder, wedi diflannu, ac edrychai'n barod am gam nesaf ei siwrnai. Ar ôl holl ddramâu ein bywyd, roedd y trawma wedi diflannu o'i meddwl a'i hwyneb.

Mam yn farw,
Mam yn fyw,
Mam yn iach,

ALLI DI WNEUD YN SIŴR, BETA?

Mam yn sâl,
Mam fel merch ifanc,
Mam fel ffrind,
Mam fel gwraig,
Mam fel merch,
Mam fel chwaer,
Mam fel menyw,
Mam fel *nani*,
Mam fel modryb,
Mam gyda dementia,
Mam fel Mam.
Roedden nhw i gyd yno.
Pob ymgnawdoliad,
Mam oedden nhw i gyd.

Er bod gwybod nad oedd hi yno bellach yn fy nhristáu, roeddwn i'n teimlo'n hollol gartrefol yn ei phresenoldeb. Roeddwn i'n gwybod ein bod ni wedi rhoi popeth roedd hi wedi gobeithio amdano wrth farw. Doeddwn i ddim yn teimlo bod dim ar goll.

Ond roeddwn i'n gweld ei cholli hi.

Roeddwn i'n gweld ei cholli hi'n dweud 'Paned o de?' Yna'n gwenu arna i ac yn ychwanegu, 'Plis?'

Roeddwn i'n gweld colli'r atgofion ohoni yn gweiddi, o ystafell arall, i arllwys y dŵr hyd at dwll uchaf y tebot. Neu'n fy ngalw i'n ful, yn fochyn neu'n dylluan.

Neu fy ngalw i'n *namoona* am edrych mor flêr.

Ond mae'r rhan fwyaf o'r atgofion yn atgofion da. Doeddwn i ddim yn poeni am yr atgofion drwg mwyach.

Ymgasglodd y teulu a ffrindiau agos ar gyfer y seremoni yn yr ystafell fyw a oedd wedi bod yn ystafell wely iddi. Cerddodd pawb o gwmpas ei harch agored, gan roi pethau y byddai ei hangen arni yn y bywyd nesaf wrth i'r *pandit* arwain y gweddïo. Roedd pethau ymarferol fel dŵr a bwyd fel melysion, yn ogystal â blodau hardd, arogldarth, ac atgofion o'r bywyd hwn gan gynnwys ei siôl briodas fel arwydd o barch i draddodiad. Roeddwn i'n arfer cadw crisial yn nhŷ Mam, anrheg gan ffrind, i fy ngwarchod i. Roeddwn i'n arfer ei olchi, ei fendithio bob cylchdro'r lleuad, a'i guddio yn ei chegin i'w chadw hi'n ddiogel. Pan ddaeth fy nhro innau, dyma fi'n rhoi'r crisial hwnnw i'w ddiogelu un tro olaf.

Yna clywsom yr hers yn cyrraedd a chafodd ei chario allan, a'i chymdogion agosaf yn dod allan o'u tai i dalu'r deyrnged olaf. Roedd yn beth anhygoel i'w weld a'i brofi, y cariad hwnnw'n arllwys allan o gwmpas y cartref roedd hi wedi'i garu gymaint pan oedd hi byw. Roedd dau drefniant blodau, un yn dweud 'Asha' ac un arall yn sillafu 'OM', sŵn sanctaidd y bydysawd, symbol ysbrydol tragwyddol y creu, cadwraeth a rhyddhad.

Ddyddiau ynghynt, cafwyd sgyrsiau tanllyd wrth drio dewis rhwng blodau a rhoddion. Diwedd y gân oedd penderfynu ar roddion oherwydd bod Mam wedi bod mor ddyngarol erioed. Y maen tramgwydd nesaf oedd i ble fyddai'r rhoddion yn mynd.

Roedd Mam wedi bod yn ddynes falch iawn a doedd hi ddim eisiau i neb gael gwybod am ei dementia. Roedd y pwnc yn un tabŵ a chafodd ei gadw y tu ôl i ddrysau caeedig tan y diwedd un. Roedd Sushma eisiau cadw rhan Mam ac yn teimlo na ddylen ni roi'r arian i Alzheimer's Research UK. Ond roedden ni'n teimlo ei bod hi'n bwysig bod yn onest. Gyda phob ewyllys da, allwn i ddim ysgrifennu'r deyrnged olaf heb ddweud ei bod yn byw gyda dementia, waeth pa mor anodd roedd hynny. Ildiodd Sushma a chytunwyd y byddai rhodd o'r fath yn gydnabyddiaeth addas o'r angen i ddechrau chwalu unrhyw 'gywilydd' ac yn helpu teuluoedd eraill mewn sefyllfa debyg ar yr un pryd. Rhannwyd y rhoddion yn y pen draw rhwng Alzheimer's Research UK a Dr Kershaw's Hospice. Drwy gyhoeddi'r gwir o flaen ffrindiau a theulu, bydden ni'n rhyddhau Mam a gweddill y teulu o'r holl gyfrinachedd a'r swildod o fewn y gymuned.

Ar y diwrnod hwnnw, roedden ni'n deulu unedig. Ond dyna'r diwrnod olaf bron iawn i rai ohonom ni fod gyda'n gilydd yn yr un ystafell. Roedd yn union fel pe bai nerth Mam yn ein rhwymo ni ynghyd ar y diwrnod. Unwaith eto, hi oedd yr angor a fyddai'n cadw'r llong rhag taro'r creigiau. Drwy gywilydd, plentyn siawns, marwolaeth, tor calon a chwalfa deuluol, roedd ei nerth yn dal i'n tynnu ni at ein gilydd, hyd yn oed pan oedd hanes teuluol yn bygwth ein gyrru ar wahân. Roedd yn anhygoel. Dwi'n dychmygu ei theimladau wrth ein gweld ni i gyd yno, y teulu bywiog, diwylliannol, Gwyn, Du a Brown, rhai partneriaid a'i phlant i gyd, ei holl wyrion, yn sefyll yn dalsyth er anrhydedd iddi, y wraig a fu'n ganolbwynt i'n holl fydoedd. Yn cario arch fechan Mam i mewn i'r amlosgfa roedd dau gefnder; Søren, fy mrawd yng nghyfraith; Rohan, fy nai; Akshay, fy mab; Raj a'i fab, Roshan. Roedd pawb o'r teulu fel pìn mewn papur, yn gwisgo dillad galaru gwyn traddodiadol, ein clustdlysau yn disgleirio a'n gwalltiau heb yr un blewyn o'i le. Wrth gwrs, byddai hi heb *ddweud* dim byd, ond roedd gwybod nad oedd hi'n eich dwrdio chi am ddwyn gwarth ar y teulu yn ddigon i wybod ei bod hi'n falch. Roedden ni i gyd yn 'edrych yn drwsiadus'.

Roedd y gwasanaeth yn orlawn, gyda phobl o bob cenhedlaeth o bedwar ban byd, o bob cwr o'r wlad, wedi'u gwasgu i mewn i'r ystafell. Bu'n rhaid i lawer ohonyn nhw sefyll ar eu traed am awr gyfan oherwydd nad oedd digon o seddi. Dyna faint o bobl roedd hi wedi'u cyffwrdd. Roedd y gymuned fyd-eang yn gafael yn y taflenni a argraffwyd ar gyfer y gwasanaeth, gyda llun hardd ohoni ar y tu blaen a'r dudalen ôl ynghyd â'i hoff weddi. Roedd gweld ei hwyneb yn nwylo'r dyrfa gyfan yn rhoi'r nerth i fi gerdded i fyny i'r llwyfan bychan yn y blaen i annerch y galarwyr.

Drwy gydol y seremoni, roedd fy llaw ar gefn pob unigolyn

wrth iddyn nhw sefyll a siarad a chanu neu grio. Teimlais yr ysbryd perfformio yn amlygu ei hun. Yng ngeiriau un o fy athrawon, 'Gadewch eich cachu a'ch gwm cnoi wrth y drws', cyngor dwi wedi'i gofio erioed. Does dim lle i ego wrth berfformio. Dyma fy harbwr diogel ym mhob storm, wrth i'r llif o adrenalin ddod â phopeth yn gwbl fyw. Nid fy mherfformiad i oedd o, ond perfformiad Asha. Aeth popeth heibio fel y gwynt, fy nghalon yn rasio wrth i fi drio ymgysylltu â siâp y geiriau. Y teimlad oedd bod amser wedi dechrau symud eto mwya' sydyn, a symud yn gyflym iawn, yn gwbl groes i'r dyddiau hir ac araf-ddiog y treuliais gyda Mam. A chyn i fi allu anadlu allan, roedden ni wedi cyrraedd y gân olaf. Fel un, gwnaethon ni ganu 'All My Loving' gan y Beatles mewn harmoni, gan gyfnewid 'my' am 'our'. Roedd yn orfoleddus a throsgynnol – y côr hwn mewn gwyn yn galaru ond yn llawenhau yn ein matriarch, na fyddai byth yn gadael ein hochr.

Yn y diwylliant Hindŵaidd, mae'r eneiniad olaf bob amser yng ngofal y mab hynaf, ac fel y bu'n rhaid iddo wneud gyda chalon drom ar gyfer ei dad ar lannau'r Ganges yn ddim ond 14 oed, rôl Raj oedd pwyso'r botwm a fyddai'n traddodi corff Mam i'r fflamau. Roeddwn i'n teimlo mor gryf na ddylai'r cyfrifoldeb fod ar ei ysgwyddau ef yn llwyr, bod yr agwedd batriarchaidd hon sy'n treiddio drwy gymaint o'n cymdeithas a'n crefydd mor amlwg yn gyfeiliornus. Pan ddaeth yr amser, dwi'n cofio gadael fy mab, er gwaethaf ei ofid ar y pryd, gan deimlo rhyw dynfa anweledig yn fy nenu fel magnet at fy mrawd. Wrth i fi sefyll wrth ei ochr, llithrais fy llaw o dan ei law yntau a phwyso'r botwm gyda'n gilydd. Does dim ots sut roedd o'n teimlo amdana i ar y pryd, does dim ots beth oedd ei farn amdana i yn y gorffennol na beth yw ei farn heddiw, does dim ots na fyddwn ni byth yn torri gair â'n gilydd eto, ar yr union adeg honno, roeddwn i'n teimlo mor gryf bod angen i fi fod yno ar ei gyfer. Ces fy atgoffa o'r ferch fach yn y deml a oedd yn arfer gofyn cymaint o gwestiynau ac yn mynnu cael gwybod pam ar y ddaear fyddai Sita yn cerdded drwy dân er mwyn profi ei hun. Mae'r cyfarwyddiadau caeth hyn yn rhwygo teuluoedd, yn eu tynnu ar wahân pan mae angen ei gilydd arnyn nhw fwyaf. Yn y pen draw, roeddwn i eisiau rhannu'r baich â fy mrawd, er bod hynny'n groes i'r rheolau, a doedd y *pandit* ddim yn malio.

Ac yna roedd y cyfan drosodd. Diflannodd arch Mam i mewn i'r fflamau. Llithrodd teimlad dwys o anobaith fel cysgod tywyll dros y teulu cyfan.

Cafodd pawb eu hysgwyd i'r byw.

Wedyn rydych chi'n mynd allan, yn teimlo'r haul yn cynhesu'ch croen, ac yn sylweddoli'n sydyn mai eich gwaith chi yw siarad â phobl sydd wedi dod i'ch cysuro chi ac i gael cysur eu hunain, a hynny ar adeg pan nad oes gennych chi eiriau ar ôl i'w cynnig i neb. Mae'r eiliadau rydych chi newydd eu profi yn mynd i gymryd wythnosau, misoedd, blynyddoedd i chi gael trefn arnyn nhw a'u troi'n atgof. Yn araf bach, rydych chi'n sylweddoli bod y cyfan drosodd.

Roedd cymaint o wynebau o'r gorffennol a'r presennol. Hen a newydd. Y syndod mwyaf oedd bod brawd bach Mam yno, yr un roedd hi wedi ymddieithrio oddi wrtho. Buon ni'n sgwrsio am gyfnod byr a diolchais iddo am ddod. Dyna'r parch a haeddai. Yna roedd ysfa daer i wahanu fy hun oddi wrth bopeth, angen greddfol i gymryd anadl o awyr iach i ddyfnder fy ysgyfaint.

Ar ôl yr amlosgiad, aeth pawb ymlaen i neuadd yn Ashton-under-Lyne a oedd ynghlwm wrth deml; mae rheol fympwyol yn bod nad ydych chi'n cael bwyta nac ymgynnull yn y deml ar ôl amlosgiad, oherwydd y gred eich bod chi wedi'ch gorchuddio gan ludw'r person marw. Roedd Raj a Sushma wedi cyflogi arlwywr Gwjarataidd, ac roedden nhw wedi trefnu pethau'n ofalus fel y byddai rhai o hoff brydau Mam yn cael eu gweini, y rhai roedd Jayshiri yn eu gwneud iddi'n aml. Un ffefryn penodol oedd *dhokla*, cacen wedi'i stemio wedi'i gwneud o bast blawd ffacbys a blawd reis, wedi'i heplesu dros nos mewn dŵr cynnes ac iogwrt sur, a'i gorffen gyda choriander a tsilis gwyrdd wedi'u ffrio, hadau mwstard a *tarka* dail cyri. Sylweddolon ni y byddai angen car i gario ambell i beth funud olaf, felly dyma fi'n manteisio ar y cyfle i gamu allan o'r diwrnod a mynd gyda fy ffrind Aulton i'w nôl.

Roedd Aulton yn un arall o fy ffrindiau a oedd wedi dod yn ffrind i Mam, gan ei fod wedi'i helpu o gwmpas y tŷ gyda'i siopa, a symud ei bocsys a'i bagiau o bapurau o ystafell i ystafell pan oeddwn oddi cartref. Yn ei dro, roedd yntau'n diolch i Mam am ei dynnu allan o iselder dwys drwy anfon nodyn ato i weld a oedd o'n iawn, gan ei bod hi heb ei weld am sbel. Roedd hi wedi llofnodi'r nodyn: '**Dymuniadau gorau, bob amser, Asha Gulati (mam Shobi).**' Roedd ganddo dipyn o feddwl ohoni, a gwnaeth o ein helpu ni eto'r diwrnod hwnnw. Yn aml, pan fyddai Aulton yn galw i wneud rhyw waith trwsio, byddwn i'n dangos iddo beth roedd angen ei wneud cyn gynted ag y byddai'n dod drwy'r drws. Byddai Mam wedyn yn gweiddi o'r ystafell fyw, '**Shobi, dydy o ddim yn cael paned o de gen ti cyn dechrau? A thra wyt ti wrthi, mi gymera i un hefyd, a bisgedi plis, a gofala dy fod ti'n eu gosod nhw'n ddel ar blât.**'

Diolch i'r seibiant bach wrth nôl y car, pylodd elfennau gwaetha'r emosiynau, a phan gyrhaeddais y neuadd, roeddwn i'n teimlo ei bod hi'n haws bod yn bresennol. Roedd pawb – yn llythrennol, pawb – eisiau dweud stori am Mam. Soniodd llawer ohonyn nhw am ei ffraethineb a'i hoffter o jôcs, fel yr un roedd fy nghyfnither Vandita wedi'i hanfon mewn neges o'i chartref yn America. Mae'r stori'n ymwneud â phrofiadau meddygol Vandita a'i gŵr fel interniaid mewn ysbyty yn Mumbai. Roedd hi'n un o ffefrynnau Mam – cymaint felly fel fy mod i wedi'i hychwanegu at y deyrnged. Mae *bhaiya* (ymadrodd annwyl sy'n golygu brawd) yn dod i adran frys yr ysbyty. Mae'n dweud wrth Vandita, '*Chuha kaata*' (Mae llygoden fawr wedi fy nghnoi i), felly mae hi'n gofyn yn syth '*Kahan?*' (Ble?) A dyma'r brawd yn ateb, '*Dhobitallow mein.*' I'r rhai sy'n anghyfarwydd â dinasoedd India, ardal ym Mumbai ydy Dhobitallow, nid rhan o'r corff.

Nid y jôc ei hun oedd mor agos at galon Vandita, ond cofio Modryb Asha bob amser yn chwerthin yn uchel cyn clywed ergyd y diweddglo. Bob tro roedd Mam yn ei gweld hi, byddai Mam yn gofyn iddi ailadrodd y jôc *chuha*, a chyn i'w nith hyd yn oed ddechrau, byddai Mam yn dechrau ysgwyd a chwyrnu chwerthin yn afreolus. Gorffennodd Vandita ei neges drwy ddweud, y tro olaf iddi weld fy mam ddwy flynedd cyn iddi farw, fod cof Mam yn bur niwlog a doedd Vandita ddim yn siŵr a oedd Mam yn ei chofio. Roedden nhw wedi sgwrsio fel hen ffrindiau ond doedd fy nghyfnither ddim yn siŵr a oedd hi'n ei hadnabod hi neu'n gwybod ei henw. 'Ond yna â'i llygaid yn pefrio,' esboniodd Vandita, 'dyma hi'n dweud, **"Alli di ddweud y jôc *chuha*?"** Ar y pwynt hwnnw, roeddwn i'n gwybod bod gen i le mewn rhyw gornel ddofn o'i chalon a'i meddwl. Modryb Asha, mae'r jôc *chuha* i chi. Pan fydd problemau bywyd yn fy llethu i, dwi'n cofio sut roeddech chi'n chwerthin ar y peth lleiaf er mor anodd roedd eich sefyllfa chi.'

Daeth atgofion eraill am Mam yn un llif. Roedd fy ffrind Shaila yn cofio cyfarfod â Mam yn y tŷ, a Mam yn coginio *uppama*, pryd o Dde India gyda semolina a chnau fel arwydd o barch at dras Shaila. Dywedodd, 'Yr hyn dwi'n ei gofio ydy gwraig â llais meddal ond calon benderfynol – dwrn dur mewn maneg felfed. Dwi'n edmygu'r rhinwedd honno. Roedd dy fam yn wych: trwsiadus, gwybodus, deallus ac annibynnol. Dyna sut bydda i'n ei chofio hi.'

Roedd Mam hefyd wedi gwasanaethu ar banel mabwysiadu Cyngor Oldham, roedd hi ar fwrdd llywodraethwyr ysgol gynradd leol, yn rhoi gwersi Saesneg fel iaith dramor ac wedi cynnal gwersi coginio i oedolion mewn ysgol nos. Byddai'n cynllunio'r gwersi hynny yn fanwl iawn, gan fanylu i'r eithaf am y cynhwysion a'r dull. Roedd Colin Green, un o'i myfyrwyr, yn cofio gwneud samosas gyda hi. Wedi'i wangalonni gan yr holl gamau, dywedodd, 'Mae'n rhaid bod hyn yn cymryd oes o waith paratoi i chi gartref.' Ateb didaro Mam oedd, **'Na, Colin, samosas parod. Dwi'n eu prynu nhw, a dwi'n eu ffrio nhw.'**

Roedd Mam bob amser wedi gweithio'n ddiflino i godi arian at achosion da, ac roedd hi wrth ei bodd yn gwisgo ei dillad gorau ar gyfer dawnsfeydd neu giniawau gyda Dad. Ar ôl iddo farw, ces i gyfle i fynd â hi i bartïon yn llawn enwogion, ac roeddwn i wrth fy modd yn ei chael hi'n gwmni. Byddai ei digwyddiadau Inner Wheel neu fy nghiniawau elusennol bob amser yn cael eu nodi ar y calendr a oedd yn hongian yn ei hystafell, a'r arferiad oedd cyfeirio at y dyddiadau i'w chadw hi i fynd a rhoi rhywbeth iddi edrych ymlaen ato. Wrth i ni hel atgofion, roedd ffrind arall, David, yn cofio cyfarfod â Mam yn un o'n digwyddiadau codi arian niferus. Gwnaeth fy atgoffa o un noson pan oedd Mam yn digwydd eistedd wrth ymyl y cyflwynydd dadleuol o Fanceinion, Terry Christian. Mae Terry yn siarad yn gyflym iawn ac mae ganddo acen Manceinion gref, felly roeddwn i wedi bod yn poeni sut byddai'r ddau yn cyd-dynnu. Ond wrth wylio o ben arall y bwrdd, roedden nhw'n edrych fel pe baen nhw'n cael sgwrs ddigon bywiog. Pan holodd David beth roedden nhw wedi bod yn ei drafod, atebodd Mam yn blwmp ac yn blaen: **'Does gen i ddim syniad beth mae o'n ei ddweud, dwi jyst yn gwenu ac yn nodio fy mhen.'** Soniodd eraill am eu hatgofion o ba mor 'cŵl' roedd ein teulu ni, yn enwedig Mam a Dad, a oedd yn hamddenol iawn o'u cymharu â'u rhieni mwy caeth nhw. Soniodd pobl ddirifedi cymaint bydden nhw'n edrych ymlaen at bartïon Anti Asha a bod yn rhan o'r awyrgylch mwy hamddenol ar ein haelwyd ni.

Wrth i'r platiau gorlawn gael eu gwagio a'r llinell o bobl oedd eisiau dymuno'n dda i ni bylu'n ddim, roedd hi'n bryd pacio a llwytho'r sbarion prin i'r car. Roedden ni i gyd wedi cael ein hyfforddi'n dda: **'Peidiwch â gwastraffu dim byd.'** Aeth popeth yn ddidramgwydd, a doedd dim byd i'w ddifaru. Wnaeth neb ffraeo ar y diwrnod, chlywyd yr un gair croes. Roedden ni fel y teulu roedd hi wedi'i ddeisyfu erioed, yn ymddwyn ar ein gorau.

Ychydig ddyddiau yn ddiweddarach, cawsom ni seremoni grefyddol breifat gyda'r *pandit*, yng nghartref y teulu, i ryddhau Mam o'i holl bechodau, a dywedodd pawb beth roedd angen i ni ei ddweud i ffarwelio â hi am y tro olaf. Y rhesymeg y tu ôl i'r ffarwel olaf hwn yw bod y geiriau hyn yn cael eu hyngan i ryddhau'r enaid. Gan ei bod yn ddefod grefyddol, fy mrawd oedd yn arwain y seremoni, ond roeddwn i wrth ei ochr, fy llaw o dan ei law yntau, yn cynnal y defodau angenrheidiol wrth i'r *pandit* arwain y gwasanaeth.

Wythnos yn ddiweddarach, aethon ni â llwch Mam i'r man lle cafodd ei geni, ysbyty mamolaeth Christiana Hartley yn Southport. Erbyn hyn, mae'r adeilad yn feddygfa, ond roedden ni wedi chwilio ar-lein am luniau o'r lle yn ystod y rhyfel pan gafodd Mam ei geni yno, a dychmygu profiad ei rhieni wrth iddyn nhw fagu eu babi bach cyntaf-anedig gyda mop o wallt, **'ddim yn foel fel y babanod eraill'**, yn y dref glan môr hen ffasiwn honno. Wedi hynny, ymlaen â ni i ben draw'r pier a gwasgaru ei llwch ar y môr, yn unol â'i dymuniad. Roedd merch hynaf Hema yno gyda hi, roedd Akshay gyda fi ac roedd teuluoedd cyfan Raj a Sushma yno'n gwmni iddyn nhw.

Yng ngwir draddodiad y teulu Gulati, ar ôl rhai eiliadau o dawelwch a myfyrio a thynnu lluniau, dyma ni'n dechrau meddwl am fwyd – mae'n rhan o anian ein diwylliant ni – ac i ffwrdd â ni i gael sgod a sglods cyn gyrru adref a gwasgaru gweddill ei llwch yn ei gardd. Drannoeth, fel mae'n digwydd, byddai wedi bod yn ddiwrnod pen blwydd priodas aur Mam a Dad, a hynny'n digwydd cloi ei chylch o atgofion (er nad oedden ni wedi cynllunio hynny ymlaen llaw).

Dwi'n dal i gadw'r rhan hon o'r ardd yn daclus, fel pe bawn i'n dal i ofalu amdani, wrth drio cael trefn ar fy meddwl yn dilyn galaru am y golled. Bob mis, dwi'n mynd â blodau ac yn yngan teyrnged breifat iddi, yn dal wrth ei hochr oherwydd ei bod hi yno. Dwi'n dewis blodau lliwgar, fel y rhai roedd hi'n eu hoffi, o hyd yn mynnu lliw yng nghanol y llwyd yn ei bywyd. Efallai y bydd y tŷ hwn yn cael ei gadw yn y teulu am byth. Does dim un teulu arall erioed wedi byw ynddo. Am y tro, dyma lle dwi'n mynd i deimlo'n dawel fy myd. Dwi'n aml yn aros y nos yn fy ngwely yno, er nad oes angen fy ngofal arni bellach, ac nad oes neb angen fy mherswâd i godi yn y bore. Does dim llenni i'w hagor na phentyrrau o ddillad i'w smwddio'n slei bach. Dim bwyd i'w goginio. Dim teledu i'w wylio. Mae fy hen bwrpas, fy hen ddyletswydd, wedi mynd am byth. Ond dwi'n dal i deimlo'r dynfa i fod yno rhag ofn bod fy angen i.

Roeddwn i'n barod i ollwng fy ngafael ynddi hi. Wn i ddim ble mae hi nawr, ond dwi'n hoffi meddwl bod y wraig a oedd bob amser yn iawn pan oedd hi'n fyw yn llygad ei lle bellach, a hithau wedi bod yn gwbl ffyddiog y byddai'n dod o hyd i fy nhad ar ôl iddi farw. Dwi'n meddwl amdanyn nhw gyda'i gilydd, heb ddim i'w gwahanu bellach, wrth i fi eistedd yn y tŷ a adeiladwyd ganddyn nhw, yn edrych drwy'r lluniau o'u holl atgofion gyda'i gilydd a'r bywyd roedden nhw'n gweithio'n galed i'w greu i ni. Dwi'n credu fy mod i wedi dechrau rhoi meddwl gwasgaredig Mam yn ôl at ei gilydd, ac y bydda i'n dal i ddod yn ôl yma a chribo drwy'r cyfan nes i fi lwyddo. Dyma fy nefod olaf iddi, defod ddiseremoni, ond teyrnged iddi hi am gamu i'r adwy ac atal fy mywyd i rhag disgyn yn deilchion.

Ystyr yr enw Asha yw gobaith. A dyna'n sicr roddodd Mam i fi.

EPILOG

Ti'n fy nghofio i?

Mae tri mis wedi bod ers i fi gymryd fy anadl ddofn, lawn ddiwethaf; deuddeg wythnos ers i fi allu cerdded i fyny'r grisiau yn lle cropian gan ddefnyddio fy mreichiau a fy nwylo; chwarter blwyddyn ers i fi ddeffro am y tro cyntaf yn y nos, y gwely'n diferu o chwys, gyda thwymyn eithafol ac yn gwybod yn iawn fy mod i wedi cael fy heintio â'r feirws a oedd wedi ymledu'n wyllt drwy ein dinasoedd, yn manteisio ar bob gwendid yn ein cymdeithas. Pobl dlawd? Pobl hŷn? Pobl anabl? Pobl o dras Ddu a Brown? Ond dydy Covid-19 ddim yn poeni, a dydy llywodraeth sydd wedi methu ag amddiffyn ein pobl fwyaf bregus cyhyd ddim yn malio chwaith.

Dwi'n gaeth mewn cyflwr iasol o ynysu, ond ar yr un pryd dwi'n teimlo'n fwy cysylltiedig nag erioed â Mam a'i hergydion mewn bywyd – y cyntaf pan fu farw fy nhad a'i gadael yn wraig weddw ac yna pan fethodd ei chorff a'i meddwl ar ddiwedd ei hoes. Dwi wedi meithrin mwy fyth o sensitifrwydd i'r rhan honno ohoni. Mae'r frwydr yn erbyn y feirws hwn, sy'n cilio am ychydig cyn taro eto, wedi teimlo'n ddi-baid; dydy'r ymweliadau â'r ysbyty ac ymgynghoriadau rhithwir â'r meddyg teulu byth yn llwyddo i ddatrys dim byd.

Pan welais y meddyg am y tro cyntaf, edrychodd hi arna i o fy nghorun i fy sawdl cyn dweud ei bod yn methu fy mhrofi, gan nad dyna oedd polisi'r GIG (gan awgrymu, ond heb gadarnhau hynny, mai 'imiwnedd torfol' oedd dewis lwybr y llywodraeth). Er gwaetha'r peryglon iddi hi ei hun – er ei bod hi'n gwisgo masg a ffedog, doedd dim modd iddi gadw pellter ymbellhau cymdeithasol wrth wrando ar fy mrest – rhoddodd wybod i fi hefyd fod gen i haint bacteriol eilaidd o niwmonia, a ches bresgripsiwn ar gyfer gwrthfiotigau cryf.

Dim ond nawr dwi'n sylweddoli ei bod hi'n bosib na fyddwn i wedi goroesi hebddi – y meddyg cydwybodol a diwyd yma â'i rhieni'n dod o Nigeria. Dwi'n fythol ddiolchgar am ei chrebwyll gwych ar y diwrnod tyngedfennol hwnnw ddechrau mis Mawrth. Fisoedd yn ddiweddarach, daeth y diagnosis drwy brawf gwrthgyrff. Roeddwn i ar fy mhen fy hun, ond roedd llawer o bobl o'r un 'lleiafrif' â fi wedi'u llorio gan y feirws hefyd. I bob cyfeiriad, roedd ffrindiau a theulu yn cael eu taro'n anghyfartal gan y clefyd didostur hwn.

Pan agorodd strydoedd o bobl eu drysau ffrynt i glapio i'r GIG, gallwn glywed llais Mam, yn dweud yn eironig, **'Ydyn nhw'n clapio i ni rŵan?'** Byddai'n rhyfeddu at yr eironi o ba mor galed roedd ei gŵr wedi gweithio yn y GIG, a pha mor galed roedd ei mab yn gweithio nawr, heb unrhyw glod cyhoeddus. Roedd fy nhad a fy mrawd yn cyfrannu diwydrwydd a gallu anhygoel yn eu gwaith ym maes iechyd, er gwaetha'r holl ragfarn, bylchau cyflog a nenfydau gwydr. Ond nawr, wrth frwydro yn erbyn y pandemig, mae'r galluoedd mae eu hangen mor amlwg yn cael eu darparu mor aml gan bobl sydd ar gyrion sylw a braint. Mae'r gweithwyr 'sgiliau isel' fel maen nhw'n cael eu galw ar y rheng flaen yn yr argyfwng cenedlaethol hwn hefyd. Fel roedd sylwadau cynnil Mam yn awgrymu, roedd anwybodaeth y genedl o'r cyfraniadau real iawn y mae ein teuluoedd wedi'u gwneud dros y ganrif ddiwethaf, yn ogystal â'r rhai a ddaeth i Brydain ar yr *Empire Windrush* i helpu gyda'r gwaith o ddatblygu ein trysor cenedlaethol, y GIG, yn eironig dros ben. Bellach, yn anffodus, y ni sydd yno eto, y tro hwn yn marw mewn niferoedd anghymesur o Covid-19 ar y rheng flaen honno.

Ydych chi'n credu eich bod chi'n fy adnabod i?

Mae pawb yn tybio eu bod nhw'n deall fy magwraeth i oherwydd lliw fy nghroen. Dydy pobl sy'n gwybod dim byd am fy nghefndir go iawn, fy mam, ei rhieni, hanes yr Ymerodraeth a hanes fy mab, ddim yn gofyn, mae ganddyn nhw eu tybiaethau a dyna ni. Dwi'n cofio dangos llun o fy nain i uwch-swyddog ITV wrth i fi holi am ddiffyg actorion Du a Brown mewn dramâu cyfnod. Roedd fy nain yn byw ym Mhrydain adeg y rhyfel, ac yn gwisgo yn unol â hynny – mewn sgert a siaced frethyn, a *bindi* ar ei thalcen. Roedd yn dipyn o sioc i'r uwch-swyddog dan sylw. Mae pobl yn tybio eu bod nhw'n deall fy nhreftadaeth i, a hynny ynghlwm wrth yr ystrydeb o'r hyn yw person 'BAME'. Dwi wastad wedi casáu labeli sy'n golygu dim byd o gwbl i'r bobl maen nhw'n eu disgrifio. Dwi'n cofio'r tro cyntaf i fi ddarllen mai 'BAME' roeddwn i – talfyriad gwleidyddol am bobl o gefndiroedd Du, Asiaidd ac Ethnig Leiafrifol – a minnau'n meddwl eich bod chi'n ei ynganu i odli gyda 'gêm'. Efallai mai gêm ydy hi i'r bobl sy'n creu'r acronymau hyn. Pan wnes i ddeall mai bwriad y term oedd cwmpasu profiadau unrhyw berson nad oedd yn wyn, fel pe bai unrhyw un â lefel uchel o felanin yn perthyn i un grŵp homogenaidd, roeddwn i eisiau sgrechian ar y papur newydd. Mae'n enghraifft arall o sut mae pobl yn tybio eu bod nhw'n gwybod eich stori chi yn seiliedig ar liw eich croen.

Mae rhagfarn ar sail lliw yn rhan fawr o fy mhrofiad byw i, a phrofiad byw Akshay. Yn 2001, pan ddioddefodd Oldham gyfnod o drais hiliol sylweddol, peintiodd rhywun 'white rules' ar hyd tu blaen fy nghartref. Roedd hynny'n anodd i'w stumogi. Ymateb Mam oedd, '**Glanha fo, *beta*, dydyn nhw ddim yn gwybod beth maen nhw'n ei ddweud.**' Yr un ymateb didaro – '**golcha fo i ffwrdd**' – gafwyd ganddi yn 1964, pan ymddangosodd fel model yn y papur lleol. Yn cyd-fynd â'r pennawd amheus, 'When sari wife taps on fashion's door', roedd sylwebaeth i'r perwyl, er na fyddai neb yn cyfaddef bod rhwystr ar sail lliw croen ar waith go iawn, mai ychydig iawn o sefydliadau a fyddai'n cyflogi 'dark-skinned beauties'.

Flynyddoedd yn ddiweddarach, a dwi'n ymwybodol cymaint mwy o ofid roedd Mam yn ei deimlo wrth gael ei gwneud i deimlo'n 'wahanol', y tro cyntaf oedd pan oedd Akshay yn destun 'stopio a chwilio', a phan waeddwyd 'Oi, ISIS' arno yn y stryd. Roedd hi'n poeni'n gyson am agwedd rhai rhannau o gymdeithas tuag at ei dras ddiwylliannol, ac yn wir agwedd rhai mewn awdurdod, a sut gallai'r cyfuniad hwnnw arwain ato'n cael ei ladd. Yn ystod y misoedd cyn iddi farw, roedd Akshay ar ei meddwl yn fwy na neb arall. Dwi'n dychmygu ei bod hi wedi deall yn iawn pam mae Bywydau Du o Bwys.

Roedd Mam wedi marw ar drothwy'r gaeaf. Treuliais i'r Nadolig rhwng cwsg ac effro; roedd dechrau'r gwanwyn i fod i ddod â dechrau pennod newydd. Yn y gorffennol, bryd bynnag y byddwn i'n ddechrau ar daith newydd, a phryd bynnag byddwn i'n teithio, byddai Mam yn gofyn i fi ei ffonio ar ôl cyrraedd. Fel dwi wedi sôn eisoes, hyd yn oed os mai dim ond mynd am adref o'i thŷ hi y byddwn i, roedd hi'n dweud yr un peth: '**Ffonia pan fyddi di'n cyrraedd adref, Shobi.**' Byddwn i bob tro'n chwerthin ac yn dweud, 'Mam, dim ond rownd y gornel dwi'n mynd,' ond eto, roeddwn i bob amser yn ei ffonio hi. Byddai'n ateb y ffôn yn ddieithriad ac yn dweud, '**Iawn, iawn. Dwi'n falch dy fod ti yno,**' yna'n gorffen yr alwad cyn i chi allu ateb, er mwyn mynd yn ôl at ei theledu fel na fyddai'n colli gormod o ba raglen bynnag roedd hi'n ei dilyn. Dim ond eisiau gwybod fy mod i'n ddiogel oedd hi. Ble bynnag byddwn i yn y byd, roeddwn i'n cysylltu â hi yn syth ar ôl cyrraedd y gwesty, fel ei bod hi bob amser yn gwybod ble roeddwn i. Byddai'n nodi rhif ffôn y gwesty – doedd hi ddim yn hoffi ffonau symudol. Dwi'n ei chofio hi'n dweud unwaith, '**Dwi ddim eisiau un o'r rheini, dwi ddim eisiau i chi fod yn cadw llygad arna i.**' Pan es i lawr i Lundain i ailddechrau gweithio, doedd neb i fi ei ffonio. Pan ddechreuodd y daith, a minnau'n cyrraedd Sheffield neu Gaeredin, doedd neb i fi ei ffonio i ddweud fy mod i wedi cyrraedd. Neb i anfon cerdyn post ati hi. Mae'r person a oedd bob amser eisiau gwybod fy mod i'n ddiogel wedi mynd. *Roeddwn* i'n ddiogel, ond doedd neb yn gwybod fy mod i.

Ac yn sydyn, roeddwn i'n sâl iawn. Hyd yn oed yn yr eiliadau pan oedd y salwch ar ei waethaf, y salwch yma a oedd wedi sleifio i mewn i fy nghartref i fel ymwelydd annisgwyl ac yna fy nghadw i'n garcharor a throi fy nghartref yn gell, gallwn glywed Mam yn dweud, '**Wel, dwi ddim wir yn hoffi pobl a dydw i ddim yn mynd allan beth bynnag, mae hi'n rhy oer. Mae angen i ti gadw pellter a chadw'n gynnes.**'

Roeddwn i hefyd yn teimlo rhyw ymdeimlad rhyfedd o gyfnewid rôl wrth i fy synhwyrau i gyd ddechrau pylu, yn union fel y digwyddodd iddi hi. Weithiau, byddwn i'n gwneud bwyd iddi, hithau'n cymryd blas bach ac yn dweud, '*Beta*, **dwi wedi anghofio rhoi halen yn hwn, wnei di ddod â pheth?**' Hyd yn oed wedyn roedd hi'n meddwl mai hi oedd ar fai, gan mai hi oedd wedi coginio'r pryd. Roeddwn i bob amser yn siomedig nad oedd hi'n hoffi'r bwyd roeddwn i wedi gweithio mor galed i'w baratoi, yn enwedig pan oeddwn i'n gwybod fy mod i eisoes wedi ychwanegu digon o gariad a digon o halen. Ond ar ôl i fi golli'r gallu i flasu yn llwyr, gallaf ddeall yn union pam oedd hi'n gwrthod y bwyd roeddwn i'n ei baratoi ar ei chyfer – efallai fod ei salwch resbiradol neu'r tabledi yn amharu ar ei gallu hithau i flasu ar adegau. Hen dro nad oeddwn i'n gwybod hynny ar y pryd. Dyna ysgol profiad i chi.

Ac, wrth gwrs, yn fy meddwl, mae Mam yn dweud wrtha i mai fi sydd ar fai am ddal y feirws. '**Shobi, dylet ti fod wedi golchi dy**

ddwylo'n iawn gyda sebon yn y lle cyntaf.' Dwi'n dweud wrthi fy mod i wedi bod yn hynod ofalus yn golchi fy nwylo ac nad hynny oedd y rheswm dros y salwch. Sylweddolodd hi erioed faint yn union roedd hi wedi dylanwadu arna i. Mae Akshay wastad wedi cwyno amdana i'n gweiddi arno i dynnu ei ddillad tu allan budr cyn eistedd ar y soffa, a gwisgo ei ddillad tu mewn bob tro mae'n cyrraedd y tŷ. Roedd hynny'n wir hyd yn oed cyn Covid-19!

Dros y misoedd hyn o fyfyrio, dwi wedi sylweddoli bod y wraig wnes i fethu â'i phlesio am gymaint o flynyddoedd wedi dylanwadu ar bob agwedd ar y wraig rydw i heddiw. Er fy mod innau'n od yn fy ffordd fy hun, o dan y clogyn annibynnol, dwi'n debyg iawn iddi, ond 26 mlynedd yn iau – hyd yn oed i lawr at fy ngwobr 'Rear of the Year' yn 2012. I Mam roedd y diolch am hwnnw hefyd! Yn ogystal â'n hobsesiwn ni'n dwy â thegwch a didwylledd, dwi hefyd wedi sylweddoli nad ydw i'n ofnadwy o wych am ddangos emosiwn. Yn ddiweddar, dywedodd Akshay ei fod yn fy ngharu, ond roeddwn i'n cael trafferth dweud yr un peth yn ôl. Mae hi wedi cymryd amser hir i fi gyrraedd y pwynt hwnnw. Nid oherwydd diffyg cariad, ond oherwydd sut dwi wedi cael fy nghyflyru. Mae bob tro'n gofyn ydw i eisiau cwtsh, fel pe bai'n rhaid iddo ofyn caniatâd. Dydy o byth yn ildio, ac rydyn ni'n cael cwtsh yn y pen draw. Bellach, y cyfan dwi'n ei wneud yn y cyfnod clo ydy ysu am gwtsh, ac i Mam ddal fy nwylo 'glân' drwy'r artaith hefyd. Wrth ddod yn rhieni, rydyn ni'n gwneud yr addewid tawel hwnnw i ni ein hunain i fod yn 'well' na'n rhieni ni, ond heb gadw llygad fanwl ar bethau, rydyn ni bron yn ddieithriad yn cyrraedd yr un lle â nhw.

Dwi wedi gwneud fy ngorau glas i beidio â chario peth o loes y gorffennol gyda fi. Oeddwn, roeddwn i'n fam sengl oherwydd nad oedd y berthynas a thad Akshay wedi gweithio, ac roedd hynny wedi creu amgylchiadau personol hynod heriol. Mae Akshay a minnau wedi cael ambell gyfnod cythryblus dros y blynyddoedd, ac mae'n debyg y bydd rhagor i ddod wrth i ni dyfu gyda'n gilydd fel mam a mab.

Ar y dechrau'n deg, dwi'n cofio'r cofrestrydd yn twt-twtian wrth i fi bendroni a ddylwn roi enw tad Akshay ar y dystysgrif geni ai peidio. Ond mi wnes i, a dwi bob amser wedi teimlo ei bod hi'n bwysig cydnabod bod gan Akshay dad, a'i fod yn rhannu treftadaeth deuluol ag o, hyd yn oed os nad oedd o yno pan oedd yn blentyn. Byddwn i wedi mwynhau rhannu uchafbwyntiau ac isafbwyntiau magu plant â'i dad, ond nid dyna'n llwybr ni. Ond daeth Mam yn dda iawn am rannu yn ein dathliadau. Dileais i'r boen bersonol er mwyn diogelu'r berthynas tad a mab. Doedd hynny ddim bob tro'n hawdd, a wnes i ddim llwyddo bob tro chwaith. Er nad oedden ni gyda'n gilydd bellach, roeddwn i eisiau gwneud yn siŵr na fyddai byth yn cael ei ddileu o fywyd Akshay, ac wrth i'r blynyddoedd fynd heibio, mae'r tad a'r mab wedi treulio amser gyda'i gilydd. Mae Akshay wastad wedi cael croeso, ac mae'n rhan o deulu ei dad. Yn yr un modd, mae fy mrawd, fy nwy chwaer, eu teuluoedd a'u plant wedi cofleidio Akshay bob amser. Doedd ei garu ai peidio ddim yn gwestiwn a gododd, er gwaethaf barn rhai ohonyn nhw amdana i. Yn wir, dwi wedi annog y perthnasoedd agos hynny erioed. Felly gwelwch fy mod i'n trio cael trefn ar bethau ar fy nhaith – yn union fel roedd Mam wedi dangos ei dyletswydd tuag ata i, dyna oedd fy nyletswydd i fel mam Akshay.

Felly, dwi nid yn unig wedi etifeddu a throsglwyddo dyletswydd ffyrnig Mam i'w theulu, ond hefyd ei hatgasedd at unrhyw ragfarn. Er bod byd o wahaniaeth rhwng ein plentyndod – yn llythrennol – roedd ei llwybr at ffeministiaeth, y ffordd yr heriodd hi ei hun i wynebu cyfyngiadau ei phrofiad, wedi mynd â hi ar daith a oedd yn adlewyrchu fy mhrofiad i, a llwyddon ni i ddod o hyd i dir cyffredin yn y gofod hwnnw roedden ni wedi'i feithrin o'n mewn. Mae hefyd yn teimlo fel fy mod i wedi dechrau camu i'w hesgidiau – yn ystod y cyfnod clo, ces i alwad ffôn gan Sushma, a ddywedodd, 'Roeddwn i'n arfer ffonio Mam am ryseitiau a rŵan dwi'n dy ffonio di.' Dwi'n debyg i Mam yn gorfforol hefyd. Mae pobl yn dweud fy mod i'n mynd yn fwy a mwy tebyg iddi ac yn rhannu ei gallu rhyfeddol i edrych yn ffres ac yn iach hyd yn oed yn ystod y pyliau gwaethaf o afiechyd. 'Sut wyt ti'n edrych mor ifanc ac iach gyda Covid-19?' gofynnodd Sushma yn ystod galwad FaceTime. 'Ti mor debyg i Mam, mae mor od.' Dwi'n credu mai i'r golau dydd sy'n tywynnu drwy'r ffenest mae'r diolch, neu'n bod ni'n dwy yn gweld ei cholli hi gymaint.

Wrth gwrs, dwi'n teimlo'r angen bellach i ollwng gafael ar elfennau o'r cyflyru diwylliannol a fu'n rhan o faich Mam drwy gydol ei hoes. Yn y byd dwi'n byw ynddo, does dim lle i lawer o'r cywilydd a'r trawma roedd hi'n gafael mor dynn ynddyn nhw. Dydy'r gred ei bod hi'n haeddu'r trychinebau a ddigwyddodd iddi ddim yn rhan o fy ngolwg i ar y byd. Dwi eisiau mynd i'r afael â fy nghamgymeriadau a fy nghamau gwag fy hun, yn enwedig a minnau'n gwybod bod methu maddau i fi fy hun yn arwain i fan lle nad ydw i'n gallu amddiffyn fy hun. Yn y gwagle hwnnw, fel y dywed George Eliot, cyfle yw'r unig beth mae creulondeb ei angen, ac i fi, mae hynny'n esgor ar hunan-niweidio, sydd wedi'i nodweddu mewn rhai perthnasoedd blaenorol gan gylch dieflig o gam-drin, camarwain seicolegol ac anwybyddu. Eto i gyd, weithiau dwi'n fy nal fy hun yn cytuno â Mam a Nazar. O ganlyniad, bob tro mae fy mab yn cael ei ganmol, dwi'n trio hel y 'llygad drwg' oddi yno, gan ddweud, 'O, diolch, ydy, mae o'n hyfryd, ond mae o'n boen yn y bechingalw.' Dwi wedi cadw rhai o'r elfennau mympwyol, ond nid y cywilydd – *sharam* – na'r cyflyru mwy patriarchaidd a chymdeithasol a ddioddefodd ein teulu. Mae gen i ddarn o gelfyddyd bop gan yr artist o Ganada, Maria Qamar (@Hatecopy), sy'n darlunio delwedd o wraig Indiaidd gyda swigen sgwrsio yn dweud 'Has anyone seen my *sharam*?' Dwi wrth fy modd gyda'r gwaith celf hwnnw, a dwi'n falch o ddweud bod fy *sharam* i wedi mynd ar goll, am byth efallai.

Bydd y blynyddoedd o ofalu am Mam yn siapio fy mywyd, ac o bosib yn ei newid. Bydd yr amser wnaethon ni ei dreulio gyda'n gilydd yn gwneud i fi fyw mewn ffordd wahanol pan fydd byw yn gallu digwydd y tu allan i bedair wal fy nghartref. Dwi wedi penderfynu y bydda i'n fwy eofn: mi wyneba i ganlyniadau ysgrifennu'r llyfr hwn a'r pethau dwi wedi'u cyfaddef ynddo, a beth bydd hynny'n ei olygu i fy enw da a fy lle yn fy nghymuned. Neu yn fy nheulu. Oherwydd mae'r hyn a wynebodd hi a fi – allan o lygad y cyhoedd, yng nghysegrfa breifat ei chartref – wedi fy ngorfodi i ddeall pam mae angen i ni dderbyn ein stori ni ein hunain; deall bod ein safbwynt ni a'n llais ni ein hunain yn werthfawr.

Buon ni ar daith gyda'n gilydd, hi a fi, gan ddod o hyd i'n llwybrau ein hunain mewn bywyd. Dydych chi byth yn meddwl am eich rhieni fel unigolion sy'n dal i esblygu, oherwydd fel plentyn mae angen i chi ddibynnu arnyn nhw i aros yn union yr un fath â chonglfeini eich bodolaeth. Mae cael eich plant eich hun yn datgelu diffygion y rhesymeg honno, ond mae'r 25 mlynedd diwethaf gyda Mam, a'i gwylio yn canfod ac yn colli rhannau ohoni hi ei hun, wedi datgelu na wnewch chi byth ganfod eich gwir werth drwy lygaid pobl eraill. Dim ond chi eich hun all ganfod eich gwir werth. Mae'n rhaid i chi ddysgu ymddiried yn hynny. Dyna sut roedd Mam yn byw ei bywyd.

Yn fuan ar ôl iddi farw, datgelodd fy mrawd ei wir deimladau i mi. Roeddwn i newydd ddod oddi ar y llwyfan ar ddiwedd perfformiad ac yn paratoi i fynd yn ôl i'r llety. Roeddwn i wedi troi'r uchelseinydd ymlaen ar fy ffôn yn fy ystafell wisgo, a doeddwn i ddim wir yn gallu credu beth roedd o'n ei ddweud. Dywedodd nad oedd maddeuant am yr hyn roeddwn i, yr hyn roeddwn i wedi'i wneud, pwy oeddwn i bellach nac i ble roeddwn i'n mynd. Er fy mod i'n gwybod bod ei eiriau'n drwmlwythog gan alar, roeddwn i yn llygad fy lle wrth feddwl ei fod wedi cuddio ei wir deimladau amdana i allan o barch tuag at Mam. Dwi'n benderfynol na fydd y rhwyg teuluol hwn yn ysgwyd fy hunan-dderbyniad. Ond dwi yn deall, ar ryw adeg yn fy mywyd, y bydd yn rhaid i fi gyfaddef ein bod ni'n pedwar wedi bod ar ein teithiau unigol ein hunain, ac y bydda i rywbryd eisiau rhoi fy nheimladau o loes o'r neilltu er mwyn cadw fy addewid i Mam pan oedd hi'n marw – y bydden ni'n deulu unwaith eto, y teulu roedd hi wedi llwyddo'n rhyfeddol i'w gadw gyda'i gilydd, er gwaethaf popeth a oedd wedi digwydd i darfu ar ein bywydau.

Mae gofalu am Mam, delio â'n galar a rhannu'r cyfrifoldeb am faterion Mam wedi esgor ar gyd-ddealltwriaeth ddyfnach i fi a Sushma. O'r herwydd, gyda hi, dwi'n gallu cael fy rhyddhau o sut mae fy nheulu'n fy nghofio i. Dydw i ddim eisiau 'cerdded drwy'r tân' i olchi fy hun yn lân o ryw bechod, dychmygol neu real. Dwi'n gallu gweld fy hun fel y ferch fach yn holi am Ram, ac yn amau Sita yn stori Ramayana, ond dwi bellach wedi tyfu ac mae gen i fy atebion fy hun.

Mae marwolaeth Mam wedi fy narbwyllo nad ydw i'n mynd i chwilio am sêl bendith gan neb bellach. Yr unig beth mae pum degawd o chwilio am sêl bendith o'r tu allan wedi'i gyflawni yw poen a chynnwrf emosiynol. Dwi'n gweld fy ngwirionedd erbyn hyn. Does gen i ddim cywilydd o'r hyn dwi wedi'i wneud. Os ydych chi yn ei alw'n gamymddwyn, mae hynny'n ymwneud â chi a'ch canfyddiad. Yng ngeiriau'r addysgwr Dennis Kimbro, 'Mae ein profiadau blaenorol yn llunio ein canfyddiad.' Felly mewn gwirionedd, dydy o ddim byd i wneud efo fi, mae **'fel dŵr dros gefn hwyaden'** – un o hoff idiomau Mam, pan fyddai unrhyw un yn trio ei niweidio.

Yn union fel roedd Mam yn byw mewn gwahanol rannau o'i phersonoliaeth wrth i'w chof bylu, dwi hefyd eisiau rhoi rhannau o fi fy hun i'r naill ochr nawr a dechrau edrych yn ôl heb gywilydd er mwyn edrych allan yn ehangach. Os yw hynny'n golygu y bydda i'n ymddieithrio oddi wrth deulu gwaed, neu ffrindiau a fu unwaith mor annwyl i mi, boed hynny fel y bo.

O'r blynyddoedd hynny o ofalu am Mam, y wers fwyaf a ddysgais oedd mai amynedd yw mam pob doethineb. Cyn hynny, roeddwn i'n berson ofnadwy o ddiamynedd, hyd yn oed gyda fi fy hun. Er bod hynny wedi bwydo fy uchelgais, mae hefyd wedi peri i fi fynd ar gyfeiliorn yn y ffyrdd mwyaf niweidiol. Does dim diben bod yn rhwystredig gyda'r hyn rydych chi'n methu ei reoli. Ie, un gyrchfan sydd i'r daith, ac mae'r llwybr i gyrraedd y nod hwnnw'n llawer pwysicach ac arwyddocaol na phen anochel y daith.

Roedd y daith gyda Mam yn rhyfeddol wrth i ni drochi o'r newydd ym mhyllau atgofion, a blasu'r hyn a fyddai'n ein cludo ni i sgyrsiau ac eiliadau anghofiedig. Dilynais i hi wrth iddi anturio yn ei gorffennol, fel pe bai'r pethau oedd ar ôl yn fwyfwy eglur wrth iddi golli'r gweddill. Cyd-deithiwr oeddwn i, yn eistedd wrth ei hymyl ar daith, wrth i ni yrru gyda'n gilydd i'w meddwl hi, gan ddysgu anghofio'r presennol a diystyru'r dyfodol. Ein hamser ni oedd hwn, fel y cyfnodau hynny yn ei char pan oeddwn i'n ferch ifanc, pan oedd hi'n ddiogel i ni groesi ffiniau wrth drafod pob math o bynciau.

Does neb eisiau bod yno ar ddiwedd salwch marwol. Mae camu ymlaen ac ildio i daith ddidrugaredd ac afreolus gofalu am Mam ar y diwedd wedi bod yn un o brofiadau mwyaf diffiniol fy mywyd.

Mae llawer o ddiwylliannau nad ydyn nhw'n rhai gorllewinol yn rhoi gwerth ar oedran oherwydd ei fod yn cael ei ystyried fel y ffordd i gronni gwybodaeth a doethineb, ill dau yn ennyn parch. Ond yma yn y gorllewin, mae rhai yn troi eu cefn ar yr henoed. Mae eu statws yn ein cymdeithas megis llwch. Ac os ydyn nhw'n ddigon anffodus i fyw gyda dementia, mae'r statws hwnnw'n cael ei sathru arno ymhellach.

Beth roedden nhw'n ei wybod erioed?

Pam dylen ni wrando ar rywun sydd wedi anghofio sut i wneud y tasgau symlaf?

Pa werth sydd iddyn nhw bellach?

Beth yw eu diben nhw?

Beth gallan nhw ei gyfrannu i ni?

Beth yw eu swyddogaeth nhw?

Mae'r tabŵ a'r pryder ynghylch dementia yn bodoli oherwydd bod ein henoed hefyd yn ofni colli'r darn olaf o werth cymdeithasol maen nhw'n dal eu gafael arno. Mewn sawl ffordd, dwi'n gobeithio bod yr achosion o Covid-19 yn tynnu sylw at yr annhegwch a'r gwaradwydd diwylliannol hwn. Dwi'n gobeithio y byddwn ni'n aros yn ddig am y ffordd mae ein mamau a'n tadau wedi cael eu gadael i farw. Does dim dwywaith bod y difaterwch tuag at ein pobl fregus yn beth gwleidyddol.

Dydy pobl hŷn ddim yn bethau i'w haberthu, dydyn nhw ddim i fod i gael eu trin fel baich, er bod gofalu *yn* waith, wrth gwrs. Ond dydy'n cymdeithas ni ddim wedi'i chynllunio i ni allu gofalu am ein rhieni oedrannus. Rydyn ni'n rhyw ddechrau dod o hyd i le ar gyfer gofal plant mewn rhai proffesiynau, ond mae gofal yr henoed heb gael yr un sylw ymhlith gweithwyr proffesiynol yn y gweithle, nac ymhlith y gwleidyddion sy'n gwneud y rheolau. Dwi'n gallu cofio trio am swyddi a dweud wrth ddarpar gyflogwyr fy mod i'n gofalu am fy mam. Byddwn i'n gofyn a oedd modd dod o hyd i le parcio i fi rhag ofn y byddai'n rhaid i fi deithio ar fyr rybudd, neu i gael diwrnodau hyblyg yn ystod ymarferion a chael ambell benwythnos cynnar yn rhydd. Mae ymarferion rhai theatrau yn dechrau am 11 y bore – mae hynny'n wych os oes gennych chi blant i'w cael i'r ysgol, ond os yw hynny'n golygu gorffen yn hwyr, dydych chi ddim yn mynd i allu bod yno i riant oedrannus mewn rhan arall o'r wlad heb gryn dipyn o drafferth. Ond mae trio dod o hyd i'r atebion hyn yn gwneud i chi deimlo fel rhywun trafferthus o hyd – fedra i ond dychmygu sut mae'r person oedrannus o dan eich gofal chi'n teimlo.

Wrth i fi ysgrifennu'r geiriau hyn yng nghanol yr argyfwng hwn, mae'n amlwg ein bod ni wedi esgeuluso ein henoed. Dyna'r gwahaniaeth mawr rhwng malio a pheidio â malio, a'r broblem i ofalwyr yw eu bod nhw ar hyn o bryd yn gwneud eu gwaith mewn cymdeithas lle nad yw'r rhan fwyaf o bobl, a'r bobl sydd mewn grym, yn malio. Honnodd y llywodraeth eu bod nhw'n gosod cylch amddiffynnol o amgylch ein cartrefi gofal, ond y gwir amdani yw bod hynny heb amddiffyn neb wedi'r cyfan.

Dwi'n credu bod Mam gyda fi, a dwi'n ei chario hi ym mhopeth dwi'n ei wneud. Dwi'n gwybod fy mod i'n galaru ond, er mor rhyfedd yw dweud hynny, mae hi'n teimlo'n llai ar goll i fi nawr na phan oedd hi'n fyw gyda dementia. Dwi'n gwybod ei bod hi'n bresennol yn gorfforol yn ystod y blynyddoedd hynny, ond roedd cymaint o ddyddiau pan oedd hi mor bell, oddi wrth ei hun ac oddi wrtha i, roeddwn i'n methu ei chyrraedd hi fel dwi'n gallu ei wneud nawr. Mae rhan ohona i'n teimlo, ar ôl iddi huno, fod Sant Anthony wedi chwalu'r haenau o ddryswch, wedi dod o hyd i'r rhannau coll ohoni ac wedi'u hadfer nhw iddi yn unol â'i chais, ac wedi dod â hi yn ôl ata i.

Erbyn hyn, dydw i ddim yn gorfod poeni ydy hi wedi cymryd ei holl feddyginiaeth, gofidio ydy hi'n bwyta ac yn yfed yn iawn, troi a throsi yn fy ngwely yn meddwl am orfod ei chael hi'n barod am apwyntiad meddyg neu bryderu am ei hwyliau o un funud i'r llall. Does dim rhaid i fi boeni am fynd i'r afael â'i hargyfyngau na'i hamddiffyn rhag damweiniau na sylweddoli ei bod hi wedi anghofio rhywbeth ac yn methu ymdopi. Dydw i ddim yn teimlo'n well neu'n waeth am hynny.

Mae'r pentyrrau o bapurau a gasglodd yn un domen o'i chwmpas heb symud yr un fodfedd eto. Weithiau, dwi'n teimlo y galla i gael gwared arnyn nhw; dro arall, dwi eisiau eu cadw nhw'n agos, fel pe bawn i'n mynd i ddeall eu hystyr a'u harwyddocâd rhyw ddydd. Dwi ddim yn gwybod fydda i byth yn gallu eu taflu nhw, a doedd hithau ddim yn gwybod hynny chwaith. Maen nhw'n arwyddocaol gan eu bod nhw'n cynrychioli ei hymdrechion i reoli bywyd a oedd yn mynd ar chwâl. A minnau wedi fy llorio gan alar, efallai fy mod i'n teimlo'r angen i ddal gafael ar bopeth, ar ei heiddo, ei llythyrau a'i nodiadau bach, rhag i fi hefyd fynd ar chwâl. Yn union fel roedd Mam wedi cofnodi fy mywyd i, dwi eisiau cofnodi ei bywyd hithau.

Roedd Mam wrth wraidd cymaint o edeifion, wedi'u plethu'n ddiarwybod i wead a thapestri cymaint o fywydau gwahanol. Mae straeon ac atgofion Mam bellach yn straeon ac yn atgofion i fi, ac maen nhw'n bwysig iawn i fi. Mae ei straeon wedi dod yn rhan o bwy ydw i. Erbyn hyn, dwi'n sylweddoli ein bod ni i gyd yn meddu ar y grym i newid dealltwriaeth pobl eraill o'r byd drwy rannu atgofion a chofnodion o'n profiadau bywyd ein hunain. Mae ein hatgofion ar y cyd yn ychwanegu'n sylweddol at gyfoeth bodolaeth.

Mae deall a datgelu straeon y gorffennol yn anodd, ond maen nhw'n rhan allweddol o'n gallu i adnabod ein hunain. Dwi'n credu'n gryf bod hynny'n hanfodol er mwyn deall ein hamgylchiadau presennol, ac yn y pen draw i'n cyfeirio at yr hyn sydd gan ein dyfodol i'w gynnig.

Roedd Mam yn arfer gofyn beth roeddwn i'n ei ysgrifennu wrth i ni sgwrsio yn ei hystafell wely ar y llawr gwaelod. Byddai hi'n stwffio papur taffi arall i ddyfnderoedd poced ei chardigan ac yn dweud, **'Beth wyt ti'n wneud? Y? *Beta*? Beth sydd mor ddiddorol am fy mywyd i, Shobi? Dim ond gwraig gyffredin ydw i.'** Byddwn innau'n dweud, 'Dy stori di yw dy stori di, Mam, ac mae hanes dy fywyd di'n hanes rhyfeddol.'

Mae atgof yn fwy na chipolwg ar y gorffennol. Gall atgofion gysylltu pobl a llefydd, ac mae colli'r cof yn ymwneud â sut mae'r cysylltiadau hynny'n cael eu llacio. Gyda Mam, gwnaethon ni ddarganfod sut i ddod o hyd i atgofion newydd wrth i ni adfer, datgelu a chofio cysylltiadau â'r gorffennol.

Nid yr hyn rydych chi'n ei anghofio sy'n bwysig, ond yr hyn rydych chi'n ei gofio.

O.N. 'Mae dy ferch wedi cael sêl bendith frenhinol. Dwi wedi cael fy llun ar stamp Prydeinig, Mam.'

'Wel, dyna neis, Shobi. Pwy fyddai'n meddwl y byddai'r Frenhines byth wedi sylwi arnat TI? Wnest ti fynd i Swyddfa'r Post yn edrych fel 'na? Dy wallt di, cariad, mae o fel tas wair. Elli di mo'i frwsio fo'n daclus, am unwaith?'

Fel'na dwi'n hoffi ei chofio hi.

Gair i gloi gan Alzheimer's Research UK

Mae diagnosis o ddementia yn ergyd drom. Er y gall esbonio dryswch, ymddygiad anarferol a newidiadau i bersonoliaeth, mae ansicrwydd enfawr yn dod yn ei sgil. Wrth wynebu diagnosis o unrhyw gyflwr, y cwestiwn cyntaf bron yw 'Beth galla i ei ddisgwyl?' Gyda dementia, dyma'r cwestiwn anoddaf i'w ateb.

Yn y bôn, mae dementia yn gyflwr sy'n gwaethygu'n gynyddol, a does dim gwella ohono. Ond dydy datblygiad taith dementia ddim yn dilyn patrymau mae'n bosib eu rhagweld, ac i unrhyw un sy'n cael diagnosis, a'u teulu, mae'n golygu dyfodol tywyll ac ansicr.

Fel mae Shobna Gulati yn ei ddangos yn y llyfr hwn, rydyn ni i gyd yn unigryw, ac mae pob ymennydd yn unigryw, ac wrth i ddementia ddatblygu, bydd ei effaith yn wahanol. Daw nodweddion personoliaeth rhywun yn fwyfwy amlwg. Bydd nodweddion personoliaeth yn gwneud tro pedol. Bydd pobl sydd fel arfer yn dawel yn troi'n wyllt a blin, a chymeriadau cadarn yn cilio i'r cefndir. Mae rheolau ein perthynas ag unigolyn yn chwalu'n ddeilchion pan fydd dementia yn datblygu.

Yn aml iawn, mae diffyg ymwybyddiaeth o natur y symptomau. Mae llawer yn credu mai rhyw fymryn o golli cof yw dementia, trafferthion anghyfleus fel colli allweddi neu anghofio enwau. Mae'r gwir yn llawer mwy creulon, wrth i ddirywiad gwybyddol ysbeilio cof, gallu ac annibyniaeth rhywun. Ac er bod colli cof yn nodweddu sawl math o ddementia, mae'n ddwys iawn ei natur. Nid mater o anghofio lle mae ein hallweddi ydy o, ond mater o anghofio beth yw pwrpas allweddi.

Mae colli cof i'r fath raddau yn creithio craidd hunaniaeth. Mae llawer iawn o bwy rydyn ni – y cyfan, efallai – yn deillio o'r cof.

Haen denau iawn yw'r presennol, a'r hyn sydd yn ein creu ni fel pobl yw ein profiadau ffurfiannol a'u hemosiynau cysylltiedig, ar gof a chadw. Mae colledion, anhrefn a natur anghyson y cof wedi'i ddifrodi gan ddementia yn hynod o ddryslyd i'r unigolion dan sylw, ac i'w gofalwyr, wrth gwrs.

Mae'r dirywiad gwybyddol hwn, a'r holl boen cysylltiedig, yn deillio o niwed i'r ymennydd. Mae un arall o'r camsyniadau am ddementia – ei fod yn rhywbeth sy'n digwydd i'r henoed – yn anwybyddu'r gwirionedd patholegol. Pan mae rhywun yn byw gyda dementia, mae'r ymennydd yn edwino – yn crebachu – llawer iawn yn gyflymach nag y mae wrth heneiddio'n arferol. Mae celloedd yn yr ymennydd yn cael eu dinistrio yn eu miloedd ac mae'n colli màs. Yn sgil hynny, mae ein galluoedd, ein hatgofion a'n cysylltiad â'r byd yn cael eu colli hefyd. Gall ymennydd sy'n cael ei effeithio gan glefyd Alzheimer, yr achos mwyaf cyffredin o ddementia, bwyso tua 140g yn llai nag ymennydd iach. Mae hynny tua'r un pwysau ag oren.

Mae'n ddelwedd drawiadol, ond mae'n ein hatgoffa ein bod ni'n delio â phrosesau clefyd corfforol, sy'n golygu y gall gwaith ymchwil gynnig gobaith i ni. Mae gwyddonwyr yn darganfod mwy ynglŷn â pham mae celloedd yn marw a sut i ymyrryd er mwyn eu hamddiffyn. Mae'r blynyddoedd i ddod yn cynnig addewid o driniaethau newydd a allai weithredu i arafu'r broses, yn hytrach na gwneud dim byd ond papuro dros y craciau. Efallai y daw'r dydd cyn hir pan fydd triniaethau a gobaith yn dod i newid bywydau pobl â dementia, gan roi bywyd yn ôl, fel sydd wedi digwydd gyda chanser a chlefyd y galon.

Wrth i'r gwaith caled hwn fynd rhagddo mewn labordai, mae angen i ni ganolbwyntio ar addysgu pobl am ddementia. Mwya'n byd y byddwn ni'n sôn am ein profiadau, mwya'n byd y byddwn ni'n normaleiddio trafod y cyflwr ac mae hynny'n gam mawr ymlaen wrth ei herio go iawn.

Genhedlaeth yn ôl, roedd pobl yn sibrwd yn dawel am anwyliaid yng nghrafangau salwch hirhoedlog. Yna dechreuon ni ddweud 'y gair C', a phen draw hynny oedd sôn yn agored am ein trafferthion gyda chanser. Mae hyn wedi arwain at ymateb enfawr i ganser o du'r cyhoedd a'r llywodraeth, a chwyldro ym maes ymchwil. Erbyn hyn, mae dros hanner y bobl sy'n cael diagnosis yn byw am ddeng mlynedd neu fwy wedi hynny.

Efallai ein bod ni bellach yng nghyfnod dweud 'y gair D' o ran dementia. Rydyn ni'n gweld ac yn clywed mwy o straeon am realiti'r cyflwr nag erioed. Mae mwy a mwy o barodrwydd i rannu ein profiadau, ac mae stori Shobna Gulati – darlun gonest, tyner a doniol o'r effaith ddinistriol ar ei mam – yn gam arall yn y broses hon. Bydd hyn yn rhoi hyder i eraill wneud yr un peth. Mae cefnogaeth Shobna i Alzheimer's Research UK, o ran cyrraedd cymunedau De Asia yn benodol, yn gam hynod bwysig tuag at normaleiddio trafodaeth ynghylch dementia lle mae stigma'n dal i fodoli.

Er y bydd y dyfodol yn teimlo'n ansicr ac wedi newid yn llwyr i unrhyw unigolyn neu deulu sy'n delio â dementia, mae rhywfaint o gymorth ar gael. Mae gan Alzheimer's Research UK gyfoeth o wybodaeth am achosion, symptomau, triniaethau a ble i ddod o hyd i gymorth. Byddwn bob amser yn sicrhau bod hyn ar gael yn rhad ac am ddim ar ein gwefan i'r rhai sydd ei angen.

Gallwn hefyd helpu'r rhai â diagnosis a'u gofalwyr i gymryd rhan mewn astudiaethau ymchwil i'n helpu i ddeall yn well y cyflwr a'i effaith ar yr ymennydd. Gan fod dementia yn gallu dwyn cymaint oddi ar y rhai sydd wedi eu heffeithio, gall cymryd rhan mewn ymchwil arloesol roi rhywbeth yn ôl iddyn nhw. Yn y pen draw, gwaith ymchwil fydd yn sicrhau bod y stori'n newid i filiynau sy'n byw gyda dementia yn y Deyrnas Unedig ac ym mhedwar ban byd.

Tim Parry, Cyfarwyddwr, Alzheimer's Research UK
www.alzheimersresearchuk.org

Diolchiadau

Dwi'n ddiolchgar.

Mae'r llyfr hwn wedi gweld golau dydd ar ôl i mi gael fy annog i ysgrifennu blog ar gyfer Alzheimer's Research UK am fy mhrofiad yn gofalu am fy mam, a oedd yn byw gyda dementia fasgwlar. Cafodd ei bostio ar Twitter i helpu i godi ymwybyddiaeth a sbarduno sgwrs ynghylch y cyflwr, gan dynnu sylw yn benodol at sut mae pobl o fy nghefndir a fy nhras i weithiau yn ystyried dementia. Roedd yr ymateb yn syfrdanol: am y tro cyntaf, dechreuodd llawer o bobl rannu eu straeon grymus o lawenydd a thor calon gan fynegi awydd i chwilio am wybodaeth a chefnogaeth. Felly, dwi'n dechrau drwy ddiolch i Laura Phipps, Lloyd Vaughan a Tim Parry o Alzheimer's Research UK, am eu cefnogaeth hynod. Gwelodd yr hynod ddawnus Hamza Jahanzeb y blog, a ysgrifennais gyda Laura, ac fe dynnodd Hamza sylw'r uwch olygydd comisiynu hynod frwdfrydig, Romilly Morgan, a'r tîm yn Octopus Books, lle roedd yn gweithio ar y pryd. Dwi'n ddiolchgar tu hwnt am eu diffuantrwydd wrth fy nghefnogi, am fod mor gefnogol i stori sydd, er iddi gael ei hadrodd o fy safbwynt i, hefyd yn cynnwys elfennau sy'n gyffredin i gynifer. Byddwn i wedi methu ysgrifennu'r llyfr heb gyfraniadau deallus Katherine Omerod a Charles Lauder, yn ystod y cyfnod clo a minnau'n brwydro gyda fy emosiynau yng nghrafangau Covid-19, i roi trefn ar fy meddyliau heb feirniadaeth na rhagfarn. I'r saer geiriau rhyfeddol Lemn Sissay am ddarllen y gyfrol wreiddiol; mae Lemn wedi bod yn ysbrydoliaeth i fi ers i fi gyfarfod ag o gyntaf ym Manceinion ar ddiwedd yr 1980au. Roedd yno, ar y dechrau, yn fy helpu i ddod o hyd i'r hyder i ysgrifennu, i ddod o hyd i fy llais drwy sicrhau cynulleidfa garedig i wrando ar fy marddoniaeth a fy straeon cynnar. I Pauline Bache, yr uwch-olygydd hirben ac amyneddgar, sydd wedi golygu pob cam o bob tudalen ar alwadau fideo hirfaith ar Teams, rhwng paneidiau o de ac wyau wedi'u sgramblo ar gacennau ceirch. I Peter am y clawr hyfryd a'r holl dîm marchnata a chyhoeddusrwydd yn Octopus Books, sydd bob amser yn barod i wrando ac ymateb i unrhyw gwestiynau a phryderon. I Victoria Young ac Icon Books, am gyhoeddi fy nhraethawd cyntaf ar fod yn fam, yn y casgliad o straeon *Things I Wish I'd Known*.

I bob asiant, 'Team Shobna' yn Curtis Brown, sydd wedi bod yno ar hyd fy nhaith greadigol dros gyfnod o flynyddoedd lawer, i'r hyfryd Lucy Morris o'r tîm llenyddol, sydd wedi gofalu amdana i drwy'r cyfan, ac i Jonny Geller, sydd wastad wedi bod yn gefn ar fy anturiaethau ysgrifennu.

I fy ffrindiau a fy nghyd-weithwyr sydd wedi fy nghynnal: Jayshri, Nitin, Bryan, Racheal, Nilam, Asye, Jag, Harold, Syreeta, Sangeeta, Dawinder, Kate, Armand, Lindsay, Paul, Jeanette, Tinge, Gini, Andrew, Musa, Tally, Keith, Joseph, Ali, Grant, Sam, Furquan, Tracey, Sandeep, Monica, Shaila, Rhys, David, Brasco, Nina, Richard, Miranda, Freda, Liz, Jill a Glen (ail fam a thad Akshay), Jonny C, Jonnie B, Gordon, Jamie, Abigail, Aulton, Nona, Uta, Rachel, Hannah, Sarah A, Janet, Becky, Anouska, Bex, Jo a'r holl 'fenywod byd-eang' gwych yng nghwmni *Richard II*, am eu cariad parhaus a'u geiriau doeth. Diolch i chi i gyd am wrando, chwerthin, gofalu amdana i, helpu i danio fy nghar, trwsio pethau, paratoi prydau blasus, anfon fitaminau ata i a siopa ar fy rhan i.

I Vic Wood.

I'r teulu cyfan.

I Søren, Nina a Rohan, am eu cefnogaeth ddiwyro a'u bendith i fy chwaer, Sushma, drwy'r holl adegau heriol.

I Aparna, Tarun ac Anti Chitra, ym mhen draw byd, am fod wrth law ar WhatsApp, ddydd a nos, pan oedd fy ngafael ar Hindi/ Pwnjabeg wedi bod yn llai na chadarn (mae'n reit wachul).

I fy chwaer annwyl, Sushma, sydd wastad wedi dweud 'dy stori di

DIOLCHIADAU

ydy hi' ac wedi fy annog, waeth pa mor anodd roedd hynny i ni i gyd.

I fy nhad disglair a chraff.

I fy mab hyfryd, Akshay.

I fy mam brydferth, osgeiddig, ac i'w chynneddf a'i hatgofion, am ysbrydoli'r llyfr hwn.

DIOLCH.

LIBRARY	RECEIVED
ABTY	
BLA	
BMR	
CWM	
EVL	7/25
LAN	
RED	
MOB	
YO	